贝页
ENRICH YOUR LIFE

货币文化史 I

希腊罗马时期钱币的诞生与权力象征

[美]比尔·莫勒 主编　[德]斯特凡·克姆尼切克 编
侯宇 译　王班班 校译

A CULTURAL HISTORY OF
MONEY
IN ANTIQUITY

Bill Maurer
Stefan Krmnicek

文汇出版社

公元前 280—前 250 年于罗马铸造的"印记铜"

公元 37—38 年于罗马铸造的盖乌斯时期的塞斯特斯币

约公元前 500 年于基齐科斯铸造的琥珀金币

意大利南部铸造的"Siris-Pyxus 型"斯塔特

约公元前 6 世纪于米利都铸造的琥珀金币斯塔特

约公元前 336—前 323 年，于安菲波利斯铸造的亚历山大三世时期的四德拉克马

约公元前 1 世纪凯尔特人对萨索斯岛的四德拉克马的仿制

公元 270—274 年于德国科隆铸造的泰特里库斯二世时期的耀芒冠图案钱币

公元 4 世纪上半叶，罗马帝国（？）铸造的剧场入场凭证

君士坦提乌斯二世（公元 337—361 年在位）时期的索利多，
约公元 347—355 年于安条克铸造

西西里岛墨西拿发现的四德拉克马，约公元前 478—前 476 年铸造

尼禄皇帝（公元 54—68 年在位）时期的阿斯，约公元 64 年于罗马铸造

尤利安时期（公元 360—363 年）的双马奥里纳，约公元 361—363 年
于西米乌姆（今塞尔维亚，斯雷姆斯卡米特罗维察）铸造

与鹅卵石粘连在一起的"大热石"温泉中的图拉真时期
的杜蓬狄乌斯铜币

昔兰尼的四德拉克马银币，约公元前 435—前 375 年铸造

公元前 43—前 42 年于希腊铸造的布鲁图斯的第纳里乌斯银币

尤利安二世时期的毕永铜币

提比略时期的黄铜制杜蓬狄乌斯，公元 16—22 年于罗马铸造

塞普提米乌斯·塞维鲁时期的第纳里乌斯银币，公元 202—210 年于罗马铸造

尼禄时期的黄铜制塞斯特斯币，公元 64—68 年于罗马铸造

哈德良时期的第纳里乌斯银币，公元 134—138 年于罗马铸造

印度-希腊巴克特里亚国王米南德时期的铜币，约公元前 160—前 145 年铸造

雅典四德拉克马银币，公元前 5 世纪铸造

半两钱，公元前 400—前 100 年铸造

第二次犹太起义时期的第纳里乌斯银币，公元 134/135 年铸造

意大利南部克罗顿的银制斯塔特，公元前 500—前 480 年铸造

尤利安二世时期的含银努姆斯铜币，公元 361—363 年铸造

目 录
Contents

2012 年，大英博物馆决定重新设计陈列硬币和奖章的 68 号展厅。当时，其策展人大胆摒弃了传统的钱币陈列方式，决定另辟蹊径。以往，古代欧洲的金币、银币和铜币一排排地陈列在展柜中；而在新的展厅中，不仅有硬币和纸币，而且从贝壳到手机，所有的展品都有自己的展柜，呈现了用于交易的古器物和设备的历史沿革。每个展柜都有一个主题：展厅中，一侧的展柜陈列突出了货币的制度基础和发行机构，另一侧展柜则展示了人们使用货币的多种方式——货币不仅用于交换或付款，还可用于典礼或宗教仪式、政治竞争、装饰和故事叙述。

编写这六卷《货币文化史》的目的是给读者提供一种类似的体验，邀请他们参观这些神奇的货币展柜，走近形形色色、错综复杂、色彩缤纷的货币，看到货币不可化简的多元性，聆听货币讲述的多重故事。货币也让我们得以窥见多元经济和道德世界，以及估值与评价、财富与价值体系。货币绝不仅仅是狭义的经济术语中的硬币、现金或信贷，它的含义远远超过"货币拥有四大职能：支付手段、价值尺度、流通手段、贮藏手段"这句对仗工整的习语的定义。货币同时也是一种交流的媒介、一组工具——人们以此交换信息，不仅仅是价格信息，还有政治信仰、权威、忠诚、欲望和轻蔑。货币也是纪念过去的一种方式,它使人、制度、神灵和祖先之间建立的关系超越现在,迈向临近的、遥远的,甚至想象中的未来。

从这个意义上说,货币不可避免地被赋予了"文化"和"历史"的色彩。因而,六卷本《货币文化史》主要聚焦于货币与宗教、技术、艺术和文学、日常生活、形而上学的阐释,以及与各种时代事件的关系。前几卷的编者是钱币学家和考古学家,他们与大量钱币和金银的实体史料打交道。此外,很多数字基础设施(digital infrastructures)研究者、文学和法律史学家、科幻小说研究者、社会学家、人类学家、经济学家和艺术家也为本系列书的编撰作出了贡献。

绝大部分博物馆或私人收藏的古钱币,在被发掘出来时,考古学家都没有收集到有关其周围环境的任何数据。这使许多古代甚至近代历史成为谜团,长期以来,考古学家对此无不扼腕叹息。即使某个考古发现只在特定环境中存在,对其解释也往往模棱两可。在当代社会,货币处在诸多环境之中——电缆和无线信号、数据协议和计算机服务器、游说团体和立法者卷帙浩繁的文字材料、肥皂剧和在线社交媒体。然而,如同在阐释古代窖藏的钱币时那样,我们自身很难摆脱什么是货币、人们用货币做什么,以及如何使用货币等对货币的一些假设。

以实体收银机前一笔简单的信用卡交易为例,对于这种日常付款设备而言,有多少用户可以解释其工作原理?博物馆又该如何组织策划类似的技术性展览?除了简单的付款行为之外,我们再来看一看更加复杂的货币互动。例如,在某些中亚穆斯林移民社区中的"伊玛目·扎明"(Imam Zamin),移民们用一块布将一枚硬币包裹起来,绑在上臂,希望以此保护旅行者。又比如,2005—2009年,在韩国首尔,人们用丙酮溶解塑料交通支付卡,取下射频识别天线

（RFID）和芯片，然后创造性地缝入自己的皮夹、手链或夹克肘部的贴布内，这样就可以轻而易举地穿过（地铁）旋转栅门，人们称之为"调优"（튜닝하다 / doing tuning）。那么，未来的考古学家如何演绎推断诸如此类的行为呢？

深陷于我们自身的"硬币意识"中，我们认为货币应该是，或者其价值应蕴含于一种有形的东西，即使在网络世界中，我们与货币的互动已日益脱离物质形态；我们一直坚守金银通货主义的观念，即使我们不断见证货币的价值随着政治动荡而波动；我们认为货币是抽象的，即使我们在具体的人际关系中使用实体钱币；我们认为货币可与价值相称，商品和服务可以用同一种价值尺度衡量，即使我们用货币来界定差异——民族差异、宗教差异、代际差异、阶级差异、种族差异和性别差异。

六卷的时期断代或有武断，但地理上基本以欧洲为中心。本系列书对作者和主题的选择旨在打破这种西方主导的历史叙述，着力展现一种全球化视野，将政治、帝国和种族动态纳入研究框架。

分卷内的各章从实质和形式上体现了货币的复杂性。实质上，对货币技术和文化的跨文化、跨历史研究，揭示了货币的多样性和复杂性。形式上，虽每卷书选取的主题相同，但若通读各卷，读者会发现这些主题本身是复杂的，因为不同时代的人对同一主题的理解往往很不一致，但又常常被置于一起。如分类账簿——货币记录工具最基本的表现形式之一，本系列书可以"纵向"阅读，即通读一个历史时期的各个章节；也可以"横向"阅读，即阅读每卷书中相同主题的章节。相信读者最终会发现：货币本身就是一部文化史。

比尔·莫勒（Bill Maurer）

加州大学尔湾分校

概　述
Introduction

维持古代世界运转的货币

斯特凡·克姆尼切克（Stefan Krmnicek）

本卷所涵盖的时间跨度为公元前 7 世纪铸币出现到公元 5 世纪西罗马帝国衰亡。此外，一些篇章还谈到了铸币发明之前的其他类型的货币——它们最早可追溯至公元前 12 世纪，而其他章节则对下至欧洲中世纪早期的具体问题做了研究。从地理上说，本卷讨论的焦点是古代世界[①]，这在一定程度上是由于作者的专长和研究兴趣集中在希腊罗马世界，部分原因也在于古地中海地区铸币本身的重要性。从概念、使用和社会文化融合的角度来看，现代西方货币观念的起源可追溯至公元前 7 世纪在小亚细亚出现得最早的金银合金币，即琥珀金（electrum）[②]（Scheidel, 2008）。

今天，大多数人无法想象一个没有货币的世界会是什么样子。

[①] 古代世界，指以希腊、罗马为中心的地中海世界。——译者注（如无特殊说明，本书注释均为译者注。）

[②] 琥珀金是一种金和银的天然合金，包含极少量的铜和其他金属，已经能够人为生产。琥珀金的颜色因黄金和银的比例不同而有所改变，从白到亮黄色各不相同。

在我们生活的现代世界里，我们与货币的有形媒介（铸币、纸币、电子交易等）之间的联系存在多种形式，这与古代世界的情况非常不同。在古代，一个基本原则是，铸币只是货币的一种特定形式，如果它在货币用途上发展得尤其好（参见第六章《货币及其阐释：考古学和人类学视角》）。而在没有文字记录的族群中，要确定铸币出现以前，哪些物品可能被当作原始货币使用，始终是一个挑战（参见 Hensler, 2014）。我们只有通过考古调查，才可以论述钱币诞生的新石器时代或者青铜时代与处于铁器时代晚期的安纳托利亚（Anatolia）西部地区，这个阶段内的货币使用和价值估计情况。在新石器时代，贝壳或石器等物品除基本用途外，是最适合在各种情况下使用的交换媒介。当时，价值和质量之间的联系尚未确立。直到青铜时代，随着砝码和天平的发明，价值才似乎有了一定的依据标准。也是从那时起，金属成为共同的价值尺度和履行社会义务的新手段（Rahmstorf, 2016）。公元前 3000 年，度量衡的发明为引入印章铺平了道路，而印章是个人或组织对金属重量和纯度的保证（Thompson, 2003）。此时距离形成货币对货币的交换体系以及受权威控制的铸币体系，仅有一步之遥。希腊早期和近东世界①出现铸币之前，银是人们日常经济生活中的主要金属。对所谓的“碎银”〔hacksilver，由银条、银首饰、银丝、银制器皿、银箔碎片、银盘、银锭等切割而成，在铸币出现之前或缺乏铸币的社会经济体内被当作货币使用，人们在每次交易时都要称重，必要时还要切割以达到所需的重量（Kroll, 2013）〕的发掘表明，在铸币问世之前，预先称

---

① 近东，“欧洲中心论”的产物之一，通常指地中海东部沿岸地区，包括非洲东北部和亚洲西南部，但伊朗、阿富汗除外，有时还包括巴尔干。

重的金属在社会上扮演着成熟的货币角色（Kim, 2001）。约翰·克罗尔（John Kroll）认为："铸币并没有做任何其他货币形式过去不曾做的事情，而只是将它们做过的事情做得更好。"（Kroll, 2012: 40）从长远来看，克罗尔的观点有很多可取之处。下面将概述古代铸币最主要的一些成就。

值得注意的是，在公元前5世纪至公元5世纪的地中海（希腊和近东）文明中，钱币形式的货币观念已经发展到一定程度，许多方面与今天都非常相似。比如，钱币的生产已经拥有高度复杂和精密的铸造工艺，工匠可以将钱币的重量精确到克，可以一次性生产上千枚的钱币（de Callataÿ, 2011a），还能系列重制这些钱币（Grüner, 2014）；用于远距离贸易、开展银行业务、以信贷活动创造财富和社会分化的必要条件也已完备（Andreau, 1999）；货币使用者还对货币产生了哲学思考（Seaford, 2004），并在宗教实践中使用它们（Mauéand and Veit, 1982）。近现代社会中出现的一些经济问题，如通货膨胀、货币动荡和货币联盟的形成与解体等，以及这些问题的产生原因和应对方式，在古代社会中已经引发严肃关注（Meadows and Shipton, 2001; Scheidel *et al.*, 2007）。

在古代货币的演变中，货币和权力之间的关系始终是一个突出且一直存在的问题（参见 Conzett, 2005）。当铸币这种媒介产生并被某一特定精英阶层（如王室、城市精英）所采用时，这种关系开始显露出来。铸币在军事和政治势力筹措资金时起到主要作用，因此成为社会变革的推动力。比如在公元前4世纪，希腊世界雇佣兵数量的增长与货币的存在有着非常密切的联系（Trundle, 2013；参见第二章《货币及其理念：国家控制和军费开支》）。当希腊城邦能够筹到必要财资时，通过征募雇佣兵发动军事行动就会成为首选。雇佣兵的出现引发了古代战争和军事战略的深刻变革。理想中的希腊军队主要由拥有土地的公民组成。他们自备武器，非战争时通常也会作为后备军保护自己所属的城邦和土地免受攻击。这些军事职责与希腊公民的理念及其享有的政治权利相一致。但是，雇佣兵的出现对这一制度提出了挑战。因为军人的主要驱动力不再是基于对某一特定城邦的归属和忠诚，而是期待在一个受人尊敬的职业生涯中获取丰厚的报酬。因此，雇佣兵的活动也成为以铸币为媒介，连接地中海世界与阿尔卑斯山以北的铁器时代的凯尔特世界之间最重要的桥梁之一（Creighton, 2000）。

在罗马共和时期，我们可以从宏观历史学的角度很好地概括货币对一个新兴区域强国的影响。罗马城邦的政治和社会制度对罗马内部凝聚力影响深远，延续了数代之久，但罗马向货币经济的过渡，是在公元前 3 世纪罗马向意大利南部进行军事扩张的背景下才发生的。军事扩张带来的货币经济是一个必要的步骤，此时的罗马城无须向私人筹集资金便能建造船只、生产战争物资和满足其他军费开支，这也为其发动意大利境外的战争创造了条件（Bringmann, 2011: 183–4）。在公元前 3 世纪，罗马国家的货币结构脱胎于各种不同的传统货币的组合，其类型看起来相当多样化（Burnett, 2012）。由铅、锡、铜合金浇铸的标准重量的铸币条发展自意大利传统的金属货币条[①]，并在罗马流行起来。这种合金铸币条由于其正面和背面都铸有象征性的图案而被称为"印记铜"（*aes signatum*）[②]（见图 0.1）。

---

① 金属货币条，作为货币流行于公元前 4 世纪末到公元前 3 世纪初的南意大利地区。这种货币最初没有固定重量，直到印记铜的出现才在重量上有了一定的标准。
② 印记铜，是公元前 400—前 211 年罗马人使用的世界上最古老的官方货币。

图 0.1 "印记铜"（金属货币条），公元前 280—前 250 年于罗马铸造。正面: 大象右身像；背面: 母猪左身像
来源: 大英博物馆，no.1867,0212.2；摄影: 托马斯·扎克曼（Thomas Zachmann），蒂宾根大学钱币部

印记铜图案（雷电和飞马、雷电和三叉戟、大象和野猪等）的变化大多与军事事件有关，如皮洛士战争（公元前 280—前 275 年）和第一次布匿战争（公元前 264—前 241 年）。铸造的青铜币，即所谓的"重铜"（*aes grave*），也在流通。用不同的面值记号表示阿斯（*as*）[①]的细分面值，也来自这种意大利传统。罗马钱币的铸造深受希腊影响，罗马人在希腊德拉克马（drachma）[②]体系的基础上铸造了罗马铜币和银币。罗马铜币还曾在罗马以外的科萨（Cosa）和那波利〔Neapolis，今那不勒斯（Naples）〕铸造。第二次布匿战争期间，地中海地区的权力中心发生了转移，罗马货币制度的改革导致了其货币结构的根本性变化: 新推出的银质第纳里乌斯（*denarius*）取代了旧的贬值的罗马银质德拉克马，新面值的铜币也取代了各种旧的铜币。公元前 211 年，罗马征服了默干提纳（Morgantina）地区，在废墟层中的考古发现证明了罗马第纳里乌斯银币的发行不晚于这个时间（Buttrey *et al.*, 1989）。罗马新银币的流通范围如此之广，可

[①] 阿斯，古罗马铜币，以阿斯为基础还有可以细分成阿斯分数和倍数的货币单位。
[②] 德拉克马，古希腊银币。

能还与罗马征服叙拉古城（Syracuse）和卡普亚城（Capua）后获得了那里的矿源有关。这种货币的演变沿袭了早期钱币发行与一些重大历史事件的发生相关的惯例，即获取矿源和发行新钱币之间存在因果关系，例如雅典与开采劳利昂（Laurion）银矿之间的联系，或者马其顿国王腓力二世（Philipp II of Macedonia）①与接管潘盖翁（Pangaion）矿之间的联系，还有亚历山大大帝战胜波斯国王大流士三世（Darius III）后夺取传说中的阿契美尼德（Achaemenids）王室宝藏之间的联系（de Callataÿ, 2012: 176–8）。

我们不应该忘记，无论我们以共时性还是历时性的眼光来看待古代货币文化史和作为文化发展原动力的货币，铸币绝不是衡量社会、经济、政治或军事霸权的唯一指标。例如，斯巴达在整个公元前5世纪都是作为一个区域性强国存在，并最终于伯罗奔尼撒战争（公元前431—前404年）胜利后，成为超区域性的霸主，但它直至公元前3世纪才发行了钱币。这个以军事为基础建立的城邦及其社会秩序，在没有铸币的情况下，完全可以正常运转。斯巴达的钱币是在斯巴达失去霸权，且希腊化君主（Hellenistic Kings）②彰显王权的铸币主宰了希腊世界之后，才开始少量发行的。法老统治下的埃及也走了一条无须自己发行铸币的道路。尽管雅典的四德拉克马

---

① 腓力二世（公元前382—前336年），亚历山大大帝的父亲。腓力二世即位以后利用雅典同盟者战争的契机，掌握了潘盖翁山矿，并利用潘盖翁的贵金属资源开始大规模铸造马其顿钱币，巩固了马其顿的财政基础（参见 Georges Le Rider, *Le monnayage d'argent et d'or de Philippe II frappé en Macédoine de 359 à 294*. Paris 1977. Introductions）。

② 希腊化君主，指的是马其顿帝国瓦解后，马其顿的安提柯王朝、埃及的托勒密王朝、西亚的塞琉古王国、小亚细亚的帕加马王国和本都王国等受希腊文化主宰的王国君主，其统治时间大约在公元前3世纪到公元1世纪。

（tetradrachm）①在公元前 5 世纪晚期的埃及被广泛仿制（van Alfen，2005），但直到公元前 4 世纪末托勒密王朝（The Ptolemies）统治埃及时，一套新的（希腊式）政治体制被确立，铸币厂才开始发行第一批正规的官方钱币（von Reden，2010：41–7）。

　　最后，我们也不应忘记，古代货币的生产、流通和发行频率与我们这个时代的流通货币完全不同（参见第一章《货币及其技术：生产、分配和影响》）。从发现的公元前 6 世纪后半期的窖藏组合可以看到，在多数情况下，这些窖藏物中不仅包括钱币，还有贵金属碎片以及切碎的金属铸块等（Kroll，2008）。这说明，在希腊世界的许多地方，还有人使用比铸币更早的货币形式，他们并没有全部采用铸币。在古典时代、希腊化时代②和罗马时代，经常会出现旧钱币（有时已发行超过 200 年）与新钱币并行流通的情形。一个最典型的例子是公元前32—前31年罗马共和国晚期的马克·安东尼（Mark Antony）③发行的第纳里乌斯，它在公元 2—3 世纪的窖藏中仍然可以找到（Butcher and Ponting，2014：161）。实际上，古代国家并没有即时而全面的旧币召回机制，这很可能会出现一种相当滑稽的情况。一套盖乌斯〔Gaius，别名"卡利古拉"（Caligula），意为"小军靴"〕④发行的系列钱币上印有他的三个妹妹阿格里皮娜（Agrippina）、德鲁西拉（Drusilla）和李维拉（Livilla）并肩站立的形象（见图 0.2）。

---

① 四德拉克马在希腊世界被广泛使用，币值等同于四个德拉克马。

② 希腊化时代始于马其顿帝国分裂，止于罗马征服地中海。这一时期，希腊文化在地中海、西亚和近东、北非得到广泛传播并深刻影响了这些地区的语言、文字、风俗和政治制度等。希腊化时代被认为是希腊古典时代和罗马时代的过渡。

③ 马克·安东尼（公元前 83—前 30 年），古罗马政治家和军事家，凯撒遇刺后，与屋大维（Octavius）和雷必达（Lepidus）组成后三头同盟，同盟分裂不久后自杀身亡。

④ 盖乌斯（公元 12—41 年），罗马帝国儒略克劳狄王朝第三位皇帝，是罗马帝国早期的典型暴君，于公元 41 年被刺杀身亡。

这套用来赞扬家庭和睦的钱币在帝国范围内广泛流通，但后来其中的两人因为参与一场针对盖乌斯的阴谋而被他流放（Wolters, 2003a: 198）。考古发掘证明这些钱币仍在流通，而它们承载的过时信息必然产生了负面影响。

图 0.2　盖乌斯时期的塞斯特斯币（Sestertius），公元 37—38 年于罗马铸造。正面：图案为头戴花环皇帝盖乌斯左身像，文字为 C CAESAR AVG GERMANICVS PON M TR POT[1]；背面：图案为盖乌斯的三个妹妹，文字为 AGRIPPINA DRVSILLA IVLIA[2]
来源：耶鲁大学美术馆 2004.11.1

希腊世界

在考虑古代货币文化史的某一固定时间点时，我们不能忽视这样一个事实，即货币发展的每个阶段都是在一定的政治和社会文化背景下发生的。货币发展的第一步是引入标准化的金属块，再由发行人加盖官方印·章以保证其重量和纯度，然后进一步演化为以金银为基础的双金属货币体系（参见 Wartenberg, 2016）。希腊世界货币

----

① 意为"盖乌斯·凯撒·奥古斯都·日耳曼尼库斯，大祭司长，掌护民官权"〔C（aius）Caesar, Aug（ustus）, Germanicus, Pon（tifex）M（aximus）, Tr（ibunicia）Pot（estate）〕。
② 意为"阿格里皮娜、德鲁西拉、李维拉"（Agrippina, Drusilla, Livilla）。

演进的这一步发生在集权国家吕底亚王国（Lydian）和波斯阿契美尼德王国。不久之后，这个可行的新想法被希腊城邦以铸造钱币的形式采用。从公元前 6 世纪到希波战争期间，希腊钱币的生产和使用变得非常普遍。这个阶段内铸币能迅速普及，似乎与三个相互关联的因素密切相关：（1）希腊城邦的政治和社会发展，以及希腊世界各定居点之间的紧密联系；（2）金属矿产资源的开发；（3）超区域经济中心的形成，如埃吉那（Aegina）。大约从公元前 6 世纪晚期到公元前 5 世纪早期，埃吉那发行的带有海龟母题（motif）[1]的钱币在整个爱琴海地区占据了主导地位，这证明了埃吉那的地位（同样地，大约两代人之后，雅典钱币取代了埃吉那的位置，成为国际主导货币；参见第七章《货币与时代：权力、互联和身份认同》）。在公元前 6 世纪铸币发展史早期，（与海龟）类似的象征性图案也出现在吕底亚王朝的货币以及希腊城邦铸造的早期货币上，而与明确彰显权力的阿契美尼德钱币不同，这种图案意味着这些钱币是徽章或纹章，在现代人看来，有种先出于表达地方、而后才是神话或宗教的意图。这些母题包括代表特定城市的动物和当地产品或其他特征，有些甚至是铸币发行机构名称的双关表达（Carradice and Price, 1988: 57–8；见图 0.3）。从公元前 5 世纪起，构成城市市民群体的政治实体开始为自己的钱币设计新的图案，这些图案反映了城邦及其政治集团的特点。这个时期，钱币正面频繁地出现神祇的肖像，它们成为特定城邦的标志。随后，钱币铭文上开始提及公民权威，提及特定城邦全体公民（*ethnikon*，即仅包括享有完全法律与政治权

---

[1] 母题是具有象征意义的叙事元素，可以是图像，也可以是其他元素，重复地使用母题可突出主题。

利的男性自由公民，通常以复数属格的缩写形式刻写），在概念上表示"（例如）属于（雅典人）的钱币或认证的货币形式"，并提及发行方的公民权威。

图 0.3 琥珀金币，约公元前 500 年于基齐科斯（Cyzicus）铸造。正面：左侧公羊呈跪姿，头向后仰，脚下是金枪鱼；背面：风车形阴铸菱形方块
来源：蒂宾根大学 SNG 2213[①]；摄影：托马斯·扎克曼，蒂宾根大学钱币部

　　在身份表达方面，希腊在殖民地发行的钱币上的图案具有非常重要的意义。这些以象征方式表现的图案是现存的、能够证明定居点和居民身份的唯一直接证据（参见第五章《货币、艺术与表现形式：罗马世界概览》）。希腊铸币上的意象从来只能够说明社会上层及其统治阶级所认为的地方身份，而从未代表更广泛的民众的看法，赞克勒（Zancle）的铸币就说明了这一点（Fischer-Bossert, 2012: 149–50）。西西里岛东北角的赞克勒古城，也就是今天的墨西拿（Messina），从公元前 6 世纪末开始铸造海豚和镰刀图案的银币。公元前 494/493 年，来自小亚细亚萨摩斯（Samos）的流民用武力控制了这座城市，并铸造了一系列新钱币，这些钱币的图案是在其母城

---

① SNG = *Sylloge Nummorum Graecorum*（《希腊钱币全编》），是各地出版本地馆藏钱币的通用标题。"蒂宾根大学 SNG 2213"指的是蒂宾根大学馆藏《希腊钱币全编》第 2213 号。

铸币母题的基础上修改而成的：钱币的正面是萨摩斯典型的狮头皮，背面是萨摩斯的战舰。几年后，雷吉雍（Rhegium，墨西拿海峡对面的雷焦卡拉布里亚）的僭主①阿纳克西拉奥斯（Anaxilas）征服了这座城市，为了纪念其家族在伯罗奔尼撒半岛的发迹和纪念来自伯罗奔尼撒半岛的美塞尼亚人的到来，阿纳克西拉奥斯将赞克勒改名为墨西拿。阿纳克西拉奥斯铸造的新钱币是雷吉雍和赞克勒两城联合发行的钱币，意象是一样的：正面是一个完整的狮子头，让人联想到早期的狮头皮图案，背面是一头小牛的左身像。这个例子清楚地说明，当时人们对身份认知和自我表达是"自上而下"决定的，而且只有短暂的时效性——很难想象当地人在每经历一次权力更迭时，都要调整和适应他们的自我认知和新身份（有关罗马统治下的希腊铸币出现的类似现象，参见 Martin, 2013）。货币和铸币是希腊世界精英阶层的产物，这一点也可以从高价值、强购买力的银币得到证明（参见 Scheidel, 2010）。

希腊钱币上选择意象和符号来代表一个城市的身份，不仅没有考虑到希腊城邦的广大民众的看法，而且在希腊人于公元前 8、7、6 世纪建立的"殖民地"（apoikiai）中，虽然考古已经证实存在土著，但殖民地铸造的钱币并没有认可原住民的存在。公元前 6 世纪，在意大利南部，希腊人开始在这些聚落铸造钱币，在这里，我们发现了拥有典型南意大利阴铸技术、重量和公牛母题的小型钱币。这些钱币是由塔兰托湾（Gulf of Taranto）的希腊殖民城市锡巴

---

① "僭主"这一概念在古希腊政治学著作中多用于形容某些不以通常手段取得城邦或地区权力的人或家族。

里斯（Sybaris）铸造的，但是在钱币上却有其用古风时期[1] 希腊字母刻写的 "SIRINOS-PYXOES" "AMI" "SO" 等文字[2]（见图0.4）。这是唯一一个我们可以通过希腊铸币了解当地土著的案例，然而我们对这些钱币具体铸造的地点和背景却一无所知（Horsnaes, 2011）。从风格来看，这些钱币的模具似乎是由负责制造锡巴里斯

图 0.4　意大利南部铸造的 "Siris-Pyxus 型" 斯塔特（*stater*）[3]。正面：图案为公牛头向后转的左身像，文字为 ΣΙΡΙΝΟΣ；背面：图案为与正面图案相反的阴铸，文字为 ΠΥΧ[4]
来源：丹麦国家博物馆（哥本哈根）inv. KP 2090, SNG Cop.Suppl.no.53[5]；摄影：赫勒·W. 霍斯纳斯（Helle W. Horsnaes），CC-BY-SA，丹麦国家博物馆

---

[1] 古风时期（公元前 8—前 6 世纪），是荷马时代结束之后古希腊地区普遍出现城邦制国家的时期。

[2] 锡巴里斯城邦或联盟城市铸造的刻有这种古希腊文字的系列货币被称为联盟钱币，铸造于约公元前 540—前 510 年的南意大利地区，刻有牛的图案，AMI 型钱币上还有蚱蜢等图案（Sheedy *et al.*, 2015）。

[3] "斯塔特" 的字面意思是 "重量"，在意大利南部等地通行。"Siris-Pyxus 型" 斯塔特，据钱币学家推测，是由西里诺斯（Sirinos）和皮克索斯（Pyxus）联盟共同发行的钱币。

[4] 钱币正面的文字 ΣΙΡΙΝΟΣ 意为 "西里诺斯"（Sirinos），钱币背面的文字 ΠΥΧ 意为 "皮克索斯"（Pyxos，缩写：PYX）。保拉·赞卡尼·蒙托罗（Paola Zancani Montuoro）认为，距波利卡斯特罗约 30 公里处存在一个名为 "西里诺斯" 的地方，并利用文献和实地考察进行了论证。也有学者认为 "西里诺斯" 是与西里（Siri，位于爱奥尼亚海岸）斯塔特有关的一个形容词。皮克索斯（PYX）通常被认为位于后来的罗马布森图姆（Buxentum）遗址，即今波利卡斯特罗·布森蒂诺（Policastro Bussentino）地区，但是直至今日仍有很多争议。参见 Fischer, Hansen, Nielsen and Ampolo (2004): 293-295; Horsnaes (2011): 201-202。

[5]《希腊钱币全编》哥本哈根国家博物馆补编 53 号。

铸币的工匠制作的。最近一些对这些钱币制作工艺的分析也支撑了
这种论断（Sheedy *et al.*, 2015）。从较小的发现数量来看，这种制作
是偶然事件。少数经考古学证实的来自公元前 5 世纪意大利南部的
窖藏表明，这些钱币与其他常规的希腊货币一起流通于该地。

　　在希腊世界中，巴克特里亚（Bactria）的铸币为我们提供了一个
与希腊主体趋势完全相反的例子（参见第七章《货币与时代：权
力、互联和身份认同》）。大约在公元前 3 世纪中叶，巴克特里亚
在其总督狄奥多特（Diodotos）的统治下从塞琉古（Seleucid）帝国
中分裂出来，并在近两个世纪里一直是最靠东面的独立希腊国家。
希腊-巴克特里亚王国的铸币是我们了解巴克特里亚王朝历史和国家
意识形态的最佳资料来源——许多统治者的名字我们只能从钱币中
得知。在今阿富汗和巴基斯坦地区铸造的巴克特里亚钱币，无论从
风格、生产技术、重量、面额和图案上都与希腊-地中海式铸币类似。
图案方面，巴克特里亚钱币的正面是头戴传统马其顿平顶帽（*kausia*）
王冠的国王形象，背面则是传统的希腊神祇形象。随着巴克特里亚
王国向印度扩张，铸币上同时显示希腊和印度文化的双重特征，表
现为双语的刻印文字〔正面为希腊文，背面为佉卢文（Kharosthi）①〕
和印度的重量标准、方形钱币及图案上的佛教象征和印度教神祇等
（Hoover, 2013）。在这个民族混杂的国家，原住民和希腊-巴克特
里亚人之间的关系很难界定，但至少钱币这种精英产物同时结合了
双语文字和印度习俗，传达出希腊文化和印度文化相互融合的理念。
遗憾的是，绝大多数钱币的考古情境记录并不充分，我们无法确认

---

① 佉卢文字是公元前 4/3 世纪起流行于犍陀罗（核心区域包括今巴基斯坦东北部和阿
　富汗东部）的文字，用于书写多种地方语言。巴克特里亚钱币背面的佉卢文字书写
　了巴利语。

在地方传统中，是否有特定的地区、社会阶层会采用希腊钱币。然而，在与其他地中海希腊世界文化环境和过渡时期钱币共存且保存记录较好的货币组合实例进行比较时，我们发现上述情况是可能发生的（参见 Luley, 2008; Krmnicek, 2010）。

在对古希腊货币史进行宏观审视时，还需要注意到货币发展的另外两个重要转变。这两个转折点所产生的影响在现代西方世界仍有回响。第一个转变是圆形成了钱币的标准形状。早期出现的琥珀金的形状大多是块状或不规则的卵圆形（见图 0.5）。早期的吕底亚和阿契美尼德钱币也是椭圆形。古风时期的希腊铸币也一般使用不规则的圆形或椭圆形的金属坯饼制作。在意大利南部，公元前 6 世纪的古希腊殖民地铸造的钱币，其早期钱币的总体外观与地中海东部地区的希腊铸币有很大的区别，这些铸币采用了阴铸技术（铸币两面图案相同，但是方向相反且一凹一凸）。这种不寻常的技术需要匠人拥有一定的技巧并付出一定的劳动（参见第一章《货币及其技术：生产、分配和影响》）。至于希腊人为何在意大利南部的殖民地会采用这种技术，钱币学者仍未达成共识。但我们可以推定，

图 0.5　琥珀金币斯塔特，约公元前 6 世纪于米利都（Miletus）铸造。正面：狮子头后仰的右卧图案，图案整体在一个框架内；背面：三幅阴文图案，上面刻着雄鹿的头、奔跑着的狐狸和一个十字
来源：蒂宾根大学 inv. ZWVerz.16044；摄影：斯特凡·克姆尼切克，蒂宾根大学钱币部

古风时代早期的钱币并没有一种公认的形态。随着公元前 5 世纪希腊铸币正面普遍采用神祇图案，意大利南部的钱币也随之不再采用阴铸技术而采用"常规"的方法（两面都是阳面高浮雕）铸造，此后形状规则的圆形和阳文图案成了铸币的常态。这就产生了一个问题：圆形和钱币图案大小之间是否存在因果关系。

　　第二个要提到的转变与钱币图案上的肖像密切相关。早期希腊铸币上只出现神祇或神话中的英雄肖像（从未出现过当时在世的人），但这一规则在希腊化时代发生了变化（Dahmen, 2007; Lichtenberger *et al.*, 2014）。亚历山大大帝在四德拉克马银币的正面使用了希腊大力神赫拉克勒斯（Heracles）的肖像，该肖像年轻的面部特征在当时的人看来与他们年轻的统治者十分相似（见图 0.6）。亚历山大死后，他的继任者们才首次发行了亚历山大真人肖像图案的钱币。选取这一用意模糊的肖像，或许是受到亚历山大新征服的波斯帝国领土上的传统影响：在极少数情况下，当时统治者〔波斯的总督或者小亚细亚吕西亚（Lycia）的君主〕的肖像会被印在钱币上。在亚历山大的继任者们发行的新钱币中，亚历山大被描绘成一个戴着宙斯-阿蒙（Zeus Ammon）羊角的神，因为锡瓦（Siwa）①的神谕承认他是阿蒙神之子。在原秩序逐渐瓦解的过程中，希腊钱币不能出现在世的统治者肖像的严格规定，逐渐被亚历山大的继承者们（Diadochi）推动的君主崇拜打破了：公元前 3 世纪初，继承者们开始按照亚历山大的图像风格，在自己的钱币上绘上肖像。引入统治者的写实肖像是钱币媒介上最持久的图像创新之一——从罗马皇帝的肖像到近代早期西方钱币上的一连串统治者肖像；从伊丽莎白女王到蒙博

---

① 锡瓦位于埃及西部，公元 322 年亚历山大征服埃及后曾在这里请求神意。

托·塞塞·塞科（Mobutu Sese Seko）[①]；从古代钱币到现代硬币和纸币，这种情况一直存在。

图0.6 亚历山大三世时期的四德拉克马，约公元前336—前323年于安菲波利斯（Amphipolis）铸造。正面：年轻的赫拉克勒斯的右向头像，头戴狮皮冠；背面：图案为膝上盖着披毯（himation）的宙斯坐在王座上的左向全身像，宙斯左手持权杖，文字为 ΒΑΣΙΛΕΩΣ ΑΛΕΞΑΝΔΡΟΥ[②]
来源：蒂宾根大学 SNG 1091；摄影：托马斯·扎克曼，蒂宾根大学钱币部

凯尔特世界[③]

铁器时代的铸币可以说是站在了希腊和罗马文明的门槛上。如之前所述，来自温带欧洲的雇佣兵通过在军队效力的方式来到地中海世界，战争结束后，他们将铸币的概念和钱币一起带回了家乡（Čižmár et al., 2008）。因此，这些地区随后铸造的钱币基本上是对地中海铸币的模仿，它们挪用了当时地中海流行的风格并在此基础上进一步创新（见图0.7）。目前几乎所有类型的凯尔特钱币，都衍

[①] 扎伊尔（现在的刚果民主共和国）前总统，从 1965 年发动政变到 1997 年下台，统治扎伊尔达 32 年之久。

[②] 意为"来自亚历山大王"。

[③] 这里的凯尔特世界指的是古凯尔特文明活跃时期及区域，主要涵盖地中海世界以北的北欧、西欧地区。凯尔特文明是与古希腊罗马文明并行的古代欧洲文明之一。在古典时代，凯尔特战士曾作为其他国军队的雇佣兵。

生于已知的凯尔特雇佣兵的雇主们铸造的货币。根据凯尔特货币对应的地中海货币原型及金属种类，可以将凯尔特世界通过铸币划分成一些区域（Kos and Wigg, 2002）。然而与希腊和罗马世界不同的是，凯尔特世界（*Keltike*, 或是铁器时代的凯尔特文化圈）即使有了铸币，也没有立即发展出发达的货币经济。凯尔特人的钱币主要在精英阶层中流通，它们在礼物交换、仪式和宗教活动中充当价值物使用。到了欧洲铁器时代的最后阶段，即公元前 2 世纪和公元前 1 世纪，凯尔特人与不断扩张的罗马世界接触越来越密切的时候，才有考古证据表明：铁器时代铸币在经济交换领域的使用迅猛增加（Howgego, 2013；参见第三章《货币、仪式与宗教：钱币的非经济特质》和第四章《货币与日常生活：多类使用者和多元货币》）。

位于现在法国南部蒙彼利埃（Montpellier）附近的拉特〔Lattes，古称拉塔拉（Lattara）〕，为人们研究晚近凯尔特人与罗马人之间的接触与发展提供了一个优秀的框架（Py, 2006; Luley, 2008）。此地于公元前 6 世纪晚期建起了一个三角形定居点，占地约 3.5 公顷，有着当地特有的单排房屋建筑群，并从一开始就建有防御工事，随后迅

图 0.7　约公元前 1 世纪凯尔特人对萨索斯岛（Thasos）的四德拉克马的仿制。正面：模仿的狄俄尼索斯（Dionysus）右向头像，头戴常春藤叶子和葡萄王冠。背面：模仿的赫拉克勒斯左向全身立像，周边围绕着刻印的圆点
来源：蒂宾根大学 SNG 207；摄影：托马斯·扎克曼，蒂宾根大学钱币部

速成为连接地中海和内陆地区的主要贸易港口。当地凯尔特人、埃特鲁斯坎人（Etruscan）以及希腊人混居。从公元前 6 世纪到公元前 2 世纪该定居点被废弃，考古工作者共发掘了约 7000 枚钱币以及大量当地和进口的工艺品。除了在靠近墙垣的边缘地区发现四个大的窖藏之外，大部分钱币都是在定居点中心发现的。有趣的是，虽然拉塔拉明显是一个繁荣的商业中心，但它却从未铸造过自己的钱币，整个定居点使用的铸币绝大多数来自附近的马萨利亚（Massalia）[①]。米歇尔·皮（Michel Py）曾建过一个关于前罗马拉塔拉的交易模型（Py, 2006: 1160–2），他发现外来商人并不直接与当地居民进行交易，而是通过当地的"中间人"进行交易。这些"中间人"很可能来自上层社会，他们可能是唯一进行大宗货币交易的居民，虽然这种交易只是偶尔进行（也许是季节性的交易）。因此，这些上层人士可以积累到大量的银币。虽然拉塔拉建于公元前 6 世纪，但是该城出现铸币的时间大约在公元前 4 世纪，这些铸币是在拉塔拉遗址的一处窖藏中发现的，里面有产自马萨利亚的奥波勒斯（obol）和其他的一些少量钱币。到了公元前 250 年以后，遗落的钱币有了明显的增加，但数目仍然相当小。

罗马人的干预及随后在公元前 121 年对拉塔拉的征服，无疑是公元前 150 年以降遗落钱币迅速增长的主要原因。罗马人通过征税、土地的重新分配[②]以及商业的飞速发展加速了罗马世界的货币化进程。

---

① 今法国马赛（Marseilles），原本是希腊人的殖民地，长期为周围地区最大的海上商贸中心。

② 这个阶段最著名的改革是格拉古兄弟改革。公元前 2 世纪，罗马成为地中海世界的霸主，土地集中且大批农民破产。格拉古兄弟提议将国有土地分给无地的农民，以缓解财富增长和奴隶占有制迅速发展导致的日趋激烈的社会矛盾。

不过在公元前 1 世纪，罗马钱币在拉塔拉一直很少见。但是这处定居点主干道沿线上的诸多金属与陶器作坊表明，当地手工业和专业化在迅速发展。在罗马人统治下，社会逐渐货币化的最佳证据则是在遗址中发现的银、铜钱币的比例变化。马萨利亚铜币问世不久后很快便出现了拉塔拉，此后铜币取代银币迅速成为遗落钱币的重要组成部分。公元前 125 年后，（遗落钱币中）银的比例急剧下降，此后再也没有回升。铜币出现后，人们可以方便地进行小规模交易。这让社会上更多的人能够参与货币交易，尽管有证据表明，这种转变是非常缓慢的。

几十年的考古发掘工作为研究者们比较钱币出现的考古情境提供了很多翔实有效的数据。这些铸币大部分可追溯到罗马征服（Roman Conquest）[①]之后。有趣的是，正如本杰明·鲁利（Benjamin Luley）的研究报告（2008: 182 fig.7）所显示的，前罗马的钱币绝大多数发现在家庭环境，到了很久之后才发现了与工业或手工业活动有关的钱币。为了了解这些外来铸币在非经济领域的使用方式是否存在不同，我们有必要对在仪式情境中发现的钱币进行简要研究。在拉塔拉，家庭内的仪式有很多种，包括将婴儿埋在房屋墙边的坑里、狗葬、骨灰瓮倒置在房屋或院子中。考古工作者总共在 5 处家庭仪式现场中发现了钱币。有一枚马萨利亚的奥波勒斯是前罗马阶段（公元前 225—前 200 年）的孤币（single finds）[②]，也是唯一一枚放置

[①] 罗马征服，即罗马对外征服的战争，凯撒大帝和其后继者们历次对外扩张，征服了不列颠、中北欧、北非和西班牙、西亚的广大地区，罗马在征服的地区施行行省制度，加速了各民族的罗马化进程。

[②] 孤币，即不出自窖藏和墓葬而作为单独一枚的硬币发现，是钱币学上的常见术语。它可以用来衡量某套钱币的流行程度，因为窖藏钱币可能是成批发放的，但这种单独被留下的钱币往往是单独使用的，即进入流通。——校者注

在仪式背景中的银制钱币。其余 4 枚都是在公元前 1 世纪被放入考古情境中的，其中 3 枚是马萨利亚的铜币，还有一枚是波廷铜长颈钱币（potin au long cou）。这种铜锌锡合金币铸造于罗讷（Rhône）河谷下游或高卢中部，在拉塔拉发现的数量相当少（拉塔拉总共发现了 20 枚）。因为样本很小，我们能分析的不多，但仪式活动中用到的钱币数量增加确实反映了该地的货币化趋势。本地人将这些已熟知的"舶来品"纳入他们的祭品中。这可能不是巧合，因为他们当时的传统和信仰正遭受罗马人有力的冲击。然而，在拉特发现的唯一归类为"仪式"的钱币是与仪式物品明显相关的钱币，因此，能否通过采用不同的标准来确定更多的例子，还有待观察。例如，发掘自地基壕沟的钱币也可能值得给予更多关注：许多英国考古学家指出，这 4 个窖藏的位置都靠近定居点边界（参见 Haselgrove and Webley, 2016）。

罗马世界

不同的政治、社会和人口环境，使罗马帝国时期的铸币与古风、古典和希腊化时期的希腊世界的铸币有着本质上的区别，因此在研究上有着本质差异。与凯尔特铸币和希腊铸币的研究相比，罗马铸币的研究更具有优势。它在世界范围内的大学、博物馆和其他学术机构中的研究频率和研究成果远远高于希腊钱币学。相应地，致力于罗马钱币学的研究人员和研究项目也较多，反映到出版物上亦是如此。另外，与罗马世界相关的其他学科的研究也有乘数效应的优势（例如，在 www.academia.edu 网站上，"罗马考古学"标签有 46 091 名关注者，"希腊考古学"有 12 431 名关注者；"罗马史"有 33 491 名关注者，"古希腊史"有 19 488 名关注者；www.
academia.edu/，访问日期：2016 年 7 月 11 日）。罗马货币在研究方
法上还有两处优势，我们在此简单讨论一下。

首先，罗马文化在地理上根植于地中海西部和欧洲西北部地区，
这些地区的大学和考古机构在罗马考古学研究领域有着重要的地
位。自 20 世纪中叶以来，欧洲西北部的一些长期的国家级项目为此
做出了巨大的努力，它们将整个国家领土上发现的铸币信息系统地
收集起来，从而让我们有可能对在跨区域范围内发现的铸币进行比
较。德国"FMRD"项目就是一个例子，该项目的目标是"科学地记
录在德国境内发现的所有古钱币"。这些记录为钱币学家、考古学
家、历史学家和经济史学者的研究提供了可靠而又便于查阅的资料。
"FMRD"项目的成功很快在国际上引起了热烈反响，周边的国家迅
速借用了该项目的研究目标和方法。近年来，大多数国家发掘的钱
币清单和相关数据已经电子化。目前最重要的钱币线上数据库要数
英国 PAS 数据库，也就是"可移动古物计划"，该数据库目前收录
了约 22.1 万枚来自英格兰和威尔士的罗马钱币（参见 http://finds.org.
uk/database，访问日期：2016 年 7 月 11 日）。地中海东部和南部地
区则几乎没有任何成形的钱币目录清单，而且由于该地区单枚发掘
的钱币集中记录也不如西欧完善，窖藏仍然是对这些地区进行大规
模或跨时期铸币研究最重要的信息来源。这对铸币媒介研究的理论
和方法都不可避免地有一定的影响（de Callataÿ，2019）。

其次，罗马钱币学比希腊钱币学更具有优势的另一个决定性因
素，是对研究材料的创新研究方法。最近对罗马遗址考古证据的全
面考察表明：只有在考古情境下进行的铸币研究，才能回答与某一特
定发现为何会出现在该情境下，以及其最初功能有关的问题（参见第

四章《货币与日常生活：多类使用者和多元货币》）。以下这些研究
材料代表了以考古情境研究罗马铸币这条道路上的重要举措：对奥
格斯特（Augst）（Peter, 1996b）和马格达伦斯堡（Magdalensberg）
（Krmnicek, 2013）的罗马聚落、玛特贝格（Martberg，今属德国）的
圣所（Nüsse, 2103）、奈梅亨（Nijmegen）的罗马军团要塞（Kemmers,
2006）出土铸币的研究；对上日耳曼和拉埃提亚行省的边境地区
（Upper German-Raetian *limes*）的堡垒和聚落铸币的研究（Krmnicek
and Kortüm, 2016）；以及冯卡内尔和凯默斯编辑的关于铸币及其出
土环境的论文集（von Kaenel and Kemmers, 2009），它们从不同的角
度介绍了罗马货币（关于希腊钱币的研究参见 Frey-Kupper, 2013）。

　　此外，田野考古研究还必须与墓葬铸币的研究紧密结合起
来。一份对摩泽尔河（Moselle）、莱茵河（Rhine）和索姆河
（Somme）之间地区墓葬的详尽研究，强调了考古学证据的巨大
多样性（Gorecki, 1975）。该研究表明，所谓"卡戎的奥波勒斯"
（obol of Charon，希腊人的习俗，用以支付冥界摆渡人将死者送到
冥界的报酬；Alföldy-Găzdac and Găzdac, 2013）这一习俗在罗马人
的丧葬中并没有被普遍采用，也不一定可以得到验证。不过，分析
还表明，某些钱币偶尔会因上面所包含的信息而被特意选作陪葬品。
这类钱币上往往有一些象征寓意的文字，比如"AETERNITAS（永
恒）""FELICITAS PERPETVA（永久的幸福）"或者"MEMORIAE
AETERNAE（永恒的记忆）"等（参见第五章《货币、艺术与表
现形式：罗马世界概览》）。

　　宗教或仪式情境中埋藏的钱币只能通过考古记录和周边环境进
一步理解（参见第三章《货币、仪式与宗教：钱币的非经济特质》）。
这包括献礼用的容器（也是存放铸币的容器）。在希腊和罗马的圣

所中都能找到这些由石头制成的容器（Kaminski, 1991）。这些容器有方形的、圆锥形的、圆柱形的和柱形的，后者只在古罗马崇拜遗址中发现过。古铭文和古文献告诉我们，这些容器在罗马时代被称为"祭库"（*thesaurus*），里面用作献礼的钱币被称为"贡钱"（*stips*, Crawford, 2003）。这些容器并非起源于罗马的宗教崇拜，它们早在公元前 4 世纪就已经出现在希腊世界，但直到公元前 2 世纪才开始作为祭祀用的容器在罗马世界流行起来。收藏到祭库中的贡钱在许多情况下与其他有意置放的仪式性窖藏不同，用于仪式的贡钱是可逆的，大多数情况下这些铸币会重新进入流通领域。这笔"从贡钱出资"（*ex stipe*）的收入会用于雕像、神庙修理或者崇拜节庆。许多铭文指出，这些祭库通常一年清空一次，在某些情况下每两年清空一次，有时也会一年清空两次。只有少数情况下，祭库不会被清空，在这种情况下，祭库是顶面敞口的，这样献礼就可以直接献给神祇，而不会被花在公益捐助[①]上。大多数的祭祀容器及祭品被发现于 18 世纪和 19 世纪，以今天的标准来看，当时关于这些器物的记录并不充分。近期的研究发现表明，只要祭品还保存在容器里，这类考古发现就仍然具有巨大的研究潜力。在关于祭品选择与流通铸币的放置阶序的空间微观分析中，铸币为我们理解崇拜实践背景下的祭库的意义提供了一个更有价值的视角（Ranucci, 2010）。同样地，在可控的实验室条件下对钱币在窖藏器皿中分布的微观空间进行分析，

---

① 在古希腊罗马，社会中地位高的有钱人会向社会分配部分财富，这种行为被称为善举或者公益捐助（euergetism / benefaction），捐助的人又被称为恩人、赞助人或者恩庇者（benefactor）。资助的内容包括公共建筑、宗教设施、节日活动、娱乐项目等。上述的那些雕像、建筑、修理、节庆等都是公益捐助的一部分，但这是人以神的名义进行捐助的。

也可以了解到这些物品的原始用途及其放置情况。这类调查的最好案例是在瑞士内弗滕巴赫（Neftenbach）的一座罗马别墅中发现的钱币（von Kaenel *et al.*, 1993），还有在弗罗姆〔Frome，英国萨默塞特郡（Somerset）〕发现的大型铸币窖藏。在弗罗姆发现的铸币总重达 160 公斤（350 磅），共有 52 000 多枚钱币，被认为是一批公共奉献（Moorhead *et al.*, 2010）。

正如上文窖藏钱币所揭示的：罗马社会是一个高度货币化的社会。罗马的货币化和铸币的彻底的重新设计，与公元前最后 30 年的罗马由共和政体向元首制新政体的演进同步进行。盖乌斯·尤利乌斯·凯撒（Gaius Julius Caesar）在生前就已经打破常规，铸造了刻有他作为国家元首肖像的钱币。值得注意的是，从文化角度来看，与凯撒同时代的人并不满意他的所作所为，即使罗马所学习的希腊统治者被表现在铸币上的传统已经延续了 250 多年。直到罗马第一任帝国皇帝奥古斯都（Augustus），该传统才被罗马人接纳。此后，在钱币上刻绘皇帝肖像的习俗得到发展并一直延续到公元 3 世纪末。这个阶段除了钱币上无处不在的皇帝肖像，还有其他元素和文字也都从属于帝国的意识形态（参见第五章《货币、艺术与表现形式：罗马世界概览》）。奥古斯都统治时期发行的钱币表明，以国家管理的角度，罗马铸币主要用来支付军队的工资，其次才用来满足平民的经济需求（Wolters, 2015）。对此最好的证据是帝国早期的铸币厂由罗马临时转移到内茂苏斯〔Nemausus，今法国尼姆（Nîmes）〕和卢格杜努姆〔Lugdunum，今里昂（Lyon）〕这两个靠近莱茵河畔军营驻扎的地方，而且在此地发现的新铸币也只在那里的军营中发现过。公元头两个世纪罗马帝国在扩张领土的同时，政府设法在整个帝国范围内（在整个地中海地区及以外的，从今摩洛哥到伊拉克，从埃及到英格兰北部的广大地区）强行规定罗马铸币的有效性，并用法律保护货币交易。从公元 4 世纪起，政治体制的改革意味着一个更加严密的货币体系出现了。这个时期遍布整个帝国、去中心化的铸币厂发行的钱币有了一致的意象和更精确的印章（甚至可以确定每个系列的钱币是在哪座铸币厂的哪个车间铸造的；参见第一章《货币及其技术：生产、分配和影响》）。

可以说，古代晚期 [①] 去中心化铸币厂的前身是安条克〔Antioch，今土耳其的安塔基亚（Antakya）〕的铸币厂。这里自公元 3 世纪起就在罗马城外铸造帝国钱币，定期发行罗马银币第纳里乌斯。在这个世纪里，帝国中其他的一些具有重要战略意义的地方，如麦迪奥拉努姆（Mediolanum，今米兰）、特雷弗里〔Treveri，今特里尔（Trier）〕、西斯基亚〔Siscia，今克罗地亚西萨克（Sisak）〕也承担起罗马帝国官方铸币厂的角色。有趣的是，公元 3 世纪还出现了许多个人篡权发行铸币的事件。这再一次证明货币和权力之间的紧密联系，篡位者雷加里亚努斯（Regalianus）和他的妻子德里安蒂拉（Dryantilla）发行的钱币就是例证（Dembski et al., 2007）。雷加里亚努斯是上潘诺尼亚省总督，他于公元 260 年在该行省的军事和行政中心卡农图姆（Carnuntum，在今奥地利）夺取了维系几个月的政权。考古发现一些以他和他的妻子的名义铸造的耀芒冠（radiate）银币，是他作为皇帝短暂统治期间的记录。这些钱币的图案和铭文刻工都很简陋，说明这些钱币是由技艺并不精湛的工匠在卡农图姆

[①] 古代晚期，指罗马帝国中晚期到中世纪之间，地区包含欧洲的大部分和环地中海地区，比较通行的定代标准之一是将罗马帝国的"三世纪危机"（公元 235—284 年）定为古代晚期的开始，将公元 7 世纪东罗马帝国的皇帝希拉克略（Heraclius）在位期间穆斯林入侵定为结束。

当地铸造的。有些钱币没有按照常规方式铸造，而是由旧钱币重铸而成，这些旧钱币或许由卡农图姆的行省或军方持有。尽管这些钱币的发行量并不大，而且它们的铸造似乎也是临时起意，但这些钱币上的意象和文字却把钱币的发行者描绘成了事实上的罗马皇帝，并试图等同于罗马合法统治者的钱币。这在所谓的高卢帝国（从罗马帝国中央政府分裂出来的独立国家，存在时间为公元260—274年，领地包括高卢、日耳曼诸行省和不列颠，并一度包括伊比利亚半岛）时期尤为明显。在这一时期，高卢帝国和罗马帝国都铸造了类似图案的钱币；发行这些钱币的人试图通过他们的铸币权，以他们的肖像以及全部头衔〔"英白拉多"（Imperator）①或"奥古斯都"②〕称号作为钱币图案来使自己的皇帝地位合法化（见图0.8）。高卢帝国钱币的发行与其领土上自治行省基础建设的发展也是相辅相成的，这些钱币是公元三世纪六七十年代西北各行省表达地区身份认同的极其宝贵的信息来源（Fischer，2012）。

从性别角度来看，罗马社会是一个父权制社会，但在罗马钱币上出现过很多女性形象和意象，这一点似乎有些令人惊讶。公元2世纪的罗马钱币中出现皇后和公主肖像的比例非常高，而且这些钱币皆是以这些女性的名义铸造的。在西北各行省发现的超过3000枚孤币（不计窖藏和墓葬发现，仅统计铜币）是关于这一现象的颇具代表性的案例：这些钱币由哈德良〔Hadrian，为皇后萨比娜（Sabina）〕、安东尼努斯·皮乌斯〔Antoninus Pius，为皇后法乌

---

① 英白拉多在罗马共和时期是军事指挥官的头衔，到了罗马帝国时期这一头衔基本只用于罗马皇帝。
② 奥古斯都的称号始于罗马帝国第一公民（罗马皇帝）——屋大维，后来奥古斯都也同样可以用作罗马皇帝的头衔。

图0.8　泰特里库斯二世（Tetricus II）时期的耀芒冠钱币，公元270—274年于德国科隆（Cologne）铸造。正面：图案为泰特里库斯二世头戴耀芒冠半身像，文字为 IMP C TETRICVS PF AVG[①]；背面：图案为维尔图斯（Virtus）[②] 手执盾牌和长矛的左向全身立像，文字为 VIRTVS AVGG[③]
来源：蒂宾根大学 inv.V 235/25a；摄影：托马斯·扎克曼，蒂宾根大学钱币部

斯蒂娜一世（Faustina I）和女儿法乌斯蒂娜二世（Faustina II）〕、马可·奥勒留〔Marcus Aurelius，为皇后法乌斯蒂娜二世和女儿露奇拉（Lucilla）〕铸造。而在马可·奥勒留时期，出现女性皇室成员图案的铜币占全部铜币的比例高达近40%（见表0.1）。公元2世纪后期的钱币上出现众多女性皇室成员图案的原因，可以从政治形势中寻找答案——谁是下一个皇位继承者。这一时期的特点是，未来的继承人都是通过被收养或联姻的方式进入皇室的，因此公主等女性角色的地位显得十分重要，她们关系着王朝的未来。因此，与公主和皇后相关的钱币上大多呈现与女性相关的特质，以及维护王朝这一美好寓意相关的母题：生育（*Fecunditas*）、贞洁（*Pudicitia*）、温柔（*Venus*）、皇后诞下小王子或公主与义子成婚。此外，一些表

---

① 意为"英白拉多-凯撒-泰特里库斯，虔诚幸运的奥古斯都"〔Imp(erator) C(aesar) T(etricvs) P(ius), F(elix) Aug(ustus)〕。

② 维尔图斯是罗马神话中"阳刚""勇敢"概念的拟人化神祇，于公元3世纪左右开始大规模流行。

③ 意为"勇敢的奥古斯都"〔Virtus Augg(ustorum)〕。

现权力的意象〔如女神朱诺（朱庇特的妻子）、孔雀，以及在主人死后被"神化"（*apotheosis*）的情况下发行的钱币上的新月等〕也是出现女性形象的钱币上的专属图案。

表 0.1 西北各行省〔科隆、美因茨、巴登–符腾堡、特里尔和韦特劳（Wetterau）边界〕发现的有女性皇室成员图案的钱币（不计窖藏和墓葬发现，仅统计铜币；序列编号 FMRD II 1–4、FMRD IV 1N、FMRD IV 3/1、FMRD V 1/1、FMRD VI 1/1；总计 3085 枚）

皇帝	男性图案钱币占比	女性图案钱币占比	总计
哈德良	94%（898 枚）	6%（50 枚）	100%（948 枚）
安东尼努斯·皮乌斯	68%（765 枚）	32%（352 枚）	100%（1117 枚）
马可·奥勒留	62%（636 枚）	38%（384 枚）	100%（1020 枚）

结语

在公元前 7 世纪的吕底亚王国，钱币的发明是在早期其他物品作为交易媒介的系统基础上发展起来的。在青铜时代，砝码和天平的引入标志着货币开始有了统一的重量标准，这是一个非常重要的进步。下一个重要的阶段发生在铁器时代（约公元前 600 年前）的近东，人们在当时装有贵金属（窖藏的碎银）的袋子上贴了封泥，以保证其重量和成分（Thompson, 2003）。从钱币学意义上说，它们属于原始货币。后来，古人用特定印章来保证预先称重好的一块金属的质量，这就是真正意义上的铸币。这些虽然只是货币发展史上的一小步，但对人类来说却是一个巨大的飞跃。

在更广大人类历史背景下的货币演进史中，所有这些里程碑都在本概述中做了极其简单的概括和并不全面的勾勒。而在接下来的章节中，我们将全面地研究这些钱币发展的里程碑，并对最新的研

究进展进行介绍。安德烈·卡索利（Andrea Casoli）和马克·菲利普·瓦
尔（Marc Philipp Wahl）论述了古代铸币发行的政治和技术基础及其
文化背景；弗朗索瓦·德卡拉塔（François de Callataÿ）集中探讨了
古代特别是希腊世界铸币的经济基础；在关于"货币与宗教"的一
章中，斯特凡·克姆尼切克利用希腊和罗马时期的研究案例，揭示
了铸币在宗教和仪式中的多种用途，而斯特凡纳·马丁（Stéphane
Martin）则介绍了与货币的日常使用和货币对社会的影响相关的史料；
在关于"货币、艺术与表现形式"的一章中，内森·T. 埃尔金斯（Nathan
T. Elkins）从制作者和使用者之间的紧张关系出发，仔细探讨了古
代钱币上的图案；阿莉西亚·希门尼斯（Alicia Jiménez）对阐释古
代铸币的理论背景进行了讨论；克莱尔·罗恩（Clare Rowan）在最
后一章中探讨了铸币在文化联系、社会制度的发展和身份创造中的
作用。

　　最后，读者应注意到，尽管我们已尽量使各章引文保持一致，
但我们还是尊重每一位作者选择以拉丁文或英文的形式列出引用的
古文献标题。各章中参考的现代文献资料详见"参考文献"。

第 一 章

货币及其技术：生产、分配和影响

安德烈·卡索利（Andrea Casoli）、马克·菲利普·瓦尔（Marc Philipp Wahl）

  钱币是在古代已被广泛使用的一种相当成功的货币形式。毋庸赘言，几个世纪以来，钱币的外观以及人们对钱币的期望一直在变化。研究钱币的生产过程对我们理解钱币的演变及其深远影响大有裨益。

  本章着重解决的问题是钱币生产的方法、原因和手段，古代钱币的组织，以及钱币使用者与铸币厂之间的关系。可供利用的材料种类繁多，除了出土数量很多且自古以来几乎没有改变的钱币本身以外，考古情境与器物也能提供有价值的信息。此外，无论是文学作品、铭文还是纸草上的文书，多种多样的书面材料都揭示并丰富了这一主题。

  钱币生产的基本问题与社会文化、经济、技术及其影响密切相关，因此对这些方面进行探讨，有助于加深对货币的理解。

总论：为什么要铸造钱币？

　　铸币并没有做任何其他货币形式过去不曾做的事情，
而只是将它们做过的事情做得更好。（Kroll, 2012 : 40）

　　我们要考虑的第一个问题是钱币在古代产生的原因，或者克里
斯托弗·豪格戈（Christopher Howgego）所说的"古代政权为什
么要铸造钱币"。在这里，我们关注的并不是公元前 7 世纪中叶最
初发行钱币的这个想法究竟从何而来，也不是它如何在公元前 7 世
纪和公元前 6 世纪迅速传播到地中海世界，而是探讨为何钱币在古
代成为一种非常成功的货币形式（Howgego, 1990; Melville-Jones,
2006）。
　　我们可以从柏拉图和亚里士多德那里得到许多有价值的线索。
亚里士多德认为钱币能够促进贸易、量度与贮藏有价值之物，并使
价值规范化（Melville-Jones, 1993 : nos. 2 [= Plato, *Res publica* 371b],
11 [= Aristotle, *Ethica Nicomachea* 1133a–b], 12 [= Aristotle, *Magna
moralia* 1194a], 13 [=Aristotle, *Politica* 1257a–b][①]）。从人类学的角
度看，古代流通的各类钱币可以定义为"**一般用途货币**"（general

---

① 注文是关于钱币的希腊罗马文本汇编，nos.2 指记编中的第二条史料，以此类推。
　　对应的文本分别为：nos.2 = 柏拉图《理想国》371b；11 = 亚里士多德《尼各马可
　　伦理学》1133a-b；12 = 亚里士多德《大伦理学》1194a；13 = 亚里士多德《政治学》
　　1257a-b。等号后数字加字母的标号是柏拉图、亚里士多德通用的标码，指代文艺
　　复兴时期 Stephanus（柏拉图）/ Bekker（亚里士多德）印本的页码和分节。——
　　校者注

purpose money）①。在古代，对钱币价值的思考在金属主义（钱币的价值由其金属含量决定）和名目主义（钱币即信用凭证）之间波动。伪柏拉图对话《厄律克西亚》（*Eryxias*，399e–400c = Melville-Jones，1993: no. 8）中强调货币的价值不必与其内在的金属含量相对应，而是取决于社会习俗。人们很早就认识到，没有显著内在价值的其他物体可以取代贵金属，在交换领域中发挥作用（Lo Cascio, 1996; Wolters, 1999）。然而，当我们面临现实生活中的具体问题时，靠从古代哲学家的讨论中得到的只言片语是远远不够的。把钱币的发行归结为单一的原因是片面的，那么，还有什么其他因素在其中发挥作用呢？

毫无疑问，在古代，钱币的铸造与国家支出有关。事实上，研究人员一致认为，国家支出是最重要的（Crawford, 1970; Howgego, 1990; Bresson, 2005）。首先，战争费用是国家支出重要的一部分，这反映在钱币的发行与军事之间的密切关系上。钱币不仅用于购买军备、支付士兵和雇佣兵的酬劳，还与战争的直接利益相关，比如战利品、赔偿金和贡金等。其次，除了军费之外，还有一些支出项目，包括建筑工程和公共竞技，后者在罗马时代尤为重要。最后，我们应该知道，并非所有款项都是用新铸造的钱币支付的，而且除了新旧钱币之外，人们还可以使用铸锭或实物支付。钱币不仅可以用于财政支出，还能为国家创造收入。公元前 2 世纪晚期的一篇铭文清

---

① 经济学家卡尔·波兰尼（Karl Polanyi）提出一般用途货币的核心特征是与个人的自然和社会环境的交换，并且不对个人选择及其理性特征方面的行为做出任何假设（Polanyi, 1957, 1968, 1977）。通俗地讲，就是任何出售的东西都可以用一般用途货币买到。与此对应的是"特殊用途货币"（special purpose money），指某些特定商品或者服务只能用特定形式的货币购买。

楚地记载了钱币在创造利润这方面的作用，石碑是为了纪念塞斯托斯（Sestos）的恩人梅纳斯（Menas）而建，碑文中提到希望可以从铸造铜币中获利（Melville-Jones, 1993: no.377 = *OGIS* 339："城市可以从此种收入中获得利润"[①]）。钱币的重铸也可能出于盈利目的。正如约翰·克罗尔（Kroll, 2011）所证实的，公元前4世纪中叶雅典曾大规模召回钱币，然后通过重新发行来赚取差价（*agio*）。塞斯托斯的铭文还揭示出铸造钱币时经常遇到的另一方面的问题。铭文表明，委托铸造的铜币将作为塞斯托斯城邦发行的钱币流通，因此，钱币上的设计至关重要也就不足为奇了。在古代，人们能够很好地理解和利用钱币作为交流和身份识别媒介的作用，一份对晚期罗马高级财政官员圣库卿（*comes sacrarum largitionum*）的指示本身就说明了这一点（Cassiodorus, *Variae* 6.7 = MGH AA, XII 180–1[②]）："我的面容被印在使用着的金属上，而你将制作钱币，使后世记起我们的时代……因此皇帝的形象会被臣民看到，并借由商贸养育他们，皇帝审慎思虑，为了所有商贸的良性发展而照管着贸易，从未停止。"我们将在后文更详细地论述钱币上的母题及它们在流通中的作用。

---

① 塞斯托斯的铭文大意是"……当人民决定使用自己的铜币时，该城市就有了该种类型的货币。城市可以通过铸币获得利润。城市选择了那些虔诚而公正地维护钱币信用的人，梅纳斯与他的同僚就是一起被选中的人，他们履行了自己的职责，让人民通过这些人的正义和对荣誉的热爱，使用自己的铜币。而当人民选择他担任其他职务或在仪式中时，他也以公正和正义的姿态出现……"〔参见英译本 Lines 43-51, translated by J. R. Melville-Jones in *Testimonia Numaria, Greek and Latin Texts concerning Ancient Greek Coinage*, Vol. I (1993), no. 377〕。

② 注文指卡西奥多鲁斯的《杂函集》第6卷第7封。《杂函集》是卡西奥多鲁斯在官僚生涯中为东哥特王狄奥多里克（Theodoric）与阿塔拉里克（Athalaric）起草的公私文函总集，也包括文函的模板。MGH AA XII, 180-1 指《德意志文献集成》（*Monumenta Germaniae Historica*）《最古诸作家》（*Auctores Antiquissimi*）分部，第12卷（Cassiodorus）第180—181页。——校者注

在古代，个人是否能将自己的金属财富铸造成钱币，即自由铸币，是一个长期有争议的话题。虽然文献记载很少，但可以肯定的是，到古代晚期，人们就被允许这样做了（*Codex Theodosianus* 9.21.7–8; 10[①]）。公元前 3 世纪下半叶，一份来自奥尔比亚（Olbia）的铭文（Melville-Jones, 1993: no. 900 = *SIG*[3] 495 = *IOSPE* I[2] 32[②]）提到了类似的做法；公元前 286 年的一份莎草纸文书（Cairo Zenon 59021）也记载了一项为私人铸币厂管理活动的证据（Melville-Jones, 1993: no.496）。这些证据都指向同一个方向（Crawford, 1985; Howgego, 1990; Wolters, 1999: 349; Foraboschi, 2006）：罗马帝国东部的希腊城邦直到公元 3 世纪都在发行钱币〔所谓的"罗马行省钱币"（Roman provincial coins）〕，这或许证明国家至少容许其他机构铸造贱金属货币。

铸币技术

在古代，钱币几乎都是用印模锤制（落锤式开模锻造）而成的。已知的少数例外是熔化金属后倒入铸模冷凝而成的硬币（cast coins），比如早期的罗马青铜铸币（罗马重铜）和所谓的"边境仿币"

---

① 注文指《提奥多西法典》（*Theodosian Code*）第 9 卷第 21 章第 7、第 8 和第 10 条。这三条律令都是关于禁止私铸钱币的，但是第 7、第 8 条都允许民众持自己的黄金到官方铸币厂，铸币厂抽 1/6 铸币税（seignorage）后打上皇帝头像成为公共铸币；第 10 条规定严禁私铸铜币。——校者注
② 注文后面两项是《希腊碑铭集成》（*Sylloge Inscriptionum Graecorum*）第三版 495 号 =《黑海北岸古铭文》（*Inscriptiones Antiquae Orae Septentrionalis Ponti Euxini Graecae Et Latinae...*）第一卷第二版 32 号。铭文中提到，当地官员拿着祭库中的金币向国外的债权人还债，但债务无法清偿，致使债权人要拿着祭库本身去铸币官那里熔化并重铸成可以用的金币。——校者注

（*limes falsa*，即多瑙河罗马边境省份的应急货币）。接下来，我们将主要关注锤制的钱币。

波斯人摩尼（Mani）是摩尼教（Manicheism）[①] 的创始人，活跃于公元 3 世纪的安息帝国（Arsacid Empire）和萨珊王朝（Sasanian Empire）时期。摩尼为我们展示了难得的铸币生产过程。他在一篇文章中将人类语言的起源与铸币进行类比，简略描述了可能位于萨珊王朝首都塞琉西亚-泰西封（Seleucia-Ctesiphon）的一处铸币厂的铸造活动。他指出，铸造车间里有五名工匠（*technites*）（Hommel, 1965; 1966; Göbl, 1967）：

1. 铸件的工人（负责熔铸金属条和空白金属片）；
2. 锤制金属的工人（负责锤击金属条以达到合适的强度）；
3. 裁剪钱坯的工人（负责切割出钱币坯饼或空白金属片）；
4. 给钱币"加盖印章"的工人（负责用印模锤击硬币）；
5. 用筛子清洗钱币的工人（负责清洗硬币，可能在酸溶液中）。

原料的获取

要生产钱币，显然要有金属。金、银和贱金属都是制造钱币的原材料。常见的贱金属有铜、青铜（锡和铜的合金）和山铜（*orichalcum*，黄铜，一种锌和铜的合金），与贵金属一样，可以通过多种方式获取，比如通过熔铸旧钱币或开采金属矿。人们可以将不流通的旧钱币或外邦钱币用作铸币的原材料，将其熔化或以旧

[①] 摩尼教，相传由波斯先知摩尼创立，融合了琐罗亚斯德教、佛教和基督教的哲学观点，在中西亚、欧洲和北非甚至中国流传，但摩尼教经常被其他教派视为异端，最终于公元 15 世纪灭亡。

币为坯，直接盖铸。在把注意力转向罗马时代开采的几个著名矿场之前，我们先介绍一个案例，它对古风时代晚期和古典时代雅典的白银获取具有非常重要的意义。

位于阿提卡（Attica）南部山区的劳利昂矿是雅典主要的白银来源。公元前 6 世纪雅典的崛起和公元前 404 年雅典和斯巴达的伯罗奔尼撒战争结束后的暂时衰落，都对银矿的开采产生重大影响。从最初开采（早在公元前 3000 年）到罗马时代[1]，劳利昂矿总共出产了约 3500 吨优质白银。奴隶们通过复杂的竖井和矿道系统（至今仍然可见）将金属矿带至地面，并就近加工矿石（Conophagos, 1980: 151-2, 167-212）。在通过（可能约有 2000 条）竖井和矿道提取含银矿石后，需要经过一系列步骤来提纯白银，得到的白银一部分用于贸易，大部分则用来铸造钱币（见图 1.1）。生产过程的第一阶段是将矿石压碎成细小颗粒，从而分离出含铅-银的矿石[2]。具体操作是将从矿山中提取的原材料，在研钵中或用自制的铁杵在大理石板上压碎成豌豆大小的颗粒。然后，工人将碎矿石带到特定的磨坊，并用磨石将物料磨成直径约 1 毫米的颗粒。接着是所谓的"汰选过程"（concentration process），即将含银量低的较轻颗粒从较重的铅银颗粒中分离出来，从而实现原料的初步提纯。提纯是通过水洗来实现的，此过程发生在数十个"洗涤装置"中，这些装置至今仍然存在，并有考古发现。水洗的过程是让水流过轻微倾斜的铺满颗粒的木板，流入洗涤装置，这样木板上较重的富含银和铅的"纯"颗粒就会沉积，而较轻的"不纯"颗粒会被冲走。之后，奴隶们再收集阶梯式平台

---

[1] 根据地理学家斯特拉博（Strabo）《地理学》（Geography, 9.1.23）等记载，劳利昂矿在公元 1 世纪罗马统治期间被废弃。

[2] 方铅矿中常含银。

上已经"提纯"好的富含银的颗粒，并将它们投到熔炉中，进行下一步操作（Conophagos, 1980: 213–47, figs. 10–19）。

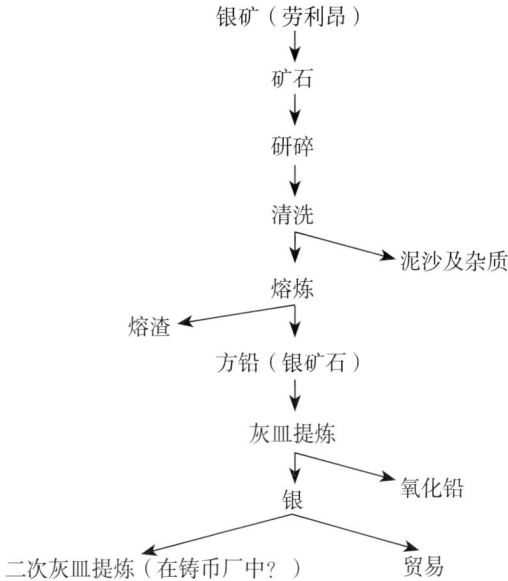

银矿（劳利昂）
↓
矿石
↓
研碎
↓
清洗 → 泥沙及杂质
↓
熔渣 ← 熔炼
↓
方铅（银矿石）
↓
灰皿提炼 → 氧化铅
↓
银
↙　↘
二次灰皿提炼（在铸币厂中？）　　贸易

图 1.1 白银提纯的过程
来源：图片由马克·菲利普·瓦尔简化自 Conophagos, 1980: 129

　　紧接着是另外两个阶段：熔炼和灰皿提炼。熔炼会将方铅（硫化铅，PbS）从其他矿石中进一步分离出来。奴隶们将研碎和洗净的矿石颗粒在高达 4 米、炉温可达 950°C ~ 1200°C 的大型圆柱形烤炉中加热。方铅矿和其他熔渣从可关闭的开口中滴下。开关打开时，金属流入下面的容器里。由于方铅和炉渣的重量不同，所以形成了上下两层，一旦凝固，它们很容易自动分离（Conophagos, 1980: 274–8）。提取下层方铅（希腊文：λίθος τοῦ ἀργύρου，即"银石"或"银矿石"）之后，下一步的工作是进行灰皿提炼，这是将银与铅分离的过程

（Conophagos, 1980: 305–30）。由于铅不是惰性金属，铅与空气接触会很快氧化，利用这种特性可以实现铅、银的分离。虽然原理很简单，但是在实践操作中比较困难。为了实现这种分离，必须要有一个开口的圆顶炉，以便在圆顶结构内达到并保持所需的高温。熔炉的构造确保了铅与氧快速反应，形成氧化铅（PbO）。由于氧化铅能附着在较冷的铁棒上，所以可以很容易地将这种"烧焦"层氧化铅与液态金属分离。如果重复此过程几次，炉中的氧化铅含量会逐渐减少，剩下的几乎都是纯银（Moesta and Franke, 1995: 64–7; Ramage and Craddock, 2000: 208–9）。这只是灰皿提炼的第一阶段。

第二阶段被称为"精炼"，是将之前初步提纯的金属放入所谓的灰皿（杯状物）中。这种器皿必须由多孔的耐高温材料（例如，具有中等大小孔的陶瓷）制成。灰皿在加热过程中会吸收剩余的铅而留下纯银。待冷却后，表面已凝固的薄层会炸开，从而释放出残留在仍呈液态的金属内的气体（就像沸水中的气泡一样）。金属表面类似小水泡或脓疱的样子（Moesta and Franke, 1995: 67），这就是为什么这种纯银被称为"脓疱银"（*pustulatum* or *pusulatum*），以及为什么它的缩写"PS"会出现在罗马晚期的硬币上。如果上述对银的精炼过程能够被正确执行，那么就可以跳过下一阶段，即铸坯。最后这个阶段可能发生在另一个工作间——也许是在铸币厂内进行。

劳利昂矿的案例记录了古代白银生产的全部过程。它还记录了雅典在与斯巴达的伯罗奔尼撒战争（公元前431—前404年）中失去劳利昂矿时的一个特别有趣的举动。这次事件发生在公元前413年，即德克莱亚战役（Decelean War）期间，当时约有20 000名奴隶，包括一些熟练工，他们被雅典方面抛弃后转投了斯巴达一方（Thucydides, 7.27.5）。此时，劳利昂矿的白银开采很可能已几乎停止了（对这一观点的反对意见参见 Treister, 1996: 182–3）。遭遇生产停止、奴隶逃亡如此巨大的打击，雅典人最终在公元前 404 年输掉了战争。同时，面对如此严峻的情况，雅典不得不在公元前 407/406 年熔掉帕台农神庙的几尊胜利女神金像（Philochorus, FGrH 328, F141a[①]）以发行应急金币。这些特殊的钱币有一些仍存世至今。到公元前 406/405 年，雅典的局势并没有好转，白银的短缺迫使城市使用镀银的铜币作为代币。在 20 世纪初的 "比雷埃夫斯（Piraeus）窖藏" 中发现了数千枚这样的有银镀层的德拉克马与四德拉克马。这些钱币很有可能是用常规（官方）印模铸造的（Aristophanes, *Ranae* 718–26；Flament, 2007: 119–20）。这些由雅典在紧急情况下铸造的镀银币，一直使用到公元前 394/393 年（Aristophanes，*Ecclesiazusae* 815–22）。

银在希腊和罗马世界中扮演着重要角色。然而，在早期阶段，钱币是由一种被称为 "白金"（更为常见的叫法是 "琥珀金"）的宝贵的天然金银合金制作的。按照希罗多德（Herodotus）的说法，在吕底亚国王克洛伊索斯（Croesus）统治时期（公元前 561—前 547 年），金银币才首次分开铸造（Herodotus, 1.94.1），考古证据也似乎证实了这位希腊历史学家的说法（参见 Ramage and Craddock, 2000）。在罗马共和时期和帝国时期，西班牙的矿场出产了大量的黄金和白银，以及其他贱金属（Diodorus Siculus, 5.36; Pliny, *Naturalis historia* 33.6.96; Polybius, 3.57.3；更多资料参见 Gozalbes and Ripollès, 2002: 11）。古代作者们还提到达尔马提亚（Dalmatia）的金矿，这

---

① 史料出自《希腊史家残篇》（*Fragmente der Griechischen Historiker*）中的斐洛霍罗斯（Philochorus）残篇 F141a 号。——校者注

些金矿自尼禄时代起，每年都会生产大量的黄金（Pliny, *Naturalis historia* 33.67）。最晚至奥古斯都时代，铜和黄铜对于罗马铸币开始变得非常重要。在意大利、日耳曼、塞浦路斯（Cyprus）和高卢，都有矿区开采相关金属用来铸币（Pliny, *Naturalis historia* 34.2；更多资料参见 Szaivert and Wolters, 2005: 213–15）。

（金属）币坯或坯饼的制造

至少有六种方式可以制作锤制钱币的坯饼，即钱币待压印图案的"坯料"（Gozalbes and Ripollès, 2002: 13–4）。首先，可以召回旧的硬币，将其锤平、加热，然后再简单重铸。这样的制作过程通常执行得相当粗糙，有时我们可以轻易分辨出重铸的痕迹。有一组来自雅典的四德拉克马银币就有这样的痕迹。这些所谓的"折曲饼"（folded flans）[1] 第一种是先将旧的钱币锤平，然后再对折捶打（Kroll, 2011；最新研究参见 Fischer-Bossert 于 2015 年发表的有关基齐科斯的文章）；第二种，可以用金属切削工具将一块贵金属薄片切成坯料，这种方式通行于萨珊波斯（the Sasanians）；第三种，还可以从棒状金属锭上"切出"圆柱形状的坯料。

一种更为常见的方法是铸坯。常见的铸坯方法主要有三种。第一种方法是使用印模或"颗粒盘"。该印模的表面通常由黏土制成，上面有数排小凹坑，这些凹坑置纳了事先称好的一定数量的（小碎

---

[1] 折曲饼，这种类型的重铸币一般由更古老的三到四个四德拉克马制成，是先将几个四德拉克马摞在一起锤平，然后再折叠好用印模再锤。重铸钱币的边缘有时候能看到各分层的痕迹，一般来说有三个明显的特征：第一，重铸的钱币形状是不规整的；第二，坯料的大小不足以做全图案铸印的设计，只有"pi- 型"钱币的双面有完整的图案或者文字；第三，重铸的钱币特别厚。详细说明参见约翰·克罗尔的文章。

片或粉末形式）金属，然后通过加热贵金属将其熔化为一个小金属球。凯尔特人就使用了这样的方法，考古工作者在很多凯尔特文化的考古发掘中都发现了此类印模（Militký, 2015: 681–95）。第二种方法只需将液态金属倒在平坦的平台上，待冷却后就会形成小型金属坯料。液体金属在冷却过程中因其表面的张力凝结成一颗颗金属小颗粒，然后就可以直接模压成钱币，或者锤成扁平状后再铸币。工人只要稍加练习，就可以控制好所需的重量。第三种方法是用液态金属填充一种可以拆成两部分的印模，模中设有凹陷以便坯料成型。待液态金属冷却后，工人将印模拆开并取出坯饼，这些坯体看起来就像是悬挂着树枝的"树"（仍连有线形的固态金属），之后再将坯体与其"枝杈"分开。最后这种方法仅用于生产一些非贵金属的坯料。

印模生产

非常幸运的是仍有一些古代的印模的资料留存至今。威廉·马尔克姆斯（William Malkmus, 2007，基于 Vermeule, 1954 的研究成果）曾发表一份目前已知的印模清单并附有对印模真实性的讨论。我们可以通过这些少量现存的印模（主要由青铜制成）以及从古钱币本身可观察到的细节得到一些印模生产的线索，并借由这些线索重构当时两种不同的技术。我们可以在一些钱币上辨认出印模的初步图样，这些图样是为了在有限的空间内尽可能地铺满设计要素。此外，印模制造无可置疑地使用了正模（阳模）的形式，也就是说，先刻出钱币的阳刻模，再将其刻印在印模上[1]。这是对某些印模所呈现出

---

[1] 首先，刻出一个和最后钱币面一样凸起的阳刻模（可能是铜或铅质的）；然后，将这个阳刻模印在铜质的印模上，可能通过蜡铸模法印成；最后，用印模铸印钱币。

来的相似性（有时是微小细节）的唯一合理解释（Göbl, 1978: 52–3;
Fischer-Bossert, 1999: 405–7; Berthold, 2013: 64–5）。我们在希腊钱币
中找到了这种技术的证据，但到目前为止，仍缺少明确的证据证明
罗马钱币的制造也采用了这种技术。

　　人们很早就知道，古代的印模制造者会出于各种原因对印模进
行修改。这里指的是对已经用于制造钱币的印模进行二次修改。修
改印模可以节省时间和材料。在古代模具生产中观察到的所有现象，
实际上可以归为三类：修改、修复和校正。

　　修改，指的是对设计的干预以及对印模的重新加工（参见 Hill
1922: 24–5 中的案例）。西西里岛南部沿海的杰拉城（Gela），为我
们提供了对印模进行简单修改的例子。在杰拉，有数个在已被使用
过的印模上再次添加字母的案例。其中一例是印模上后来添加了字
母"phi"和"iota"（时间可追溯至公元前 5 世纪初；Jenkins, 1970:
121）。如果印模仍处于良好状态，此类修改无需大费周章并且合情
合理，且改动往往是有意义的。公元 1 世纪中叶的尼禄时期，里昂
的铸币厂中也有过一个同样小幅修改的印模案例，不过这次是删除
一小处而不是添加。印钱币正面用的印模描绘的是尼禄和他的母亲
阿格里皮娜的半身像，这种印模最初被用来铸造一种非常稀有的奥
里斯（*aureus*）金币[1]，该钱币的正面还有一个附加符号（如 *RIC* I²
3 类型）。后来，印模上压出附加符号的地方被重刻后，又被用来
铸造第纳里乌斯。所以用这种类型的印模铸造出来的第纳里乌斯会
在原附加符号被擦掉的地方有轻微的隆起（参见 Robertson, 1962, pl.
19, no. 2 中的案例）。但是如果印模的大部分被擦除，那由该印模铸

---

[1] 奥里斯是发行于公元前 1 世纪到公元 4 世纪初的古罗马金币。

出来的图案也必将大幅改动。公元前 4 世纪的锡诺普城（Sinope）有一个案例就是这种情况（Robinson, 1930: 9）：该印模很大一部分都被重新加工过，有很明显先锤平，又重新雕刻的痕迹。罗马行省的钱币上也出现了一些奇怪的现象。一枚哈德良时代的亚历山大里亚（Alexandria）[1] 的德拉克马甚至显示出间接加工过的痕迹，研究者们怀疑加工并非直接加诸印模，而是在用于制造改动后的印模的母模上进行的。人们只需在母模的阳刻元素上稍做加工，就可以循环使用这一工具而生产多个新的印模了（Milne, 1922: 43-6）。

在使用过程中，印模最终会磨损，出现或小或大的裂痕，这时就需要进行修复。另一种可能需要修复的情况是，锤制钱币后残留的金属残渣会塞住印模。古风时代晚期的杰拉城再次提供了一个相关案例：一个可以追溯至公元前 5 世纪初的印模有被重新切割过的痕迹（Jenkins, 1970: 121），在对比没有修复过印模的相应的地方，修复之前显然比修复之后的要厚得多。

在制造印模的过程中也可能发生一些小错误。如果这些错误在铸币过程中被发现，就会在铸币厂内得到校正。这种小错误通常会影响印模上的铭文，比如铸模时可能会遗漏掉某个单个单词或字母。在钱币大规模发行时可能会有典型案例，比如在罗马共和时期。克劳福德（Crawford, 1974: 458, No. 4b）曾提及有种钱币上遗漏了字母 COS，在字母添上印模之前已有一批少字的错版钱币运离了铸币厂。

钱币铸造和采矿技术

在概述了如何制作和修改坯料和印模后，让我们把注意力转向

---

① 亚历山大里亚是位于埃及的港口城市，哈德良在位期间曾巡视埃及。

铸币的过程。几乎没有文字资料能说明古代是如何铸造钱币的。一份图拉真（Trajan）统治时期的铭文将罗马铸币厂的工人分为三类：将坯饼放在下模的置坯员（*suppostor*）、用锤子锤制钱币的锤制员（*malliator*），以及负责印模的压印员（*signator*）（铭文参见 *CIL VI 44*）。有一些形象化的图案可以为我们提供更多有关铸造过程的信息，但是我们要格外审慎地看待这些信息，因为它们极大地简化了制作过程。在维也纳艺术史博物馆（Kunsthistorisches Museum）的钱币馆藏部，有一枚罗马晚期（公元 4 世纪上半叶）的剧场入场凭证（*tessera*），其背面完美地描绘了铸币的过程，包括置坯员、锤制员和压印员三个人的形象（见图 1.2）。还有一枚可追溯至公元 4 世纪末的带有尼禄名字的环槽纪念章（contorniate）上也有类似的铸造场景（Woytek, 2013）。

印模的基本构造是上下两层。下模被放入固定的砧座中，而上模是可移动的（见图 1.3）。上模由于受力较强，磨损通常要比下模更快。当需要铸造又大又重的钱币时，单次敲击往往是不够的，钱币必须经过反复锤打。虽然有证据表明罗马帝国的钱币是冷铸的，但钱币坯体在敲击前是否被加热，或者在希腊时期钱币是否也是冷铸的，这些并未完全得到确认。如果一枚钱币的边圈有着小幅的交叠，那么就能说明它在铸造过程中的两次击打之间，钱坯有小幅移动（这种情况被称为"复打"）。事实证明，当连续、大批量地生产钱币时，印模的使用寿命只有几个月（在一些特殊情况下，使用寿命会稍微变长）。事实上，在罗马帝国时期，一个印模一般只能用几天（参见 von Kaenel, 1986: 259-61）。印模的使用寿命明显由多种因素决定，包括金属的坚硬程度、坯饼的大小以及浮雕的高度。由此我们可以推断出，只有较大的铸币厂才有能力进行长期持续的钱币生

图 1.2　公元 4 世纪上半叶，罗马帝国（？）铸造的剧场入场凭证。正面：四柱神庙的正视图；柱子之间是警示三女神，上面有天平和丰裕之角（cornucopia）装饰①，脚下有一小堆硬币。背面：呈现三名工人（置坯员、锤制员和压印员）铸造钱币的过程
来源：维也纳艺术史博物馆 inv. RÖ 032652

产，而较小的铸币厂的印模可能会被使用多年（Mørkholm, 1983）。

　　除了复打币外，还应当注意其他错误或特殊铸币。如果坯饼在打制的过程中没有被放置在印模的中心，则被描述为"偏心"（off center）。在这种情况下，坯饼上的图像会向外移动；当击打比较薄的金属坯饼时，经常会发生所谓的"盲点"（blind spot），这是因为印模正面和背面的浮雕厚度大于坯饼的厚度，从而导致钱币显像不完整；阴打（incuse striking）是指钱币粘在上模上的情况。当下一个钱币被敲击时，留在印模上的钱币会在新钱币上留下镜像；至于"模轴"（die axis），钱币学家通常用这个词来描述上模和下模的位置，一般用钟面时间来描述，比如 12 点钟方向为轴线上的垂直位置。鉴

---

① 警示三女神是流行于塞维鲁时期的钱币图像，寓意公平、安宁。"警示"（Moneta）原是女神朱诺的一个附称。但因为罗马铸币厂位于"警示者朱诺神庙"（Temple of Juno Moneta），所以"Moneta"也有了维持钱币稳定的意义，后来形成了"*tres monetae*"（三女神图像）。四柱神庙上的丰裕之角是用鲜花水果等围成的类似万花筒的长角，象征着丰饶，而天平象征着公正和信用。——校者注

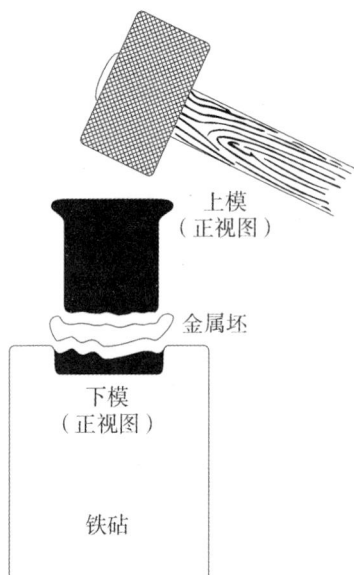

图 1.3　钱币铸造过程示意图，下模固定在不动的砧座上（钱币的正面），可移动的上模接受锤子的敲击（钱币的背面），中间插入金属坯饼
来源：图片由马克·菲利普·瓦尔友情提供

于上下印模并非总是固定的，在钱币的铸造过程中，通常有可能识别出当地或区域性的一些特征（de Callataÿ, 1997）。

　　另一种错误是在下模（砧模）上，下模对应的是钱币的正面，有时候钱币的正面会出现两个或两个以上彼此相邻的正面印模的图案。有时，坯料放置的中心位置不佳，钱币的正面就会显示出第二个正面印模的痕迹来。虽然例子不多，但是这种现象在古典时代、希腊化时代和罗马共和国时期都广为人知。德国的两个凯尔特窖藏中就有两枚"多重正面模"的钱币（Woytek, 2006）。

铸币管理

在古钱币学中，钱币上母题的选择是一个特别复杂的话题，涉及很多影响钱币正反面图案的因素。研究人员经常将具有"简单设计"特征的古典希腊钱币描述为类似于徽记的钱币。实际上，这种概念也经常反映在现实中。其实，当时有相当多的书面资料提到某一特定城邦的钱币类型，并试图解释。亚里士多德讲述的塔拉斯（Taras）骑着海豚的传说（Melville-Jones, 1993: no. 656 = Pollux, *Onomasticon* 9.80 = Aristotle, *Fragment* 590, Rose）会在塔兰托（Tarent）[①]的钱币上找到对应的图案；在米利都的一座狮子雕像上，有诗铭提到，狮子会被刻在这座城市的铸币上（Melville-Jones, 1993: no.346 = *SEG* I 425）。科林斯（Corinth）的斯塔特被称为"小马驹"〔*poloi*，因正面为飞马珀加索斯（Pegasus）[②]〕，四德拉克马则被称为"猫头鹰"（*glauke*）。所谓"双关语"类型的钱币则更进一步，人们会直接将城市名称作双关解读并应用于钱币母题上，比如塞利努斯（Selinous）的钱币上有芹（芹的希腊文为"*selinon*"）。尽管上面给出的示例代表了已成固定惯例的钱币母题，但还有许多其他城邦在努力尝试描绘各种不同的母题，实际上有些城市可能更喜欢多元化。例如，基齐科斯会经常不断地更改其钱币设计；在公元前 5 世纪的叙拉古，

---

① 塔兰托（希腊文：*Taras*，拉丁文：*Tarentum*）原是由古希腊人建立的殖民地。根据神话，塔兰托的建立可以追溯至罗马建立前的大约 1200 年，相传当时海神波塞冬的儿子半神塔拉斯在塔拉河口的城市附近建立了一个与自己同名的聚落。塔兰托的城市标志就是塔拉斯骑着海豚的造型。

② 飞马珀加索斯的传说与科林斯相关，后来成为科林斯的象征。在传说中，成为科林斯国王的贝勒罗芬（Bellerophon）借助雅典娜女神给他的黄金马镳驯服了飞马，所以飞马出现在许多科林斯及其殖民地的钱币上。

四德拉克马的正面仍然是四马二轮战车，背面是宁芙（nymph）[①]阿瑞图莎，但是这些母题的形态多种多样，尤其体现在阿瑞图莎不断变化的发型上。罗马时代的许多希腊城邦的例子也给人留下了深刻的印象：这些城邦以本城和周围地区为单位生产了大量不同类型的钱币，描绘了众多不同的母题（Howgego, Heuchert, and Burnett, 2005）。

　　经济影响是决定钱币母题选择的一个重要方面。早在古代就建立了有"主导货币"的货币区。雅典的四德拉克马非常有影响力，亚历山大大帝的钱币和罗马时代晚期的索利多（solidus）和三分钱（tremissis）[②]也同样如此，边缘地区的日耳曼部落不断仿铸这些钱币。当然，对钱币母题的模仿不仅是出于经济上的考虑，它们的艺术价值也起到了一定的作用。钱币上属于政治领域的母题尤其具有说服力，研究者们已经抱着巨大的决心挖掘这一领域，即使还远未穷尽其可能性。钱币设计的核心在于政治事件和权力表达，这点在仿效希腊化模板的罗马帝国钱币上显得尤为重要。考虑到自共和时代以来罗马钱币至高无上的地位日益突显，到了帝国时期，罗马就可以放弃以图案为基础向外部证明货币合法性的做法，更专注于在钱币上强调图像所呈现的沟通性以及宣传罗马的观念（Hill, 1906; Howgego, 1995; Wolters, 2003b; Noreña, 2011a）。

[①] 宁芙是希腊神话中的自然女神，一般被描绘为美丽的少女。在希腊神话中有数十位宁芙，比如树宁芙（Dryad）、水宁芙（Naiad）、山宁芙（Oread），阿瑞图莎（Arethusa）是山泉宁芙。

[②] 三分钱的面额是索利多金币的三分之一。

铸币厂的管理

当一个铸币厂要铸造大量钱币时，就会同时使用几个工作坊（*officinae*），而非只用一座铁砧。这种组织结构在古典和希腊化时期大量生产钱币时都有记载〔例如，公元前 5 世纪上半叶德诺墨尼王朝（Deinomenids）统治下的叙拉古〕，这与罗马帝国和罗马晚期的钱币生产高度相关。从公元 3 世纪中叶开始，罗马帝国的多工坊系统就变得十分明显，因为从那时起，从钱币上的标记和编号就能看出这枚钱币到底是帝国中哪个铸币厂、某个铸币厂中哪个工作坊生产的。一枚君士坦提乌斯二世（Constantius II，公元 337—361 年在位）时期的索利多钱币上就有相关的标记和符号（见图 1.4）。在这枚钱币的背面，我们可以看到字母 "S M AN Δ"，是 *sacra moneta Antiochensis (officina) quarta*（神圣的安条克铸币厂第四工作坊）的缩写。这些最初用于把控钱币质量的标识让我们得以了解铸币厂的组织结构。此外，《百官志》（*Notitia Dignitatum*）①中还概述了罗马帝国在古代晚期对钱币铸造的管理情况：在帝国境内的众多铸币厂，每一间厂都受一位铸币管理官（*procurator monetarum*）监督，铸币管理官又对圣库卿负责。也就是说，中央政府管理机构负责每个铸币厂的钱币生产（van Heesch，2012）。在罗马共和时期，铸币厂的管理权掌握在铸币三吏（*tresviri monetales*）——或更准确地说，是金银铜铸币三吏（*tresviri aere argento auro flando feriundo*）手中。这个由三人组成的机构是罗马

---

① 所谓《百官志》是起源于公元 5 世纪初的宫廷和国家手册，列举了一套详尽的宫廷和国家的分级官阶，但是现代学者一般认为里面的内容并不准确，只能说它可能较好地反映了公元 5 世纪西部和 4 世纪东部的罗马制度体系。

共和国常设的国家机构，官员任期一年。到了公元前 2 世纪下半叶，铸币官对钱币图案的选择有了更大的影响力，他们不仅开始在钱币上刻上自己的名字，有时还刻上描绘自己祖先的图案。

图 1.4　君士坦提乌斯二世（公元 337—361 年在位）时期的索利多，约公元 347—355 年于安条克铸造。正面：图案为皇帝头戴珍珠冠、着胸甲的右侧半身像，文字为 FL IVL CONSTAN–TIVS PERP AVG[①]；背面：罗马女神手执矛尖的左向全身像；君士坦丁堡女神手拿权杖，左脚踏船头的右向全身像，二位女神均坐在宝座上，手持圆盾上书 VOT/XX/ MVLT/ XXX[②]，四周的文字是 GLORIA-REI-PVBLICAE[③]，下面是铸币厂标记 SMANΔ
来源：*RIC* VIII, p.518, 83；维也纳艺术史博物馆 inv. RÖ 27832

　　古典时代和希腊化时代的希腊也有诸多城市和统治者铸造钱币，乍一看和罗马的情况有点相似。这个时期的希腊钱币上也常常出现个人的名字，但通常并不清楚这些人是以什么职位出现在钱币上的。学者们给出了下列四种可能性：受命负责发行钱币的

① 意为 "弗拉维乌斯·尤利乌斯·君士坦提乌斯，永远的奥古斯都〔Fl(avius) Iu(lius) Constantius Perp(etuus) Aug(ustus)〕。
② 意为 "对（皇帝）执政二十年的祝愿和即将到来的三十年的期盼"〔Vot(is) Vicennalibus Mult(is) Tricennalibus〕。
③ 意为 "国家荣耀"。

人、名年官员（eponymous magistrate）①、赞助人和铸模师。通过自觉或不自觉地与罗马共和国进行类比，当前的研究通常将希腊钱币上的人名解释为受命铸造钱币的个人，即所谓的"铸币官"。然而这种解释是有问题的，因为目前我们没有充足的证据表明古风时期和古典时期的城邦有像罗马铸币三吏一样稳定的货币管理官员。因此，我们必须假定，那些非大型铸币厂的承办人是临时委托的。有充分证据显示，将军（strategos）或执政官（archon）等名年官员会在色萨利（Thessalian League）或波伊俄提亚城邦联盟（Boeotian League）铸造的钱币上出现，其中名年的将军以属格出现，而承办人则以主格出现。古代的"公事"（liturgy）指由个人出资支持城邦的公共事务（例如，资助和维修三列桨座战船②）。会不会是那些赞助人想让自己的名字出现在钱币上，所以私人出资铸币？这一假设自然遭到了研究者们正当的怀疑，因为它建立在对塞斯托斯的梅纳斯铭文的错误解释之上（参见前文）。至于铸模师（die-maker），在少数特殊情况下，他们会自豪地在自己的作品上签名。这些艺术家的名字通常以缩写的形式出现于公元前 5 世纪末的钱币上〔如利里萨（Lirisa）和特里卡（Trikka）的"Ai"和拉里萨（Larisa）的"Simo"〕；全拼的签名比较罕见〔比如西西里岛的客蒙（Kimon）和伊万娜多（Euainetos），还有克里特岛钱币上的毕达多罗斯（Pythodoros）等〕（Furtwängler, 1982; de Callataÿ, 2012a）。

---

① 多数希腊城邦以一位或多位在任城邦官员的名字标记公共文件的年份，这位或这些官员就被称为名年官员。

② 三列桨座战船是古地中海文明常用的战船，战船每侧分三层桨，每个桨由一名桨手操作，故此得名。每艘三列桨座战舰需要 170 名桨手，它的速度在当时几乎无可匹敌，在波斯战争中，三列桨座战船发挥了至关重要的作用。

现存一组雕像上的敬献铭文为我们展现了罗马铸币厂管理状况的缩影。该铭文于 1556 年发现于罗马凯利山（Caelius Mons）上圣克莱孟（San Clemente）教堂前的三个雕像底座上。公元 64 年罗马大火 [①] 后，罗马铸币厂就设于此地（Coarelli, 1994: 47–50; Burnett, 2001: 41）。该组铭文记述了三次独立的敬献：一次献给阿波罗（Apollo, *CIL* VI 42），一次献给福尔图娜·奥古斯塔（Fortuna Augusta, *CIL* VI 43），还有一次献给赫拉克勒斯·奥古斯都（Hercules Augustus, *CIL* VI 44）。这三块铭文中都提到了罗马铸币厂工人的名字，其中 *CIL* VI 44 记录的内容最为翔实。铭文定年于图拉真统治时期，敬献发生于公元 115 年 1 月 28 日（细节研究参见 Woytek, 2013；另参见 R.-Alföldi, 1958/9; Wolters, 1999: 85–99; Woytek, 2010: 45–55; Woytek, 2012a: 100–17）。

铭文显示，图拉真时代的铸币厂由金银铜助理铸币官〔*optio et exactor auri argenti (et) aeris*〕负责运营。他的职责很可能是技术方面的管理工作，主要负责控制铸币厂的产量。在官阶等级中，助理铸币官是来自骑士阶层（*ordo equester*）的铸币厂官员，地位在铸币管理官之下。铸币管理官本人须向掌账秘书（*a rationibus*）汇报（Woytek, 2013: 255-6），而后者是皇帝私人的财务管理者，与皇帝保持着密切的联系（Wolters, 1999: 87; Herz, 2003）。之前提到的铸币三吏可能在铸币厂的管理中担任一定的角色，因为直到公元 3 世纪的铭文都有他们的记录（Sutherland, 1976: 9, 13）。但目前尚不清

[①] 罗马大火从公元 64 年 7 月 18 日夜间烧到 7 月 19 日。按普遍说法，大火是尼禄皇帝为夺取城中富贵人家的财产及嫁祸基督徒而指令军队放的。不过，按照历史记载，尼禄皇帝当时并不在罗马城，指令放火一说并没有根据，故火灾应是一场意外。另外，也有学者怀疑是基督徒放的火（参见 Tacitus, *Annals*）。

楚铸币管理官和铸币三吏是如何分责的。

图拉真时代的这批铭文中提到一名助理铸币官费利克斯（Felix），他是皇帝的一名被释奴[①]；在 *CIL* VI 43 铭文上与另一位助理阿尔巴努斯（Albanus）并列出现，后者可能是他的副手。铭文中还列出被称为"我们的凯撒的金银铸币工作坊工人"（*officinatores monetae aurariae argentariae Caesaris nostri*）的 16 名释奴和 9 名奴隶。*CIL* VI 44 铭文为我们提供了铸币厂运作的间接但重要的信息（图示参见 Instinsky, 1962: pls. 5–6）。费利克斯的名字出现在雕像底座的正面；在雕塑底座的一侧，63 名被释奴和奴隶的名字分 4 列列出，可能以身份等级为序。首先列出的是压印员的名字（17 人，包括 5 名奴隶），然后是置坯员（11 人，包括 4 名奴隶），最后是锤制员（32人，包括 21 名奴隶），在名单的最后有 3 位没有列明职能的人（参见 Woytek, 2012b: 102 的表格概览）。我们很容易从语言学角度理解锤制员（字面意思是"挥锤人"）和置坯员（将金属坯饼"放置"在下模上的人）这两个词，但压印员的明确含义长期以来一直存在争议（参见 Woytek, 2013: 261–4 and Instinsky, 1962: 44–50）。这些工人最初（也通常是从那时起）被视为铸模师。但是，由于钱币的印模制造者已经被认定为"铸模工"（*sculptor*），所以铭文中的压印员很可能是负责印模的工人，即在置坯员将金属坯饼放在下部印模上之后操作可移动上模，以便锤制员锤制硬币的人。这组铭文上记载的详细的分工，无疑可以得到进一步证实。比如，我们知道在公元前 5 世纪，雅典的铸币厂中也有鼓风员的存在（*SEG* X 394–5 =

[①] 被释奴（libertini），也称被释自由人，指的是从合法奴隶地位中释放和获得自由的人。在罗马帝国早期，被释奴阶层很受元首器重，权倾一时，成为元首的宠儿。这是元首政治的一个显著特点。

Melville-Jones, 1993: no. 516）。根据所有这些证据可以推断出，古代铸币厂具有很高的专业化水平。

运输

古代不像现在有代表中央银行的银行和私营公司等货币分配系统，所以不得不依赖其他手段。在这里，我们将主要关注罗马共和时期和罗马帝国时期的货币分发情况。人们出于不同的原因，采用不同的方式运输货币（无论是金银锭还是钱币的形式）。我们一再注意到，古人会尽可能避免货币的实物运输。因为实物运输不仅昂贵，物流上也极具挑战，运输路途中往往充满了危险（Wolters, 2006: 33–4; 49）。但是，实物运输在古代不能完全避免。

公元前 201 年第二次布匿战争结束时，迦太基需要在五十年内自费向罗马输送 10 000 塔兰特（talent）[①] 白银（Polybius, 15.18.7, and Livy, 30.37.5）。但是，这笔钱的付款方式却一直悬而未决。公元前 5 世纪提洛同盟（Delian League）时期的雅典也有类似的情况。在公元前 454 年以后，同盟的金库设在了雅典，各同盟成员缴纳的"贡金"都是用大容器盛放然后送往雅典（de Callataÿ, 2006b）。罗马共和国和罗马帝国时期，一场凯旋式[②]标志着战争以胜利告终，凯旋式上获得的战利品会公开巡行展示。包括钱币和其他贵金属在内的战利品，都被运到了市政广场上的萨图尔诺农神庙（Temple of

---

① 塔兰特，含义为"秤，天平"，是希腊罗马世界使用的重量和货币单位。罗马塔兰特的重量大约在 20 至 40 千克之间。

② 凯旋式是古罗马为了庆祝军事上的成果，为获得功勋的将领准备的庆祝仪式，是整体罗马公民的公共庆典。盛大的狂欢使凯旋文化成为罗马文化的重要部分，也有助于增强罗马人的自我认同。

Saturn）中的公共金库（*aerarium*）里（参见 Szaivert and Wolters, 2005: 141–9）。在共和时期，将各行省的盈余收入送往罗马的公共金库也是惯例。但即便在那时，这种做法不仅是为了在名义上记录罗马收入的盈余，也可以让邻近的行省在急需资金的情况下能够及时周转（Wolters, 2006: 44–6），以避免直接运送钱币到罗马。

　　罗马政府的核心职能之一是向市场提供新铸钱币。较大面额的贵重金银币可以作为军队的奖赏（*donativum*）和罗马城市居民的礼赠（*congiarium*）① 投入流通，还有一部分用于支付城市官员薪资和履行公共建筑工程合同，而购买力相对较小的小面额货币（对日常交易更为重要）则可能以小礼物（*sportula*）的形式发放给居民（van Heesch, 2009）。罗马的私营零售商和包税人（*publicani*）② 可能不仅在财政合作方面，还在小额零钱的分发中发挥作用（Wolters, 2006: 41–4; van Heesch, 2009）。在罗马军团营地，特别是其附近的民屯（*canabae*）中，贸易活动十分活跃。事实上，军队驻扎地区的货币化程度明显高于其他地区。由非贵金属制成的小面额货币在这种交易中尤其需要。国家偶尔也会承担起向军营提供大量小面额钱币的责任。荷兰奈梅亨的罗马军团营地就是这种情况，图密善的小面额钱币"四分钱"（*quadrans*）③ 就被运送到了此地。

　　今天，一国货币由另一国的铸币厂承包制作的情况十分常见。

---

① 在共和国早期，礼赠（*congiarium*）是指容积为一个堪吉斯（congius，约 3.27 升）的容器。礼赠时会盛放对应量的礼赠品，如食品、油、烟、酒等，之后改为赠钱币，有些礼赠的钱币是特铸的，钱币上往往有与馈赠相关联的图像（如丰裕之角）。在帝国时期，给人民的礼赠一般与对士兵的奖赏同时发放。

② 包税人是罗马的公共承包商，由商人担任，参与建造与维护公共建筑、供应海外军队或征收特定税捐。

③ 四分钱的面额是阿斯的四分之一。

一些非洲和欧洲国家就采用了这种做法（例如，19世纪第一批瑞士硬币是在法国的巴黎和布鲁塞尔铸造的）。所以，罗马铸币厂在有些时期采用这一方式也不足为奇。有一个公元1世纪的例子：罗马为叙利亚铸造并运输了在当地流通的钱币，这些钱币是阿提卡制[1]的四德拉克马（不是罗马的标准币制）。公元3世纪的阿拉伯人菲利普（Philip the Arab）[2]（公元244—249年在位）在任期间也有类似的例子（Butcher, 2004: 248–9, pls. 20–1; Baldus, 1969: 27–9）。

量化

尽管每一枚古钱币都是手工制作的，但正如上文所述，它仍然可以大规模生产。因此，钱币研究长期关注量化问题并不出人意料。大多数早期的量化在方法上的尝试都或多或少存在缺陷，因而从未广受承认。但一些创新的量化方法为量化研究提供了更好的基础，这里将简要介绍其中一种方法。

根据印模来估算钱币发行量这一方法现在已被广泛接受。从这一角度来看，关注印模的研究尤为重要。通常情况下，至少两枚（或更多）钱币是由同一个印模制造的。在编辑收录印模全编时，我们会特意收集特定铸币厂出产的钱币，并鉴别其中一些钱币是否由同一个印模铸造。这种烦琐但有价值的调查有助于我们更好地了解铸币厂的工作。由于所需工作量很大，这类研究往往集中在一些流通

---

[1] 阿提卡制是希腊化时期使用的货币标准，亚历山大大帝即位之后，阿提卡制开始流行。阿提卡制下的钱币基础单位为德拉克马，含银约4.3克，而罗马制式钱币为第纳里乌斯，理论上为1/48古罗马磅，含银约4.5克。但是早在尼禄时期，银已经减少到3.4克。

[2] 阿拉伯人菲利普，全名为马尔库斯·尤利乌斯·菲利普（Marcus Julius Philippus Arabs），罗马帝国皇帝，公元244—249年在位。出生于叙利亚的佩特拉阿拉伯行省（当时属于罗马帝国，地处边界）。

量不大的钱币上。尤其在希腊钱币学上，这种审慎考察印模的方法
得到了广泛应用。要进行量化，就意味着印模全编中有足量的印模。
所谓的卡特公式（Carter formula）（Carter, 1983; Esty, 1986；更近期
的研究参见 Moen, 2014）假定，根据存世钱币的数量可以推算出这
些钱币对应的印模数量，从而大致计算出印模总数。但是，某一个
印模在停用之前大概能生产多少钱币是钱币学研究中争论不休的问
题（Buttrey and Buttrey, 1997; de Callataÿ, 2005, 2006a）。经常被引用
的数据是每个正模可铸造 10 000 到 40 000 枚硬币，但这个说法的依
据并不牢靠，远未得到证实。唯一有力的证据来自德尔斐（Delphi）
的一篇铭文，里面提到了要铸造的银币的数量。因此，在钱币学和
碑铭学的相关材料的支持下，研究表明，每个印模生产的钱币在 14
350（Marchetti, 1999）或 23 333 枚到 47 250 枚（Kinns, 1983）之间
波动。

冶金，仿冒和回应

我们还有必要对当时的赝品（在钱币发行时制造的假币）和
现代的赝品进行基本的区分。在这里我们将专门讨论仿冒（古代
的欺骗行为）问题。古代都有哪些种类的伪币？这些造假行为是
如何进行的？根据塞维利亚的圣依西多尔（St. Isidore of Seville,
Etymologiae 16.18.12 = Melville-Jones, 1993: no. 1）的理论，钱币
的意义是由金属、外观和重量三个方面决定的（"钱币有三个特点：
金属、外观和重量。如果缺少其中之一，就不是钱币"）。彼得·范
阿尔芬（Peter van Alfen, 2005）根据这三个基本特征，并以古典
时代和希腊化时代的例子为基础，发展出一套严密的假币类型学体

系。并不是所有符合某一类案例的钱币都属于假币。让我们先看看这些基本的案例。

一种是仿制币。仿制是指 B 铸币厂借鉴 A 铸币厂发行钱币上的某款设计，仿制的多样性与程度千差万别，从简单的灵感借鉴到完全照抄，甚至有照抄最小细节的例子。通过研究为数不多的文献资料和观察钱币流通实践，我们可以得出这样的结论：只要金属和重量符合"良好钱币"的标准，就不会有人反对这种仿制。但是仿制者如果改变钱币的金属含量或重量，那就另当别论了。

另一种是掺假币。这类所谓的"掺假"钱币或贬值币（"debased" coins）中的金属并不足值，它掺入了另一种价值较低的金属。因此，铸币厂可以从这种钱币的金属含量的改变中获得巨大利润。这种手段在罗马帝国时期经常使用（参见 Butcher and Ponting, 2014 关于公元 1 世纪第纳里乌斯变化的研究）。到公元 2 世纪末和公元 3 世纪，第纳里乌斯和安东尼安努斯（antoninianus，面值为双第纳里乌斯）中的含银量已经降到很低的比例（2.5%），但由于进行了酸洗处理，钱币仍然保留了它们的银色外观。这一酸洗过程被称为"损耗镀银"（depletion silvering），即先将银合金表面的铜氧化，然后在酸液（如醋）中去除，使表面的银更加富集。锤制时，合金表面会变得非常紧密，被氧化的铜留下的气孔被压实，因此钱币会呈现出闪亮的银色"外衣"。

还有一种是镀币，镀币也是为了做出与足值钱币一样的外观。镀币的内芯（anima）常为铜质，有时为铁质，并在外面镀有一层贵金属。但是这些镀层钱币是否由国家发行，是一个很有争议的话题〔比如克劳福德（Crawford, 1968）将所有的罗马共和国镀币都归入私人伪造的范畴〕。但毫无疑问的是，公元前 4 世纪在坎帕尼亚（Campania）及其周围的萨姆奈（Samnite）部落〔如赫里亚尼（Hyriani）和芬塞尼（Fenserni）〕中发现的一系列镀币是"官方"发行的。因为它们不仅与足值钱币联系紧密，而且很明显是由那波利的官方铸币厂发行的，所以这些钱币都符合官方铸币的特点（Rutter, 1979）。

在古代，私人伪造钱币会受到惩罚，有时还很严厉。不仅发行假币会受到惩罚，对官铸的钱币进行修改也会被惩罚。罗马法学家保卢斯（Paulus）在公元 3 世纪的著作《判决集》（*Sententiae* 5.25.1）中提到对钱币进行修改的行为，包括：清洗（*lavare*），即把钱币浸在溶液中以溶解金属；熔化（*conflare*）；刀锉（*radere*）；腐化（*corrumpere*）和广义上的毁坏（*vitiare*）等，这些行为都会受到处罚。保卢斯所引用的词语主要来自今已散佚的罗马共和时期的《关于伪造货币的科尔内利法》（*lex Cornelia de falsis*）。在希腊史料中，描述从古风时期到希腊化时期钱币造假的记载很少，其中指出对造假的处罚是流放或处死（比如一段著名轶事：犬儒派学者第欧根尼之父因为制造假币而被流放到锡诺普，参见 Melville-Jones, 1993: nos. 523–4, 529–30, 534）。对罗马帝国和古典时代晚期的情况，我们了解的信息相对更多一些。当时对造假的处罚有三个明显的特点：第一，修改钱币的罪行比仿制钱币更严重；第二，当时的法律似乎只保护金银币，而铜币造假的处罚在任何文献中都没有提及；第三，长期以来，伪造钱币没有被列入可判处死刑的五种罪行中（*quinque crimina quae capite vindicantur*），直到提奥多西二世（Theodosius II）统治期间才被列入（Grierson, 1956; Wolters, 1999: 361–71）。史料进一步指出，铸币厂工人是造假的主要怀疑对象，例如，佛凯亚（Phocaea）和密提林（Mytilene）两城之间的铸币合同就可以证明（Melville-Jones, 1993: no. 348 = *IG* XII 2.1；参见 Bodenstedt, 1981: 29–33）。在《论战争诸事》（*De rebus bellicis*）的第 3 章中也有一条不寻常但有趣的建议：将铸币厂和其工人全部转移到一座岛上。

在一些情况下可以发现某些私人造假行为有着准官方性质，因为小额交易中急需钱币。在日耳曼和诺里库姆（Noricum）诸王国的边境地区，为保证当地交易所需的现金流而发行的所谓"边境仿币"就是这样一个例子。在莱茵河畔的古殖民地奥古斯塔·劳里卡（Augusta Raurica）的中心地带，人们还发掘出一个公元 195—210 年专门用于制作假币的工作坊（Peter, 1990; Foraboschi, 2006; Pfisterer, 2007）。

使用者的反馈

> ……古代作家时常成功地把和货币史有关的事情搞得乱七八糟。（Rutter, 1993: 188）

在古典时期，公元前 5 世纪时统治雷吉雍和墨西拿的僭主阿纳克西拉奥斯发行的钱币，是一个引人注目的例子，让我们得以了解古代作家是如何对钱币上的图像做出反馈的。阿纳克西拉奥斯在统治这两个城市期间铸造了四德拉克马，该钱币的正面是双骡车，背面是一只跳跃的野兔（见图 1.5）。我们能看到亚里士多德和他的学生们撰写的一系列关于希腊各城邦政制的著作，但遗憾的是，这些作品大多只有残篇留存下来。尽管如此，仅有的材料仍能表明钱币上的图案设计及其来源引起了当时人们的特别关注。雷吉雍的情况就是如此，从文献中我们得知，"西西里岛此前并没有野兔，是阿纳克西拉奥斯引进并饲养了野兔。又由于他用骡子拉的战车赢得了奥林匹亚的胜利,所以他将骡车和野兔当作雷吉雍钱币的图案"(Melville-Jones, 1993: no. 652=Pollux, *Onomasticon* 5.75 = Aristotle, *Fragment* 568, Rose)。亚里士多德对骡车的解释是将钱币当作权力表现方式的早期案例,但他对兔子的解释却很难令人信服。事实上,阿纳克西拉奥斯将野兔引进西西里岛的可能性极小。亚里士多德很可能曲解了它的来源,毕竟他的文章是在这种钱币出现后一个半世纪才写成的。

图 1.5 西西里岛墨西拿发现的四德拉克马,约公元前 478—前 476 年铸造。正面:双骡车,下方有橄榄(?)叶;背面:图案为向右跳跃的野兔,文字为 MEΣΣEN—ION[①](S 和 N 呈左右镜像)

来源:SNG ANS IV, 314 - 320;维也纳艺术史博物馆 inv. GR 6590

尼禄皇帝(公元 54—68 年在位)时期发行的一批阿斯,背面是奏基萨拉琴(*Cithara*)的阿波罗,他一边唱着歌,一边弹琴为自己伴奏(见图 1.6)。传记作家苏埃托尼乌斯(Suetonius)写道,钱币上的阿波罗形象被人们理解成表现了尼禄本人:"尼禄在他寝

---

① 意为"属于墨西拿人"。

宫的床边悬挂着神圣的王冠，还竖了一座自己穿着精美、弹奏基萨拉琴时的雕像，然后他将这样的情景复刻在了自己发行的钱币上"（Suetonius, *Nero* 25.2）。但是尼禄极不可能自己选择这种对统治者而言十分罕见的图案作为母题，更可能是其官员选择的。我们可以假定尼禄恩准了这个选择，因为在罗马和里昂的铸币厂中有许多铸模上都有这个图案，这也意味着这种钱币的铸造量相当可观。这个图案特意在小面额阿斯上展现，这一点很重要。综上，我们可以得出结论，在公元 2 世纪初，即苏埃托尼乌斯写作的时候，人们理所当然地认为钱币上阿波罗的形象就代表着尼禄。

图 1.6　尼禄皇帝（公元 54—68 年在位）时期的阿斯，约公元 64 年于罗马铸造。正面：图案为皇帝右侧半身像，文字为 NERO CLAVDIVS CAESAR AVG GERMANICVS①；背面：图案为阿波罗手持基萨拉琴和琴拨，文字为 PONTIF MAX-TR POT IMP PP②
来源：*RIC* I², p. 160, 122, 哥本哈根：皇家钱币和纪念章协会，丹麦国家博物馆 inv. Nero 356

① 意为"尼禄-克劳狄乌斯-凯撒-奥古斯都-日耳曼尼库斯（对日耳曼的胜利者）"〔Nero Claudius Caesar Aug(ustus) Germanicus〕。
② 意为"大祭司长，保民官，英白拉多，祖国之父"〔Pontif(ex) Max(imus), Tr(ibunicia) Pot(estas), Imp(erator), P(ater) P(atriae)〕。

晚期罗马皇帝尤利安〔Julian，被称为"叛教者"尤利安（Julian the Apostate）〕发行的一种钱币也受到了其同时代人的关注。公元363 年初，尤利安对钱币进行全面改革后，发行了面额为双马奥里纳（double *maiorina*）^①的钱币，令其臣民大吃一惊。这些大铜币的背面是一头站立的公牛，上面有两颗星星（见图 1.7）；背面图案上的文字"SECVRITAS REI PVB (licae)"（公共安全）指的是统治者对国家利益的关心。尤利安的施政纲领着重扭转所谓的"君士坦丁皈依"（Constantinian shift）^②，这场政策逆转遭到了基督徒的广

图 1.7　尤利安时期（公元 360—363 年）的双马奥里纳，约公元 361—363 年于西米乌姆〔Sirmium，今塞尔维亚，斯雷姆斯卡米特罗维察（Sremska Mitrovica）〕铸造。正面：图案为戴珍珠冠、着胸甲的皇帝右向半身像，文字为 DN FL CL IVLIANVS PF AVG^③；背面：图案为右向站立的公牛，上方有两颗星，文字为 SECVRITAS REI PVB，下方有铸币厂标记 BSIRM
来源：*RIC* VIII, p. 392, 107；维也纳大学钱币学和货币历史研究所 inv. 4271

① 马奥里纳是在康斯坦斯开始时期发行的铜币（含有少量银），重量和直径变化很大；双马奥里纳是在尤利安时期发行的铜币。
② 君士坦丁皈依，是一些神学家和历史学家用来描述公元 4 世纪君士坦丁将帝国政府与天主教会融合。公元 325 年，尼西亚第一次会议标志着基督教在君士坦丁认可的正统观念下得到巩固。
③ 意为"我们的君主弗拉维乌斯·克劳狄乌斯·尤利安，虔诚幸运的奥古斯都"〔D(ominus) N(oster) Fl(avius) Cl(audius) Julianus, P(ius) F(elix) Aug(ustus)〕。

泛反对。他们发表了许多反对皇帝的小册子——甚至新式钱币上不寻常的大胡子 ① 皇帝形象也遭到批评和残酷的嘲讽。生活在尤利安时代的叙利亚人以法莲（Ephrem）② 试图将钱币中的公牛等同于"异教"的金牛犊（*Hymns* I *contra Iulianum* 16-9），而教会史学家君士坦丁堡的索克拉蒂斯（Socrates of Constantinople）则声称，皇帝以"异教"礼献祭了大量牛牲，钱币上的公牛是一种象征（Socrates, *Historia ecclesiastica* 3.17）。尤利安明确地反驳了这种牵强附会的宣传，但事情在安条克闹得沸沸扬扬（Julian, *Misopogon* 355 D）。现代钱币学研究对公牛的解释至今仍未达成共识（Gilliard, 1964；Szidat, 1981；Ehling, 2005/6）。尤利安钱币上的公牛图案说明，钱币图案在古代就有争议，它意欲传达的信息不是未被理解，就是被故意曲解了。

---

① 罗马皇帝普遍剃须，但是一些皇帝为了致敬希腊智者的哲学成就，学习希腊智者传统，有蓄须的习惯，如皇帝马可·奥勒留和尤利安。尤利安曾撰写《厌胡者》，反击基督徒占多数的安条克人对他的反感。
② 叙利亚神学家，被天主教及东正教奉为圣人。

第二章
Chapter 2

货币及其理念：国家控制和军费开支

弗朗索瓦·德卡拉塔（François de Callataÿ）

严格意义上的钱币，出现于公元前 7 世纪最后三四十年的小亚细亚西部，当时该地区正处于吕底亚王国的统治之下。就许多方面而言，钱币的出现是悠久传统进一步发展的结果。在美索不达米亚和埃及，几千年来，当地人民一直将贵金属视为适用于任何类型交易的优势商品。然而，钱币的出现引发了一场价值革命。因为钱币（用官方印章保证重量和成色的标准化合金块）不再需要称重，只需计数。为了实现这一变革，需要一个足够强大的发行机构让人们接受和信任有固定和已知价值的货币工具。

钱币是为数不多的至今仍在影响我们生活的古代伟大发明之一，本章将集中讨论它的意义，并特别强调希腊罗马世界的独特性——尤其是经济水平鼎盛时期（约公元前 250—前 200 年）。本章将努力与主干结构或"理想类型"（Idealtypus）① 保持一致，也就是

---

① 理想类型，最早出现于社会学家马克斯·韦伯（Max Weber）的著作中。意指借由筛选出某个现象的某些基本或核心特征，则其他的特征都将被摒弃或忽视（参见《马克斯·韦伯与现代政治理论》，比瑟姆著，徐鸿宾等译，浙江人民出版社 1989 年版）。

说，它不可避免地会简化那些微妙且多样的现实。本章将暂时搁置许多问题（主要为钱币流通和经济一体化的问题，参见 Howgego，1994），从而把注意力集中在被有意假定的韦伯理想类型上。

发行权在谁手中？高度受控的过程

与中世纪或现代相比，希腊罗马时代的货币似乎受到强大的发行机构的高度控制，几乎没有给个人、家庭和社会经济团体留下任何制造钱币的空间。现在，人们对货币的看法已经随之转变：人们已经不再相信所谓"纹章钱"（*Wappenmünzen*）①上的图案描绘了雅典显赫家族的家徽（公元前 6 世纪下半叶），也很少有人会认为最早的琥珀金币（公元前七世纪最后三四十年）是商人为了追求利润最大化而发明的。

在希腊世界，不存在诸如威尼斯那样允许私人在国家铸币厂有偿将自己的贵金属铸成钱币的"**自由铸币**"行为（Stahl，2000）。但是，我们现在将讨论一些特殊情况，比如稀有金属矿区〔雅典劳利昂矿和色雷斯（Thrace）南部的潘盖翁矿〕。

根据哥本哈根希腊城邦研究项目的记录，希腊古典世界的约 1000 座城市中，约有一半城市从未铸造过钱币，而在那些铸造过钱币的城市中，很少城市会定期铸造。大多数城市往往在许多个世纪里只发行过一两次货币。在有精确定年的罗马行省铸币上，这一模

---

① 在雅典的猫头鹰四德拉克马出现前，曾经流通过一批图案各异、全无文字、面额不一的雅典银币。19 世纪的一些德国钱币学者认为，这些图案是当时雅典贵族的家徽纹章，并因此将这些钱币命名为"纹章钱"。虽然将这些图案视作家徽的观点早已被推翻，但"纹章钱"的称呼仍被用来指公元前 510 年雅典娜—猫头鹰四德拉克马出现前的旧式银币。

式表现得十分清晰。对于罗马帝国铸币而言，铸币的生产非常集中，因此帝国的普通公民根本没有机会去铸币厂把自己的贵金属铸成钱币。此外，铸币生产很可能是由公共发行机构系统进行的，按规定不会委派给私人承包商，至少金银币是如此。但是铜币的发行有几个例外：从约公元前 150 年到奥古斯都时期，意大利中部的经济市场发展到一定程度，人们对小面额零钱的需求日益增长且得不到满足。这导致仿币（如庞贝仿币）和许多非官方、非正式的铜币的发行，这时人们使用、甚至进口外邦的小面额钱币，这些外邦铜币上有时印有非官方的图案（拱顶、刮板等）（Stannard, 2005; Stannard and Frey-Kupper, 2008; Frey-Kupper and Stannard，2019）。

希腊罗马世界的铸币与中世纪和现代欧洲的铸币截然不同的另一个特征就是不存在剪边钱币[①]。使用者们虽然贪婪，但不会为了利益而剪边（唯一的特例是罗马晚期的不列颠，但有人认为这是公共层面的行为；Guest, 2005）。恰恰相反，许多希腊和罗马窖藏的钱币表明，磨损的铸币可以与新币一起流通，有时甚至可以流通几个世纪。据计算，四德拉克马（以亚历山大大帝的名义发行的大面额银币）以每世纪约 0.035 克的速度流失，但它却持续流通了 150 年（Delamare, 1994: 177; 183）。实际上，我们并没有听说过任何发行方因旧钱币磨损后变得太轻而召回的情况（但没有证据并不能假设完全没有，因为这样的技术性措施不太可能被文献史料所记载）。

与现代欧洲相比，希腊罗马世界的钱币流通似乎更受发行机构

[①] 捶制的钱币由于铸造工艺，其成品的边缘往往并不规则，为了美观和规格统一，中世纪会剪掉钱币的边缘部分。

控制，也不那么开放：仅有少数窖藏中混杂着不同制式的钱币。"劣币驱逐良币"这一所谓的格雷欣法则（Gresham's law，更准确的说法是"哥白尼定律"）[①]，与其说是希腊罗马世界的现实，不如说是中世纪和现代的现实（de Callataÿ, 2006）。希腊罗马时代的使用者们几乎不能自主选择钱币。

希腊罗马钱币被定性为受强大的发行机构高度控制，其另一重要论据是铜币（大规模生产的、具有高信托价值的钱币）的生产。这必然意味着，发行这些钱币的城邦或国家有能力在发行机构有限的体制之内，确立钱币及其使用的高度信用。从公元前 3 世纪克里特岛上哥提那（Gortyna）[②]的一篇铭文（*SIG* [3] I 525）中我们知道，铜质代币的引入有时会引起民众的骚动，因为他们不愿意接受面值远大于实际价值的代币。然而，这种铜质代币是希腊罗马世界以及拜占庭时代非常重要的货币类型，这与墨洛温王朝（the Merovingian）、加洛林王朝（the Carolingian）和中世纪以及近代的大部分时期形成了鲜明的对比。放眼来看，希腊罗马世界把信用（希腊文：*pistis*，拉丁文：*fides*）作为财政事务的根本基础，取得了引人注目的成就。在这个世界里，钱币在发行城邦或国家的边界内被认定为法定货币。

[①] 格雷欣法则，指在实行金银双本位制的条件下，金银有一定的兑换比率，当金银的市场比价与法定比价不一致时，市场比价比法定比价高的金属货币（良币）将逐渐减少，而市场比价比法定比价低的金属货币（劣币）将逐渐增加，形成良币退藏，劣币充斥的现象。最早提出这一观点的人是哥白尼，他于 1519 年发表的一篇名为《铸币论》（"Monetae cudendae ratio"）的论文中提到过。1560 年，格雷欣爵士（Sir Thomas Gresham）重新提出该法则，因此该法则也被称为格雷欣-哥白尼（Gresham-Copernicus）定律。

[②] 哥提那，古代克里特岛上的重要城邦。本城在约公元前 250 年第一次发行铜币，并在这份稍晚一些的法令铭文中禁止民众使用先前流通的银质奥波勒斯，违者将处高额罚金。

发行钱币的原因：
满足（以军费开支为首的）国家支出并赚取利润

　　大多数主流经济学家仍然认为，发明钱币是为了取代易货贸易，让交易更便利。他们受到亚里士多德本人的启发，亚里士多德解释说，钱币（希腊语中"nomisma"来自"nomos"，即法律）是作为衡量任何商品或服务价格的常规标准而产生的。在两个关键段落中，亚里士多德用一个农民和一个鞋匠试图互相交换产品的例子来解释他的观点（Aristotle, *Ethica Nicomachea* 5.5.10–16 = 1133a–b and Aristotle, *Politica* 1.3.12–17 = 1257a–b）。在《政治学》（*Politics*）中，他写道："钱币的发明是出于交换的需要。"（Melville-Jones, 1993: 13 译）经济学家们认为这句话是理所当然的，并把它纳入一般的货币理论中，但对最初是谁推动了钱币的发明存在分歧：私人（如Menger, 1892）还是国家（如 Knapp, 1905）。然而在钱币学家看来，这种说法尽管对理解公元前 4 世纪后半叶的钱币研究有很大的帮助，但它本身混淆了因果关系。

　　一些文化史学家通过研究文献资料，认为钱币与民主之间有一定联系：民主与其说是钱币铸造的意图，不如说是钱币铸造带来的结果。在钱币发明之前，一个人的富有基本是可见的，其财产由实物资产构成。正如伊索克拉底（Isokrates）[1]（公元前 436—前 338 年）在演说中反复提到的"看不见的财产"（*aphanes ousia*）（Gabrielsen, 1986）这一主题所说明的那样，钱币改变了规则。虽然贵金属至今仍掌握在贵族阶层之手，但有时白手起家的个人也有可能积累贵金

---

① 伊索克拉底是希腊古典时代后期著名的教育家。他的演说非常著名，比如《交换法》（*Antidosis*）等。

属财富。原则上确实如此，尽管人们一厢情愿地希望钱币与民主之间有联系，但我们至今仍难以证明这一点（即便有 Seaford, 2004）。

在钱币学中，另一个问题是，我们首先需要明确区分钱币发明最初的目的（第一受益人）和后来的用途（第二受益人）。"我们为什么要发明钱币"就是考虑它最初的目的，这个问题在过去有不同的答案。由于大多数希腊钱币上都有宗教图像，所以人们在很长一段时间里认为钱币是在神庙的辖区内制造的（参见 Burgon, 1837; Curtius, 1870），钱币这种交易手段的信用价值可以由神祇来保证。此后，以及在 20 世纪的大部分时间里，人们懵懂地（而非明确地）认为，发行钱币自然是为了方便经济交易：贵金属的重钱币用于对外贸易，小面额的货币和铜币用于日常购买。

这种想法受到了现代学术界的严峻挑战。随着钱币发行定年更严格，发行量被重估，许多希腊钱币的铸造时段都比旧时主张的更短。这使得任何出于经济目的发行钱币的解释面临结构性困难，因为它既不符合常规的长期活动的需要，如贸易和自由铸币；也不符合常规的民政开支，如支付陪审员津贴或建造和维护公共建筑。

军费开支优先

钱币的铸造主要是出于军事目的，这在罗马是显而易见的事情，在希腊也渐渐明晰起来。我们不应该对此感到惊讶。在近代福利国家出现之前（福利制度的真正实施是在 20 世纪上半叶），军费开支一直是任何文明或国家预算中开销最大的项目，且远超其他。因此，把钱币和国家开支联系起来等同于把钱币和军费开支联系起来。但这并不是说军费是唯一的支出，也不是说其他支出没有在交换领域中发挥重要作用（Howgego, 1990），而是说从比例上看，所有其他方面的支出与军费相比都相形见绌。尽管学者对罗马帝国在公元150 年和215 年的军费估值不太一样，但即便在拨款更少的年代也有超过 70% 的支出是拨给军队的（Duncan Jones, 1994: 45）。公元前 4 世纪最后二十五年伪亚里士多德[①]的《经济学》（*Economics*）第二卷提出的收支策略中，也出现了同样的军费支出占比（de Callataÿ, 2000: 346–7）。

　　并非所有的支出都是用钱币支付的，而用新币支付的则更少。对托勒密王朝和塞琉古王朝来说，钱币生产量仅相当于它们年支出的很小一部分（1/40 或 1/80；Le Rider and de Callataÿ, 2006）。虽然我们仍然很难估计国家支出中钱币支付的占比，但有充分的证据表明，钱币和军队之间存在着特殊的联系。

　　首先，大规模的钱币发行通常与战争有关。比如：罗马共和国与迦太基共和国的第二次布匿战争和同盟者战争（the Social War，约公元前 91—前 88 年）；亚历山大大帝及其后的继业者战争[②]（约公元前 334—前 301 年），以及希腊化时代的密特拉达梯战争（the Mithradatic Wars，约公元前 89—前 71 年）；还有公元前 5 世纪和公元前 4 世纪希腊僭主或城邦与迦太基人在西西里发生的军事冲突。人们很难不把公元前 5 世纪下半叶雅典钱币生产出现高峰与伯罗奔尼撒战争（公元前 431—前 404 年）联系起来（关于雅典的货币和战争，参见 Pritchard, 2015）。

　　其次，如果我们将目光转向一些细节，有史以来关于古代钱币的

[①] 有很多哲学或医学论文被归为亚里士多德的作品，这些非亚里士多德而被归为亚里士多德的作品，被称为"伪亚里士多德"作品。

[②] 继业者战争，指亚历山大大帝死后，其继业者和继业者的儿子们为争夺领土而进行的一系列战争，属于希腊化时代的初期。

最佳研究案例可能是本都（Pontus）国王密特拉达梯六世（Mithradates
Eupator，公元前 120—前 63 年）发行的钱币。这些钱币的发行时间
意外地可确定到年和月。事实证明，它们的生产节奏与密特拉达梯
六世和罗马人之间发生冲突的节奏完全吻合（见图 2.1）。为了专注
于重大军事行动（虽然其他行动也与军事目的密切相关），密特拉
达梯六世在公元前 89 年春末入侵比提尼亚（Bithynia）的前夕把战
斗的士兵武装起来。虽然他被苏拉（Sulla）打败，但还是设法体面
地撤退了，只是被迫在公元前 85 年秋支付军队的费用。一种新模
式出现了：将军在战争之前与之后铸造钱币，而非战争期间。第三
次也是最后一次密特拉达梯战争为我们提供了一个不同的例子。如
图 2.1 所示，在公元前 73 年春再次入侵比提尼亚前，密特拉达梯六
世已经精整军备数年。这一次，在战场上溃败的他逃往肯梅里的博
斯普鲁斯（Cimmerian Bosporus），而他的军队没有拿到任何酬劳。

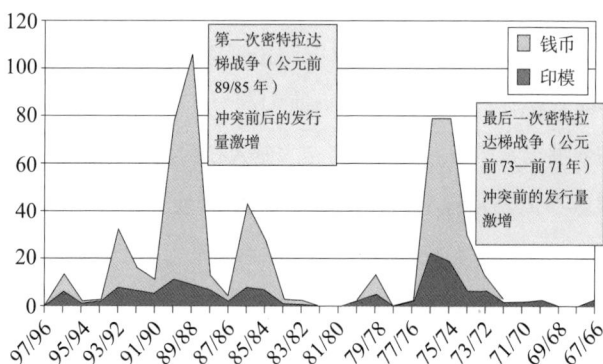

图 2.1　本都的密特拉达梯六世时期可定年的四德拉克马和发现的钱币印模数量
来源：图片出自 de Callataÿ, 1997; 2014

　　最后，贵金属钱币的流通通常被认为是出于军事目的。在有记录
的约 5000 处希腊钱币窖藏中，有将近十分之一（约 400 处，这是一种

独特的现象）是以萨索斯岛和马罗尼亚（Maroneia）公民的名义铸造的希腊化晚期的四德拉克马。这些大量发现于现保加利亚和罗马尼亚的钱币，长期以来被解释为与贸易（奴隶、葡萄酒或皮草）有关的民政铸币。但是现在研究者们已经确信这些钱币是罗马人用来支付其色雷斯辅助军团 [①] 的（de Callataÿ, 2009）。此外，这些窖藏钱币的绝对数量与相对数量（以20枚、40枚或200枚的整数组为多）表明，士兵们一回到家乡就将这些钱币当作有价值之物储蓄埋藏起来，几乎没有在当地市场上使用过它们。基思·霍普金斯（Keith Hopkins）基于对罗马帝国钱币的研究，建立了著名的"回收机器"模型，他认为，钱币在罗马或里昂完成铸造，而后立即被送往帝国边境的驻军处（Hopkins, 1980）。罗马钱币的分布图生动地阐明了这种模式（见图2.2）。这既证明了钱币与军事的联系，也可以表明这些钱币的流通是有限的。

与罗马帝国相比，钱币的军事目的对希腊人来说并不那么清晰，因为成百上千的民政铸币长期以来被视为政治自治的标志，其中或多或少地表达着某种经济成就（对外贸易或内部货币化）。有观点认为任何铸币都是政治自治的一种表达，这种观点源于中世纪以来的近代思维：它附属于"铸币税" [②] 的概念，将利益与权力联系在一起。

这种说法长期以来一直为古典学者所承认，但现在受到强有力的质疑（Martin, 1985）。军事强国如希腊或小亚细亚的罗马共和

[①] 自公元前1世纪起，罗马就开始征用行省居民（未获得罗马公民权的行省住民）组成骑兵、轻步兵或其他军种，统称为"辅助军团"。

[②] 铸币税也叫铸币利差，通常指铸造信用货币时使用的贵金属内含价值与铸币面值之差。

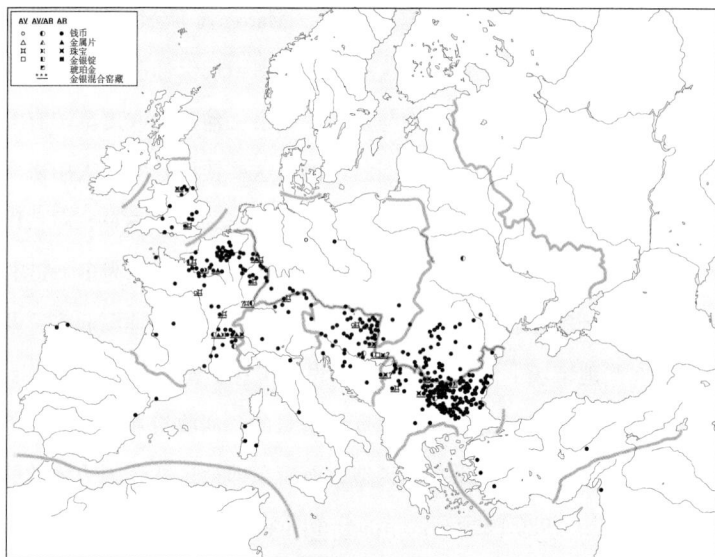

图 2.2 公元 238—259 年的贵金属埋藏情况 [1]
来源：图片出自 Hobbs, 2006; Bland, 2013: 225

国，为了维持军事征伐，可能不仅要借用外国钱币（de Callataÿ, 2011c），还要沿用败给他们的敌人发行的钱币。但这并不意味着铸币生产对国家无关紧要；相反，正因为钱币的重要性，强大的发行者为了保证钱币被接纳，不惜牺牲自己的潜在优势。认识到这一现实，就意味着要降低钱币图像宣传的作用而强化货币实用主义，这正是当前研究的趋势。

在 20 世纪 80 年代，科林·克雷（Colin Kraay）发表了一篇题为《战争中的希腊货币》（"Greek Coinage at War"）的论文，其中列出了二十多个（极有可能）以军事目的解释钱币发行的案例，

――――――――――

① 图例中的 AV 是金，AR 是银。

但他无意囊括所有案例（Kraay, 1985）。自80年代起，与军事相关的钱币的案例急剧增多，这主要是因为人们认识到：（1）具有浓厚的民政特色的钱币（从图案和铭文来看）可能被更高级别的权力机构用来支付军费。（2）铜币的发行可能是为了支付军队，特别是驻防军队的费用（Psoma, 2009）。因此，以前许多被认为用于"民政和商业"的钱币现在被重新认定为用于"伪民政和军事"（例如，前文提到的萨索斯岛和马罗尼亚的钱币）。

人们通过研究一个相对更广泛的区域（从马其顿到伯罗奔尼撒的希腊大陆）和近乎一个世纪（约公元前150—前50年）内的钱币，发现全部投入流通的货币（不考虑铜币和小面额银币）绝大多数是以军事为导向的，剩余部分（约10%?）才是真正的民政铸币（de Callataÿ, 2016a）。

但是，货币发行者从来没有考虑过为方便日常交易而铸币这种说法也过于武断。从钱币存量来看，很有可能一部分低价值货币的发行是为了满足与军队有关的货币需求。但此外，一些大规模钱币的进口行为也可以用满足市场需求来解释。

雇佣兵的作用

对希腊钱币而言，上述的一般性模式为研究钱币与军事之间的联系提供了一种启发作用，而不是简单地将两者连接。钱币与军事的联系往往与一种军队有关——雇佣兵。玛格丽特·汤普森（Margaret Thompson）在一篇名为《雇佣兵的薪酬》（"Paying the Mercenaries", 1984）的论文中，有力地再现了亚历山大大帝在其生命的最后几年（公元前325—前323年）在某些港口城市大量发行钱币的根本原因（见图2.3）。这段时间正好对应着大批军队从巴

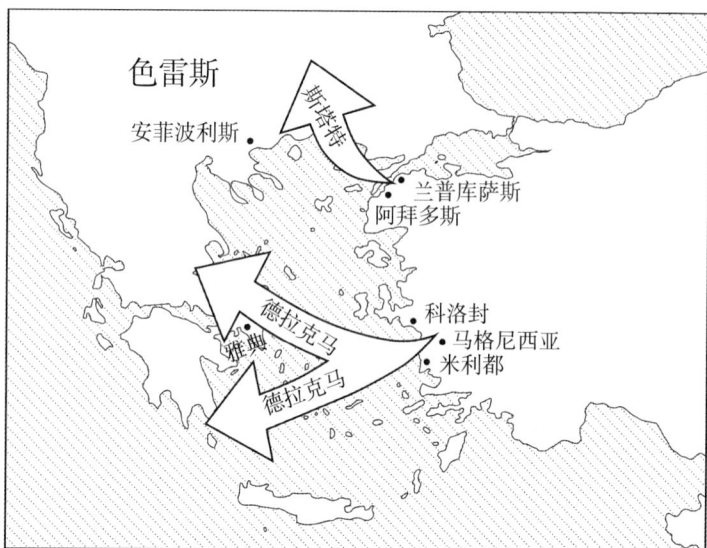

图 2.3　公元前 325—前 323 年，亚历山大大帝在一些港口城市铸造的货币类型和流向目标
来源：图片由 de Callataÿ, 1999b 简化自 Thompson, 1984；绘图：凯蒂·奥皮茨（Katy Opitz）

比伦返回的时候①。当时有人主张，为防止士兵在归国途中奸淫掳掠，发生意外，让他们在踏上归途之前，只能领取某些沿海城市的钱币作为报酬。为了使这一措施更加行之有效，权力机构委托铸币厂铸造了极富吸引力的大面额钱币：给色雷斯人的是金斯塔特，给大陆希腊人的是银德拉克马。

　　密特拉达梯战争提供了关于钱币用于支付雇佣兵的额外案例。密特拉达梯六世本人曾用一支本地军队发动了所谓的"第二次密特拉达梯战争"（公元前 83—前 81 年），此时，没有雇佣雇佣兵通常

---

① 公元前 329—前 326 年，亚历山大大帝向东征伐，一直征服到印度河流域。但是，长时间的战争和背井离乡导致士兵们厌战，怨声载道，亚历山大大帝不得不停止远征，开始西归。

意味着没有发行钱币，这与第三次战争（公元前75—前73年）的战前准备形成了鲜明对比，史料表明，在第三次战争前，密特拉达梯六世从国外雇佣了许多军队驻扎于王国内。亚美尼亚的提格兰大王（Tigranes II）[1] 也为我们提供了一个非常重要的案例。尽管提格兰大王在位期间尚武好战，但他在公元前83年夺取安条克后，以最后几位塞琉古国王留下的雇佣兵扩充军队时，才开始发行钱币。在邻近的卡帕多西亚（Cappadocia），国王铸造了银德拉克马，但只有篡权者才会铸造四德拉克马。这很容易让人把货币面额的变化与用四德拉克马支付雇佣兵的习惯联系起来。

除了这些具体案例，如果我们对这些战争期间发行的钱币进行仔细量化，我们能够得出一个并不对等的结论：确实几乎所有钱币都是出于军事目的铸造的，但不是所有的军费开支都是用钱币支付的。如公元前90/89年，本都成立了舰队，但却没有任何铸造钱币的记录。我们也没有足够证据证明所有军队都收到了货币薪饷，更不用说刚出厂的钱币了。因此，至少对密特拉达梯战争来说，雇佣兵是最好的区分标准。我们可以把这种研究方法推及整个希腊化时代。对于古风和古典世界，我们要更为审慎，如果货币发行的机制被证明是相同的也在意料之中。值得注意的是，以贸易闻名的腓尼基诸城直到公元前450年（希腊雇佣兵兵至腓尼基诸城时）才开始铸造钱币，而以拥有自己的军队（不雇佣雇佣兵）而闻名的斯巴达在伯罗奔尼撒战争期间并没有铸造钱币。

---

[1] 提格兰大王即提格兰二世（约公元前95—前56年在位）。在他执政时期，古代亚美尼亚王国达到极盛，一度成为实力足以与罗马相抗衡的国家。

为了利润？

发行货币的权力机构会从货币中获利，这一简单的观点通常无需质疑。通过发行货币盈利这一概念来自中世纪，即假定一枚钱币的价值（古法语为 "*rendage*"）是由金属价值＋生产成本（古法语为 "*brassage*"）＋发行者的获益（铸币税，古法语为 "*seigneuriage*"）构成的。因此，需要解决的问题并不是二元的是与否，而是要衡量能从每种货币体系中盈利多少。

在一本频获征引的书中，斯图雷·波林（Sture Bolin）对希腊罗马世界和中世纪及现代世界货币发行的收益做出了有力的区分（Bolin, 1958）：希腊罗马世界的发行方在铸币活动中的利润很高，而中世纪和现代世界的利润接近于零（因此后者可以完全适用格雷欣法则）。事实上，从宏观层面考虑（参见前文"发行权在谁手中？高度受控的过程"），希腊罗马的国家组织结构似乎更容易为发行方创造利润。

明确的证据依然少之又少。一份颁行于约公元前 120 年的塞斯托斯的致敬法令是目前唯一可以援引的明确陈述。该法令宣称："人民决定使用铜币时，不仅可以使该种钱币在城市中流通，城市还可以从中获得利润（*προσόδου λαμβάνειν*），这给城市带来财政收入……"（*OGIS* 339, lines 43–5; Melville-Jones, 1993: 277 译）。乔治·勒里德（Georges Le Rider）赞同斯图雷·波林的想法，并以这段文字为基础反复论证发行钱币的目的不是方便交易，而是通过将社会货币化来增加发行者的财富（Le Rider, 2001: 239–66; de Callataÿ, 1999a）。勒里德用许多希腊时代的案例来佐证他的观点，指出了以利润为导向的两种货币发行情况：（1）一些封闭的货币经济体在受迫的不利变化中发行的货币〔如公元前 540—前 490 年大希腊（Magna Grecia）①的阴铸币，公元前 3 世纪末托勒密埃及②、拜占庭、卡尔西顿（Chalcedon）的钱币，和帕加马（Pergamum）王国的秘盒币（cistophoric coinage）③〕。④（2）一些双币制生产的案例，如卡桑德罗斯（Cassander）统治下的马其顿，其中一种钱币在国外发行，利润率低；另一种在"内部市场"发行，利润率高（钱币的信用成分较高）⑤。

　　除了生产的直接利润外，我们不应忘记，钱币还可以在借贷行为中产生利息，这是钱币与其他商品的一个重大区别。最新研究特别强调了希腊〔如提洛岛（Delos）和德尔斐；参见 Chankowski, 2001; Sosin, 2000; 2001〕和罗马〔庞贝和普特奥拉努姆（Puteolanum）；参见 Kay, 2014〕的一些相对复杂的金融活动。

　　然而，利润似乎并不是铸币的真正原因，而更像是一种无意而为的结果。亚历山大大帝需要发行大量钱币来给军队发军饷，从这一点来看，货币的发行似乎只是必要的权宜之计，而不是作为一种

① 大希腊，是指古希腊人在意大利南部（今卡拉布里亚、阿普利亚、巴西利卡塔和坎帕尼亚地区）建立的一系列殖民城邦的总称。
② 托勒密埃及，即亚历山大大帝死后由埃及总督托勒密一世及后人统辖下的埃及和周围地区。
③ 秘盒币，又称蛇篮币，币面有祭祀酒神狄俄尼索斯仪式中的"秘盒"。该钱币是小亚细亚的帕加马王国从公元前 190 年左右起铸造的，并在罗马统治时期一度通行于亚细亚行省，直到哈德良时代。因其流通市场相对封闭，其重量为阿提卡标准三德拉克马，但面额是四德拉克马。
④ 公元前 540—前 490 年，意大利南部的很多希腊殖民城市尚未发生战火，环境相对封闭，一些城邦决定铸造自己的硬币，以促进其经济贸易的繁荣。而希腊化时代的很多国家，如埃及、西亚拜占庭，对工商业和对外贸易采取严格控制，政府也通过发行货币来充实国库。
⑤ 此处指由国家信用担保和强制流通的贱金属货币等，这种货币的价值远高于其本身的金属价值，国家可以通过发行信用货币赚取利润。

增加财富的结构性手段。要想致富，没有什么比打败敌人、掠夺敌人的国库和土地来得更快的了。

钱币总量与较高的货币化水平

虽然任何估计都受到很多不确定因素的制约，但我们有充分的理由认为，希腊罗马世界相对来说是高度货币化的。相对地，以物易物虽然从未消失，但在几个世纪内一直处于无关紧要的地位（Howgego, 1992: 16–22），直到古代晚期才重新发展。法学家普罗库鲁斯（Proculus）曾宣称"以物易物不同于交易"，这一观点长期以来没有得到罗马人的重视。有趣的是，从古罗马的法律文献中可以看到，正如萨宾努斯学派（Sabinian School）[①] 所认为的那样，罗马帝国末期的以物易物被重新定义为与货币交换等同的概念（Aubert, 2014）。

硬通货

欧洲北部一些国家发起的货币数据库可以帮助我们计算出各个时期流通的钱币数量。其中英国的"可移动古物计划"和荷兰的NUMIS项目（见表 2.1 和表 2.2）有翔实的数据，对学者们的研究工作尤其有用。英国数据库的钱币中，有 70% 以上属于罗马时期，"可移动古物计划"确立的其他时代都无法与之相比：位列第二的中世纪钱币仅占 10%。由于发掘的公元 13—17 世纪的钱币数量巨大，荷

[①] 萨宾努斯学派，流行于帝国盛期公元 1—2 世纪的一个法律学派，得名于法学家马苏利乌斯·萨宾努斯（Masurius Sabinus）。

兰的数据虽然没那么震撼，但罗马钱币的数量仍然占第一位。此外，NUMIS 系统可以将钱币按年代调整划分，从结果来看，公元 1 世纪的钱币（7607 枚）远多于其他时代。

遗憾的是，在古希腊和古罗马时期曾被不间断占领的地中海国家现在还没有类似的数据库，但我们可以对一些考古遗址中发现的钱币年代进行排序。图 2.4 给出了雅典、苏萨（Susa）、底格里斯河畔塞琉西亚（Seleucia-on-the-Tigris）和提洛岛〔"喜剧演员之家"（House of the Comedians）①〕这四个地点出土的每世纪（公元前 4 世纪至公元前 1 世纪）的钱币比例。从图中看，货币数量的总体趋势非常明显：这四个地点发现的钱币数量随着时间推移而增加，不受政治环境的影响（比如当塞琉西亚在公元前 2 世纪中叶从塞琉古王朝传给帕提亚人（Parthian）时，此地发掘的钱币数量并没有减少）。

表 2.1 英国"可移动古物计划"登记的钱币

	结果	%	数量	%
铁器时代	43841	13	49963	9
罗马	215058	62	398711	71
中世纪早期	3462	1	9016	2
中世纪	49661	14	54131	10
中世纪晚期	35890	10	45802	8
近代	321	0	713	0
总计	348413	100	55336	100

来源：https://finds.org.uk/database，访问日期：2016 年 3 月 1 日

①"喜剧演员之家"，又称"面具之家"（House of the Masks）建于约公元前 150—前 100 年，是一座豪华的住宅建筑群。提洛岛剧院的巡演人员可能曾入住此地。——编者注

表 2.2 荷兰 NUMIS 数据库登记的钱币

	结果	%（取整数）
公元前 500—前 551 年	977	2
公元前 50—公元 400 年	18369	34
公元 401—800 年	4252	8
公元 801—1200 年	4605	9
公元 1201—1600 年	16748	31
公元 1601—2000 年	8926	17
总计	53877	100

来源：https://nnc.dnb.nl/dnb-nnc-ontsluiting-frontend/#/numis/，访问日期：2016 年 3 月 1 日

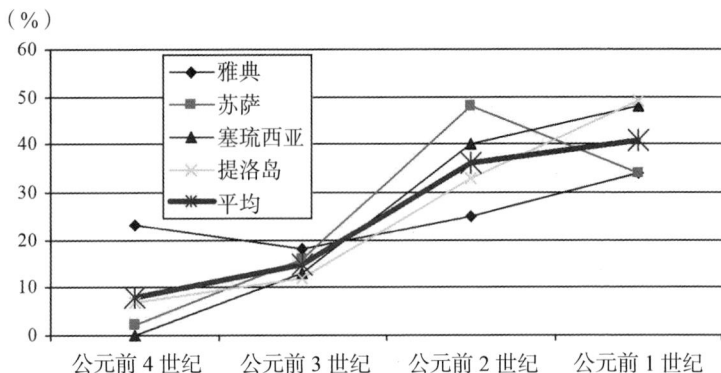

图 2.4 雅典、苏萨、塞琉西亚和提洛岛（公元前 4 世纪至公元前 1 世纪）出土的各时期钱币比例（雅典 -Kroll, 1993: XXVI；苏萨 -Le Rider, 1965: 234–41；塞琉西亚 -Le Rider, 1998: 72；提洛岛 -Hackens, 1970）

来源：图片由弗朗索瓦·德卡拉塔友情提供

　　另一种衡量较长时段钱币数量的方法是看现存钱币的数量。目前，全世界现存数百万枚（500 万 ~1000 万?）的希腊钱币和数千万枚的罗马钱币。这些数字与墨洛温王朝的约 1 万枚和加洛林王朝的约 3 万枚相比显得无比巨大，更不用说东哥特人（the

Ostrogoths）的几千枚和伦巴第人（the Lombarols）的寥寥数百枚了。在公元 800—1130 年，最大的钱币存量发现于斯堪的纳维亚半岛（Scandinavia，约 70 万枚），其中仅哥特兰岛（Gotland）就有约 16.6 万枚。这些钱币很大一部分是在美索不达米亚或更远的东部地区铸造的，然后因贸易从穆斯林的阿巴斯（Abbasid）帝国经欧洲北部的河流传到哥特兰岛。由于现在已知的西欧发行的钱币大多数来自斯堪的纳维亚，我们可以估计西欧中世纪存世的钱币数量不足 100 万枚。

然而，必须指出的是，我们今天所发现的古希腊和古罗马钱币存世率比起中世纪和现代早期的钱币要高得多。事实上，古代（希腊罗马）钱币的平均存世率接近几千分之一（1/5000~1/1000），比中世纪钱币的存世率（1/10 000~1/3000）情况相对好一些（de Callataÿ, 2000b）。

尽管钱币学家对货币生产的认识有了显著提高，对钱币流通的了解却差得多。由于文献资料对金银币的回收和熔化几乎没有记载（熔化铜币更罕见），所以，估计任何给定时间和空间的钱币流通量是极其困难的。少数人试图确定流通货币总量并将其除以居民数量来比较不同的制度，对此方法我们必须极为谨慎地看待。这里引用克莱尔·帕特森（Clair Patterson）提供的数字（见表 2.3），并辅以其他一些学者给出的数据（公元前 300 年和公元 160 年），只是为了表明它们并不与希腊罗马时期高度货币化的假设相矛盾，罗马时期的货币化程度远远高于加洛林王朝时期，与近代相差并不远。

表 2.3　不同时间和地点的人均持银币量

时间	区域	人口（百万）	总存量（吨）	人均持银量（克）
公元前 450 年	提洛同盟及周边地区	约 2	约 400	约 200
公元前 300 年	希腊化世界	约 30	（金）约300 （银）约3000	约 200
公元 150 年	罗马帝国	约 50	约 5000	约 100
公元 160 年	罗马帝国	约 55	（金）约 880 （银）约 5800	约 265
公元 800 年	欧洲和穆斯林世界	约 50	约 500/1000	约 15
公元 1938 年	美国	约 130	约 100000	约 164

来源：Patterson, 1972: 216；由于帕特森（错误地）主张"将银的总存量的一半分配给钱币"，所以总存量的数据是实际存量的一半；公元前 300 年的情况，参见 de Callataÿ, Depeyrot, and Villaronga, 1993；公元 160 年的情况，参见 Duncan-Jones, 1994

　　也有证据表明，希腊罗马世界形成过复杂的三金属（金、银、铜）硬通货体系。在奥古斯都之前，"爱姊者"托勒密二世（Ptolemy II Philadelphus）已经发行多达 12 种面额的钱币：包括 4 种面额的金币，2 种面额的银币，6 种面额的铜币（从 100 克至 3 克不等）。这个数字不仅与我们今天的情况几乎相同（欧元有 15 种面额，美元有 13 种面额），而且最高面额和最低面额之间的币差跨度也值得关注。最高面额的托勒密金币米纳金（*mnaieion*）[①]，重量约为 27.8 克，相

---

① 米纳金，本义是形容词"价值一米纳（mina）的"，用来指这一面额的金币。米纳是近东和希腊的质量和钱币单位，在希腊常合 100 德拉克马。但现在发现的米纳金多数来自埃及，这里封闭的货币环境与埃及的黄金盈余使埃及的米纳金相对贬值，因此偶尔被误解为"八德拉克马"（*octodrachma*）。——校者注

当于 4800 个喀勒库（*chalkous*）[1]或 9600 个半喀勒库（hemi-*chalkous*）。同样，这与我们现代的币差（从 1 美分到 100 美元，从 5 欧分到 500 欧元）相类似。面值种类如此之多、跨度如此之大的情况在 16 世纪下半叶之前都再未出现过。在法国，直到查理九世（1561—1574 年）时期才有了 10 种不同面额的钱币（金币 2 种，银币 2 种，掺银 6 种）。

除了这些量化的工作，一些文献资料也说明了希腊罗马的经济货币化程度。在普劳图斯（Plautus）[2]的戏剧《赶驴》（*Asinaria*）中，歌妓克勒阿瑞塔（Cleaereta）说：

> 白天的水和太阳，夜晚的月亮，我无须用钱购买，
> 　　然而其他的东西，只要需要，我就得花希腊钱币（*Graeca fide*[3]）。
> 　　当我们需要面包师的面包时，需要酒馆的酒酿时，
> 　　我们付钱，他们就给货物，我们也是这样的规则。
> 　　我们的手从来都长着眼睛，只相信已见到的东西。[4]

在普劳图斯看来，以"希腊人的方式"售卖，意味着要立即用

---

① 喀勒库，本义是形容词"青铜的"，但在包括雅典在内的诸多城邦和希腊化王国中也被用作一种面值（例如在雅典，喀勒库的面额是奥波勒斯的八分之一）。——校者注

② 普劳图斯（约公元前 254—前 184 年），古罗马剧作家。他的喜剧是现在仍保存完好的最早的拉丁语文学作品。同时，他也是音乐剧最早的先驱者之一。代表作有《吹牛军人》《撒谎者》《俘虏》等。

③ *Graeca fide*（字面意为"希腊的信贷"）是诙谐语，指用现金支付。欧里庇得斯等的希腊文学作品中就有关于希腊人贷款无信的调侃，普劳图斯可能取材于此。——校者注

④ 译文引自《古罗马戏剧全集：普劳图斯（上）》，第 134—135 页，王焕生译，吉林出版集团有限责任公司 2015 年出版。

现金支付，这涵盖了几乎所有的日常交易（de Callataÿ, 2015）。其他出自泰奥弗拉斯托斯（Theophrastus）[1]和赫罗达斯（Herodas）[2]的章节表明，希腊化世界是一个高度货币化的社会，你必须用现金支付才能在市场上购买东西，因为"俗话说，支付账单的不是言语，而是铜币"（Herodas, 7.49–50）。在这个世界，人们无论去洗澡（Faucher and Redon, 2014）、去看戏（Theophrastus, 6.4, 9.5, and 30.6）、付给教师教学费（Theophrastus, 30.14; Herodas, 3.9–10）还是雇奴隶做日工（Theophrastus, 30.15），都需要使用钱币。

对罗马帝国世界来说，阿普列乌斯（Apuleius）的《金驴记》（*Golden Ass*）[3]给我们讲述了一个非常有指导意义的寓言，弗格斯·米勒（Fergus Millar）对其现实性进行了研究。他写道：

> 更值得强调的是，阿普列乌斯描写的城镇并不是一个生产中心，而是一个有组织的商品交换和劳动力市场中心。该城市的所有运行都是为了获得现金而进行的；无论其他方面如何，它肯定是一种完全货币化的经济。

米勒的结论是，这个城镇功能模式"充满着现金交换……连最微不足道的事情也需要现金来交易"（Millar, 1981: 72–3）。

---

[1] 泰奥弗拉斯托斯，公元前4世纪的古希腊哲学家和科学家，亚里士多德的学生，著有《植物志》《人物志》等。

[2] 赫罗达斯，公元前3世纪初期的古希腊喜剧作家，著有《鸨母》《男妓》《教师》《妇女崇拜者》《嫉妒的情妇》《密谈》等。

[3] 《金驴记》，也称《变形记》（拉丁语：*Metamorphoses*），是一部拉丁语小说，由古罗马作家阿普列乌斯创作，共11卷。写的是一个醉心魔法的年轻人路鸠士（Lucius）误食一种魔药变成驴子，历经奇遇和苦难，最终恢复人形的故事。奥古斯丁将其称为《金驴记》，后世也通行这个称呼，以便与奥维德的《变形记》区分。

信贷和货币供应弹性

除硬通货之外，在希腊罗马世界也存在信贷（Howgego, 1992: 12-6）。我们首先要提醒读者，铜币（信托钱币）是国家强加给发行者的一种单边信用形式。奥古斯都的改革催生了一种双金属体系（金-铜），相当于实际上增加了 M1（金属货币的供应量）。

我们现在的问题是，信贷在市场中究竟发展到了什么程度，我们是否仍应遵循摩西·芬利（Moses Finley）主导一代人观点的有力告诫，即"货币只是钱币，而不是其他的什么东西"（Finley, 1985: 166）？或者，我们是否应该赞同与之相反的"修正主义"观点，即假设信用所创造的货币量能比得上钱币量，就像埃德·科恩（Ed Cohen, 1992; 2008；参见 Schaps, 2008）讨论古典雅典所持的观点，或者威廉·哈里斯（William Harris, 2006）和埃利奥·洛卡西奥（Elio Lo Cascio, 2011）讨论罗马世界所持的观点一样？我觉得恐怕都不是。

毫无疑问，西塞罗（Cicero）和普特奥拉努姆的银行家们都能获得大量信贷，而普劳图斯戏剧里的典型密谋的基础是个人之间有可能获得短期现金贷款。但是信用能够多大程度转换成生产性投资呢？现在有两个问题：（1）在较低的层面上，有多大比例的人可以在不带钱币的情况下去给理发师、旅馆老板或妓女付钱？（2）在较高的层面上，雅典或罗马的信贷是否在硬通货之外显著增加了 M2[1]（广义货币供应量）或 M3[2]（现金加上短期和长期存款）的

---

[1] M2，指 M1 加上单位在银行的定期存款和城乡居民个人在银行的各项储蓄存款以及证券公司的客户保证金。

[2] M3：M2+ 金融债券＋商业票据＋大额可转让存单等。

规模?

上述"修正主义"观点不仅是古典经济学家的典型观点（毕竟，古典经济学在很大程度上是在反重商主义和"货币就是金属"的还原论基础上建立起来的；参见 Smithin，2000），而且几乎总是与现代主义 [1] 的观点不谋而合。综观希腊世界的几个重要的公民档案集（认购、贷款和公益捐助），我们更倾向于认为，无论是对国家还是对大多数个人来说，货币并不好找，并且首先是以硬通货的形式出现。对于罗马统治下的埃及，弗朗索瓦·勒鲁克塞尔（François Lerouxel）表明，银行提供现金贷款，基本上是用来保管存款的。相反，私人之间的货币借贷无处不在，而且往往并不局限于社会地位高的人。但这种借贷大多是短期的，而且多为现金（Lerouxel，2012；2016）。

简而言之，希腊罗马世界有着更高水平的硬通货和（虽然在我看来不应夸大）确实可能的信贷，其货币化水平的确异乎寻常。尽管如此，我们仍赞同"当时的（货币）供应量无疑经常不能满足社会的持续需求，更不用说满足未来的经济增长了"（Finley，1985：196）。由于铸币的生产量很低，无法完全满足日常交易（这是经济学家涉足历史研究时难以承认的现实），并且只是偶尔发行，所以货币短缺现象一定频繁。至于频繁到什么程度，我们很难从为数不多记载"货币短缺"（*inopia nummorum*）或"货币昂贵"（*caritas nummorum*）的文字资料中看出（Verboven，1997；Crawford，1971）。但是，在罗马埃及（Roman Egypt），社会各阶层对现金的持续需求

---

[1] 现代主义，是主张古代经济运作方式与现代相似，因此应用现代经济的研究方式和讨论议题研究古代经济的学派。——校者注

产生了私人借贷，这点可能更能说明地方性的货币短缺状况。一般来说，除非是在非常特殊的情况下，钱币本身并不能说明这个问题。"钱币半切"现象，如奥古斯都统治下的内茂苏斯著名的鳄鱼图案阿斯[①]，可能是普遍的小额零钱短缺造成的。

有什么后果？经济增长与掠夺模型

对主流经济学来说，钱币可能是覆盖在交换行为之上的中立"面纱"（虽然古代史学家并不这么认为），但从根本上来说，这是实现良性循环的必要条件：社会分工→生产力提高→利益积累→生产投资→经济增长。因此，无论显著与否，货币化水平通常被用作衡量经济发展水平的一个指标。毕竟，古希腊和古罗马作家自己也多次对不使用钱币的社会表示惊讶并形容它们不够文明（Howgego, 1992: 16）。

近几十年来，大量令人耳目一新的关于古希腊罗马经济的研究都出自一批非常关注新制度经济学的"经济学史学家"和"史学经济学家"（尤其是后者，参见 Verboven, 2015）。他们的研究基调是乐观的，似乎每个研究者都想证明古人是多么现代。但是，这种积极的方法在一定程度上被主流经济学家的一厢情愿所玷污，他们被训练得习惯反向思考，并且对他们来说，这一研究策略有双重回报：在经济学家同行看来是创新或者挑起争议的行为，也是对历史学者做出的"博取好感"（*captatio benevolentiae*）的姿态。转向新制度经济学的古代史学家则是为了实现一个更朴实的目标：被同行认定为穿着夺目服装的搭桥人。

---

① 这些鳄鱼图案的铜币标定面额为 2 阿斯，经常被半切作阿斯使用。——校者注

新古典主义经济学家对古代历史领域的研究越来越频繁，一般来说，这种交叉学科的研究会促进学科之间的相互理解。最近一本关于货币与金融创新的著作（Bernholz and Vaubel, 2014）为我们提供了一个案例。主持这个项目的两位经济学家完全赞同大卫·休谟（David Hume）所宣称的，以商业连接的邻国之间的竞争行为，对仿效追赶进而实现创新，创造了最有利的条件。但这一论断事实上却遭到古代世界史专家的反驳，他们坚持认为战争才是货币创新的根本驱动力（Schaps, 2014; Meadows, 2014; Woytek, 2014；关于货币创新，另见 Picard, 1989; Amandry, 1993）。

较差的预测经济后果的能力

在考虑钱币在经济增长中的作用之前，我们必须先谈一下经济理性主义。从长期以来拒绝对经济问题进行任何独立思考的芬利派原始主义 ① 者到最近出现的包含复杂金融知识的大量论文，人们的思想很长一段时间内在这两端不断摇摆。既然原始主义几乎处处失去其主导地位，我们似乎更应该限制对古典经济学的过度应用：因为它对普遍规律充满信心，并有着过于严格的名目主义观点。

首先要强调的是，严格来说，古代的发行机构几乎没有任何货币政策，即通过货币量来调节价格的能力（Lo Cascio, 1981 持反对意见）。但这并不是说古希腊人和古罗马人没有意识到货币量的突然增加（比如亚历山大大大帝后的一世代或者罗马在奥古斯都的统治

---

① 原始主义（primitivism）曾认为古代经济是原始的，是一种建立在交换而非市场基础上的自给自足的家庭经济；因而在古代社会，并不存在独立的经济领域，经济是被"嵌入"（embedded）社会之中的（参见 Sven Günther 在人民大学历史学院历史系题为"古代经济史研究的新路径"的讲座）。

下搜刮大量的埃及财富）会导致物价上涨（参见 Suetonius, *Divus Augustus* 41.1–2; Nicolet, 1971 and 1984）。但是他们面对这种问题时，根本没有机会对货币供应量进行精细的调整，因为当时人们对货币量的认识，就像拿破仑时代的情况一样，是模糊不清的，无法采取行之有效的措施。而"发行其他替代性的金融产品"，即为保持 M1 的水平而发行的金融产品，这个概念本身超越了当时的历史现实。

其次，希腊罗马世界中最有效力的原则是供求规律，一般来说，需求弹性不佳，供应也不规则。相比之下，即使已经有很多著述讨论供求关系问题，但货币数量论[1]〔欧文·费雪（Irving Fisher）：M（货币流通量）× V（货币流通速度）= P（商品价格水平）× T（商品交易总量）[2]〕不太可能在古代政体的货币决策中发挥任何作用。就希腊时代而言，文献记载的唯一因现金大量流入造成价格上涨的案例发生于公元前 4 世纪的最后 25 年，当时亚历山大搜刮了波斯国库，大量的贵重金属被铸成货币，流入交易市场（de Callataÿ, 1989）。我们还不确定这种物价的上涨是否更应该用货币化交易程度的提高来解释，我们也很难解释为什么在公元前 3 世纪初，物价又跌回原来的水平。相比 M（货币流通量）的增加，T（商品交易总量）的增长对价格的影响更大。同样的机制也被用来解释罗马共和国（Hollander, 2008）和公元 3 世纪罗马埃及的货币数量变动与物价及货币价值变动（Rathbone, 1996）。

最后，我们应该记住，只有一小部分贵金属被铸成了钱币。据

---

[1] 货币数量论认为，在货币数量变动与物价及货币价值变动之间存在着一种因果关系。其核心思想是：假定其他因素不变，商品价格水平涨落与货币量成正比，货币价值的高低与货币量的多少成反比。

[2] M × V = P × T，左方为货币总值，右方为交易总值。

估计，希腊化时代的这一比例低于 20%（de Callataÿ, 2006b）。换句话说，无论是城邦的、王室的还是帝国的发行机构，都没有尽可能地推动贵金属的货币化。这与希腊化君主急于将所有的黄金或白银铸成钱币来维持他们的世界强权政治（Weltmachtpolitik）的观点相矛盾。

总而言之，希腊罗马时代的钱币问题存在一系列与主流经济分析相悖的情况。几位罗马皇帝在道德价值观的驱使下（完全违背经济理性主义），不计得失地试图恢复高纯度的金币（最终失败），这一典型案例说明钱币的生产植根于更广阔的文化框架内（Howgego, 1995: 119–20）。

经济增长或掠夺模型

受过专业训练的经济学家们对经济史领域较晚但影响重大的入侵，再加上人们过去几十年来对经济增长的痴迷以及文化史处于支配地位，二者都对人们如何看待希腊罗马钱币产生了影响。在这两个方面，研究计划看上去十分乐观：证明钱币一定程度上导致经济增长或民主，而且越多越好。如前文所述，除一般性的和一些比较有趣的观点（Seaford, 2004）之外，很难从事实证据中找到钱币与民主的联系。钱币专家甚至没有认真论证过这种联系。相反，钱币与经济增长之间的联系则更为明显。

贵金属钱币主要是为了配合国家支出而铸造的，但毫无疑问，这些钱币后来主要在经济流通领域中使用，人们也是这么认为的（Lo Cascio, 1996）。除了前文所引用的亚里士多德、普劳图斯和阿普列乌斯的作品外，考古发现的钱币遗址分布也清楚地显示出，钱币主要发现于交易场所及其附近〔在提洛的市集（agora）或庞贝的街角商店：Hobbs, 2013〕。最近，非常有趣的是，人们重新燃起了对钱币在经济以外的用途的兴趣，比如敬奉神祇、用作明器和护身符等（参见 Kemmers and Myrberg, 2011; Haselgrove and Krmnicek, 2012），但这只是现实使用的次要方面。

如前文所述（"钱币总量与较高的货币化水平"），希腊罗马世界的货币化水平远远领先于后面一千年时间的货币化水平。就货币量而言，将钱币生产的高峰期定在约公元前 300 年（亚历山大大帝将波斯国库中的金银铸成钱币之后），历经东方的存银大量转向罗马的共和国时期，直到公元 200 年之间（罗马帝国的"三世纪危机"之前）似乎是最合适的。

事实证明，钱币生产的高峰期和希腊罗马世界经济的高峰期重合。越来越多的人认为，希腊罗马世界从公元前 200 年至公元 200 年，经历了长达四个世纪的经济增长。除了货币化之外，经济活动的影响还可以从考古调查中观察到：大气中的铅和铜污染、诸多沉船、骨骼（胫骨）的大小、腌制的鱼桶容量、正常发掘中发现的动物骨骼和木质断片数量、房屋的平均面积，以及不同行业的技术水平，这些要素水平均有提升。面对如此多的证据，现在没有任何声音试图对这一系列重大现象提出质疑了。

那么，如何解读这两个高峰期在同一时间出现？发行的大量钱币是否促进了交换，从而促进了经济增长？经济增长在多大程度上又反过来促进了钱币的铸造？经济学家面临的这些问题，历史学家们正竭力为他们提供确切的答案。例如，亚历山大大帝大量生产金币，深刻地改变了货币格局：它降低了金与银的比例（从 13.3 : 1 降到 10 : 1）并提高了价格，但我们可能会严重怀疑，这些用于奢侈的显性消费的高价值钱币对经济增长是否真能起到什么重要作用（de

Callataÿ, 2016b；另一个案例与更乐观的观点，参见 Chankowski,
2013）。

此外，"钱币的声音"为良性经济模式提供了一个更有说服力
的替代方案，即使它并不那么让人有好感：掠夺模型。铸币是为了
发动战争，而战争反过来又让强大的政治力量得以从掠夺（备受争
议的"中心-外围"主题）中获得更多的财富。但这种突然的富裕（可
以暂时转化为经济效益）与其说是由于结构性的改进，即技术、法
律或组织上的改善（对新制度经济学来说是降低了交易成本），不
如说是出于形势环境与经济以外的原因。在这种掠夺模型下，考虑
到一些耗散惯性（dissipative inertia）[1]，一旦征服停止，这种方式带
来的经济增长注定会消失。

我们现在得出结论，在公元 2 世纪后半叶罗马帝国第一次衰落
的外因〔安敦尼瘟疫（the Antonine plague）[2]〕和内因（掠夺结束）
之间的争论中，货币要素支持内因论——尽管这种支持肯定并非单

---

[1] "耗散"一词始于热力学领域，后来热力学应用于经济学中，他们将人类经济体系
看作热力学系统，人类经济系统就是一个"耗散系统"，它是一个非平衡的开放经
济系统，经济这个"耗散系统"处于动态的发展过程中，维持这个系统需要外界供
给材料、资源或者服务等，并以产能的方式排出到外界去。但是在经济系统中并不
是所有外界提供的能量都能转化为产能，发生能量转变的过程总要有所损耗。因此，
单纯以掠夺的财富作为维持经济系统发展的动因时，一旦掠夺停止，其社会产能终
将损耗殆尽（参见 Sieniutycz, Stanislaw; Salamon, Peter. *Finite-Time Thermodynamics
and Thermoeconomics*. Taylor and Francis. 1990）。

[2] 安敦尼瘟疫是发生在公元 2 世纪中后期（公元 165—191 年）罗马帝国的持续性瘟
疫事件，以大爆发时期的罗马皇帝马可·奥勒留·安敦尼·奥古斯都命名。据研究，
安敦尼瘟疫的平均死亡率为 7%~10%，人口密集的城市和军队的死亡率更高达约
13%~15%（参见 R. J. and M. L. Littman, "Galen and the Antonine Plague", *AmeHean
Journal of Philology*, 1973, V01. 94, P254-255）。这次大瘟疫对罗马的征兵、农业和
城市经济造成巨大的影响，也为基督教等一神论的传播创造了条件，成为罗马帝国
衰落过程中的重要一步。

边的。因此，掠夺模型在菲利普·凯（Philip Kay）描述的经济增长背景上更为可取。后者主张，公元前150—前50年意大利半岛的经济增长幅度最大，甚至比帝国时期还要大。这是因为通过战争的胜利实现了财富向意大利半岛的转移，而不是生产本身的可持续增长（Kay, 2014；关于罗马共和国帝国主义导致的奢侈性经济增长，参见 Wallace-Hadrill, 2008）。

致谢

我非常感谢克莱夫·斯坦纳德（Clive Stannard）对本章早期版本提出的意见和建议，并感谢奥利弗·胡佛（Oliver Hoover）斧正本章的英文。

第 三 章

货币、仪式与宗教：钱币的非经济特质

斯特凡·克姆尼切克（Stefan Krmnicek）

古希腊的法赖（Pharae）集市在很大程度上效仿古代风格，集市中央竖着一尊长着大胡子的赫耳墨斯石像。石像矗立在大地之上，基座呈正方形，占地面积并不大。石像上有一段铭文，记述石像由美塞尼亚人赛米罗斯（Simylus the Messenian）所献。这尊雕像被称为法赖集市的赫耳墨斯（Hermes of the Market），旁边建有一座神谕所。在神像前面置有一座也是用石头砌成的神龛，神龛上有数盏用铅固定的铜灯。每到傍晚时分，信奉这位神灵的祷告者会在神龛上烧好香，将铜灯装满油，点燃后，会在神像右侧的祭坛上放一枚当地称为"喀勒库"（chalkous）的钱币，接着在这位神灵的耳边提出想向其询问的特定问题。问完之后，祷告者迅速捂住耳朵，转身离开集市。一到集市外面，他将双手从耳边拿开，这时他听到的第一句话，就被认为是赫耳墨斯的神谕。（Pausanias, 7.22.2–3, transl. Jones, 1933）

公元 2 世纪，古希腊旅行作家保萨尼亚斯详细描绘了法赖集市的赫耳墨斯神谕所及其崇拜活动，为我们提供了一幅当地举行祭礼的生动图景。在仪式逐步进行的过程中，当要请示神谕时，就要嵌入奉献礼，即献上一枚可能最低面额的铜钱。保萨尼亚斯的描述还表明，在适当的位置放上一枚特定的钱币（"在神像右侧的祭坛上放一枚当地称为'喀勒库'的钱币"），是举行这种仪式以及按照正确的章法完成流程的关键一步。然而，有关钱币在仪式和宗教中的作用并不只见于文献资料。远非如此。就古希腊罗马世界的钱币使用情况而言，考古证据构成了最丰富的信息来源；考古证据表明，钱币可用来支付举行仪式的报酬，可用作祭品，用作其他物品的等价物，也可当作仪式标准的象征符号。鉴于钱币在古代崇拜和仪式背景下可能有如此多的用途（参见 Thüry, 2006; Rowan, 2010; Gorini, 2011），本章将仅概述公元前 7 世纪至公元 4 世纪钱币在仪式活动中最重要的，也是考古记录中最丰富的若干使用方式。来自马格达伦斯堡〔位于奥地利的克恩滕州（Carinthia）〕的钱币，可追溯至铁器时代到古罗马转型期，考古记录保存完好；本章的结尾部分将以之为案例进行研究，以期更好地说明古代与现代研究潜力之间的关系。

引言

在古代世界，主要在货币意义上使用钱币，类似于西方的货币概念。货币对古代社会及其观念的影响也与今天货币产生的影响没有太大的区别。铸币用来支付商品，钱币可以贮藏起来，财富可以积累起来，同时金钱意味着权力。公元 1 世纪，古罗马作家佩特罗尼乌斯（Petronius）在他的讽刺诗中，借暴发户特里马尔奇奥（Trimalchio）——曾经是奴隶，后成为一名富裕的自由民——之口说出如下一番话，最恰如其分地道出了货币的这种情况：

> 如果你有一阿斯，你就值一阿斯；你有多少，你就值多少。所以，你的朋友曾经是一条蠕虫，现在却成了一位王者。（Petronius, *Satyrica* 77, transl. Heseltine, 1956）

不过，尽管据推测古希腊罗马人与现代人对货币的心态很接近，但文字资料中也提到了一些立场，这些立场明确显示出他们对货币的认识存在相当大的差异；这提醒我们对此需要保持谨慎的态度，我们不能将相隔两千多年的两个体系视为同等的。因此，例如，尼科米底亚的阿里安（Arrian of Nicomedia）在记述爱比克泰德（Epictetus）[1] 的学说时，在反思价值问题的过程中，提到了图拉真和尼禄两位罗马帝国皇帝的性格差异，指出图拉真发行的钱币比尼禄时期铸造的钱币更受欢迎：

> 但是，要看的是人之为人的特质（anthropika），他带到世界上的、印在他脑中的印记；就像我们会在钱币上找这些，如果有就接受，没有就扔掉。这枚塞斯特斯币上的印记是谁的？图拉真的。拿来！尼禄的。扔掉！（Arrian, *Epicteti dissertationes* 4.5.15–18, Higginson, 1890）

---

① 爱比克泰德（公元 55—135 年），古罗马斯多葛派哲学家。阿里安记述了他的非正式讲学，并编成《爱比克泰德论说集》（*Epicteti dissertationes*），今存四卷及部分残篇。《爱比克泰德手册》（*Enchiridion*）是《论说集》中实用段落的摘集。

从研究方法上看，考古学研究从一开始就把古代钱币视作现代钱币的类似物，认为它是一种纯粹的货币媒介。涉及经济、贸易和钱币流通的大量古代文字资料，以及 19 世纪（尤其是在庞贝）广泛的考古发掘活动中的重大发现（钱箱、窖藏等）都再次强化了这一印象，即古代和现代（西方）钱币之间存在概念上的相似性。这些批量生产的小型圆形金属片在以钱币进行结算的国际贸易的推动下，与我们的现代价值观念产生了共鸣；简单地说，这意味着"古代钱币 = 现代货币（价值层面）"。19 世纪和 20 世纪初的钱币学研究根植于一种把类型学、序列法和图像学作为首要考虑的研究方法，延续了对古代钱币意义的非批判性的态度。甚至后来古代史研究转向货币史问题，考古情境下的钱币研究仍是空白；学者把重点放在了钱币的年代、发行频率与顺序，以及钱币与政治-经济环境的关系上。直到 20 世纪最后三十余年，仅仅得益于在组织方式上与田野考古工作更接近的铁器时代钱币学，归功于盎格鲁-撒克逊史前史的方法论，钱币研究才发生了转变（Haselgrove and Krmnicek, 2012）。推动以考古学为基础的钱币研究之动力源自于铁器时代研究，这主要是因为欧洲铁器时代文化本身并没有形成文字记载，而这些文字记载本可以帮助回答与凯尔特钱币的使用和意义相关的某些问题（Haselgrove and Wigg-Wolf, 2005）。在过去的 15 年里，古代钱币学采用了一种根植于罗马考古学的情境方法（contextual approach）（Hingley and Willis, 2007），并发展出了适合自身学科的创新方法来处理材料。迄今为止，这种新研究的重点仅限于罗马钱币学，而从考古学角度出发的钱币和货币研究却几乎未对古希腊钱币学造成影响。在这个方面，学术研究把目光重新聚焦到了经济史和类型学问题上（参见 Arnold-Biucchi and Caccamo Caltabiano, 2015）。罗马钱币学与希腊钱币学使用的方法论侧重点不同，其主要原因在于如下事实：西北欧国家有大型考古发掘（和详细的考古报告）上的优势，还有可利用的国家级考古发现数据库，这些都促进了以情境为导向的罗马物质文化研究方法。

情境钱币学（Contextual Numismatics）在应用于铁器时代或罗马考古学时，尽管采用不同的方法并提出不同的问题，仍显示出一种偏重考古情境的方法是如何为过去的货币概念提供新思路的。只有通过调查钱币的原始使用环境（或者说，通过调查钱币埋入其中的考古情境和遗存组合），我们才能明确铁器时代地中海地区的钱币并不是简单的货币工具，而是一种有着非货币用途的多面媒介（Haselgrove and Krmnicek, 2016b）。古代钱币明显在崇拜、仪式和宗教领域中发挥着最大的影响力，且最为活跃。这些物品本身的物质属性以及使用者赋予它们的不同含义，是钱币活跃于上述领域的两大原因。事实上，下列属性可以使钱币在不同的功能情境之间转换：钱币很容易获得；它们是由社会赋予固定价值的日常物品；（在一个金属相对贫乏的文明中）它们用合金手工制作而成（也因此，金属的回收利用相当重要）；根据所用原材料（金、银、铜）的不同，它们的颜色、气味和声响也不同；它们具有特殊的形状（扁平、圆形，且是双面）；它们是文字和图像信息的匿名承载者，同时也是积极的交流方式（参见 Kemmers and Myrberg, 2011）。此外，钱币还有丰富的图像内容，这本身反映出存在于日常生活中的宗教信仰（Williams, 2011）。

仪式和宗教

即使对那些出自记载丰富的考古情境的钱币进行了彻底研究，我们从材料记录中重建过去的仪式和宗教活动时仍然会遇到诸多困难。虽然民族志研究可以观察到诸多动态过程（dynamic processes）[1]，而晚近时代的历史研究，就大量关于人类互动的非材料证据，会利用书面和口述证据，但考古学和钱币学（除了少数适用于特定案例的书面资料外）只能通过材料记录和特定发现物或组合埋藏的环境来论证一个信仰体系。这就不可避免地产生了一个问题，即是否（如果有的话）可以从考古发现中推断出仪式和宗教的形式。

在考古学中，仪式通常被用作一般性概念，指在宗教或非宗教情境中或多或少重复、正式且有规律的活动，而在这一情境中，社会性、交流性、象征性、表演性、审美性等各个维度都得以充分展现出来（Sundqvist, 2003: 32）。但对宗教下定义则困难得多；人类学家、社会学家、宗教学者和考古学家对此有不同的讨论。定义的方法有很多——从简单的描述到详细阐述高度复杂的构造，后者提出，宗教是由不同元素（信仰、仪式、习俗、经验、社会因素等；参见Insoll, 2005）组成的。在最近的一些宗教研究中，"宗教"一词的使用受到质疑，因为这个概念暗含欧洲中心主义视角，并给人一种压倒性的印象：一套具有统一法典（以及因而有文字）、（通常运作在城镇情境下的）权威的信仰体系（Renfrew, 1994: 47）。对除几大世界性宗教或者文字法典化宗教以外的其他宗教的研究表明，在这些地区以及在不同时期，宗教被用作一个总括性的术语来描述一系列（集体和个人）现象和崇拜习俗，它们关乎超人类维度的实在。这个超人类的世界，不仅包括神祇，还包括具有不同意义的多样的

---

[1] 人类学讨论社会变化时常用"动态"来描述在复杂且互相影响的系统中，一系列运动与互动造成的连锁反应过程。

灵性存在，其中就有祖先（Hultgård, 2003: 430）。这样的用法也适用于同样重要的习俗和表演，这些习俗和表演通常被归入"家庭宗教习俗"中（Insoll, 2011; Bowes, 2015）；宗教、巫术和魔法之间的界限是流动的，当被调查的内容或对象属于过去的文化，不能被直接观察时，就更难做出明确的区分。

虽然伦弗鲁（Renfrew）在 1985 年的开创性著作中提出，考古学家可以有效识别宗教的物质遗存，但在后过程考古学[①]、情境考古学或阐释考古学中，宗教概念已经不那么常用了。事实上，近来的考古学研究基本上放弃了"宗教"一词，转而关注物质文化的"仪式"或"象征"层面（Insoll, 2005: 47; Fogelin, 2007: 62–3）。因此，"仪式"一词已被广泛使用，并被赋予了多种含义。由于定义富有争议，考古学家倾向于完全避免使用"宗教"一词，除非它指的是法典化成书的大型世界性宗教。相反，在考古学研究中，一般也倾向于用"仪式"来描述那些在其他领域会被归于宗教范畴的器物和情境。20 世纪 90 年代后期以来，"仪式"一词出现在考古学出版物的书名中的频率呈指数增长；这清楚地反映出（从史前研究起）考古研究转向非世俗情境的解释模式；同时，这也表明出仪式概念发生改变（参见 Hänsel and Hänsel, 1997）。"仪式"开始被用于描述任何不能被完全理解的考古情境；在此意义上，这个概念经历了语义转变。就此，这个词成了任何无法解释之物的替代品，成了一切无论世俗还是神

[①] 后过程主义考古学（post-processual archaeology），简称后过程考古学，是考古学理论中强调主观解释的考古学。过程主义考古学是 20 世纪 60 年代由路易斯·宾福德（Lewis Binford）提出的新考古学方法，并于 20 世纪 70 年代在英国考古学中占有主导地位。过程主义的重要主张之一是，考古如果应用科学方法，可以得到彻底客观的结论；后过程主义则强烈批判此观点。后过程主义也批评以前的考古工作过分强调用唯物主义解释过去，而在道德上和政治上不负责任。

圣意义上的"奇异"的同义词（Fogelin, 2007）。但这种解释方法的缺点，即无法将世俗与神圣分开，也正是它的优点之一。特别对家庭或其他小规模的仪式来说（Bradley, 2003），"仪式"的定义（或缺乏定义）有很大的空间，因为在这些情境中宗教和世俗仪式既非截然不同，也无法明确辨别。"仪式"一词弥合了世俗与神圣之间对立的锋芒，让宗教仪式、世俗仪式和日常生活之间的模糊地带变得清晰可见，并且促进新的视角，引发我们思考一个看似平常的行为是如何被仪式化的（Bradley, 2005; Fogelin, 2007）。

神祇的钱

所谓的以弗所（Ephesus）"罐藏"（pot hoard），忝列古代世界历史上最早的"宗教"或仪式情境下的铸币埋藏之一。公元1904/1905 年，在挖掘古代世界七大奇迹之一的阿耳忒弥斯神庙（Temple of Artemis）的地基时，人们发现了一组琥珀金币，至少有 95 枚，其中 17 枚（Kerschner and Konuk, 2020）被装在一个小型陶罐中（故称为"罐藏"）。钱币视发现的所在地层遗迹的发掘者大卫·G. 霍格斯（David G. Hogarth），将这一证据解释为古风时代晚期大理石制阿耳忒弥斯神庙之前的建筑地基，而此建筑即所谓的克洛伊索斯神庙（Croesus' Temple）[①]。最近对这一复杂的层序地层和发现情境进行重新发掘时，人们获得该遗存组合的一些新信息（见图 3.1）。敬献品很可能作为地基埋藏品（foundation deposit）被放置在所谓的 2 号内殿（Naos 2）地面之下的黏土层中：敬献品包

---

① 克洛伊索斯是吕底亚末代国王。阿耳忒弥斯神庙于公元前 7 世纪被洪水冲毁，克洛伊索斯用大理石在原址上重新修建了阿耳忒弥斯神庙。

含一个装有琥珀金币的陶罐（所谓的陶囿），以直立的方式埋藏在内殿地层结构的西南角；北面埋藏了近 1500 件遗存物品，主要包括珠宝和其他小型敬献物，有些由金、银、象牙或琥珀等贵重材料制成（Kerschner and Prochaska, 2011: 83）。根据最新研究，该地层层序的年代学表明，琥珀金和其他敬献物大约在公元前 640/620 年就被放置在该处地基之中。这暗示早期的琥珀金币在公元前 7 世纪中叶问世不久后，被当成以弗所仪式情境中相关的敬献物（Wartenberg, 2016）。

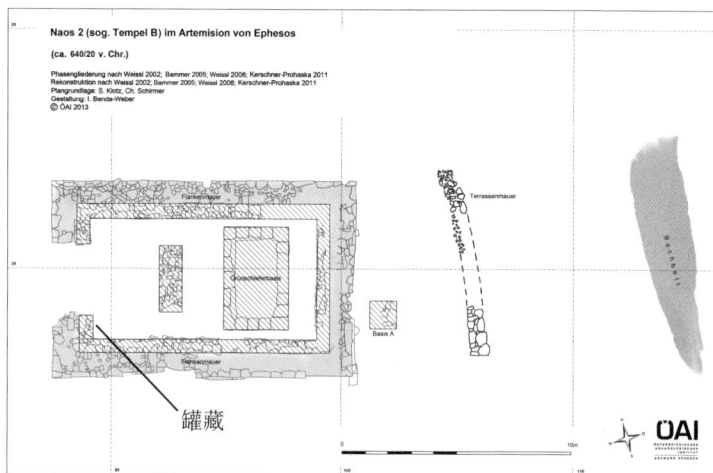

图 3.1 阿耳忒弥斯圣所（2 号内殿）的发掘平面图，罐藏发现处
来源：图片出自米夏埃尔·克施纳（Michael Kerschner, 2015: fig. 14 并附注），奥地利考古研究所，维也纳

在卡斯塔博斯的赫米提亚[①] 圣所（Sanctuary of Hemithea at

[①] 赫米提亚的希腊文本义是"半神"。关于这位半女神及她的圣所，主要的文献材料来自西西里的狄奥多罗斯（Diodorus of Sicily）《历史文库》（*Bibliotheca historica*）第 5 卷 62—63 章：该圣所相传会治疗来访的病人，尤其是庇佑怀孕的女性，因此影响很广。

Kastabos），也记录有钱币用于"宗教"或仪式情境的类似案例。卡斯塔博斯是"卡里亚半岛"（Carian Chersonese，一座位于今土耳其西南部的半岛）的宗教和政治中心，在公元前 3 世纪罗德斯人（Rhodian）统治时期，建造纪念性建筑，其中包括一座新的神庙和一座剧院（Held, 2015）。在 1959 年和 1960 年的两次发掘活动中，考古学家约翰·M. 库克（John M. Cook）和威廉·H. 普洛默（William H. Plommer）清理出大部分的神庙平台。人们在内殿（*cella*, 即神庙的内室）的白色石灰膏地板和石层之下，发现了封存在泥土和大理石填充物中的 175 枚钱币。4 枚银币和 171 枚铜币，其中只有 2 枚钱币来自罗德斯（Rhodes），均集中埋藏在面积不超过 1 平方米、深 0.3 米填土区域的表层。在那里还发现了至少两件精美餐具"坎塔洛斯杯"（*kantharos*, 盛酒、饮用、仪式或敬献用的杯子）的大量碎片（Cook and Plommer, 1966）。神庙地面下的钱币和陶器放置的地层学结构清楚地表明，这些物品不仅仅是有意堆放的，而且在神庙建造时就打算将其永远留在这里。内殿中央的埋藏品所在位置也有重大意义，大约位于早期圣坛北半部门槛前的一米处。

　　另一组有案可稽的遗存组合位于萨迪斯（Sardis）的阿耳忒弥斯神庙，很可能具有"宗教"或仪式性质。1910—1914 年，由霍华德·C. 巴特勒（Howard C. Butler）领导的普林斯顿探险队（Princeton Expedition）清了神庙东侧内殿中由两层砂岩砌石砌成的崇拜神像基座。在连结上层砂岩石块之间的垂直接缝处，发现了 126 枚希腊化时代的银币和铜币。这些钱币跨越的年代范围很广（从公元前 4 世纪中叶到公元前 200 年左右），许多早期的钱币保存得非常完好，所以公布这批发掘到的钱币的哈罗德·W. 贝尔（Harold W. Bell）非常确信地指出，这些钱币并不是一次性同时被放置在基座上的（Bell,

1916: vi）。此外，这处埋藏品的一个重要方面是，顺着基底东边的砌体，在石块垂直的接缝处发现了 54 枚银币（见图 3.2），看起来特别像是小心翼翼地放置在神像底座的脚前（Butler, 1922: 74），与此同时，在基座的北侧还发现了 72 枚铜币（Hanfmann and Frazer, 1975）。我们是否应该把这些钱币组合看作希腊化时代建造雕像基座时实际举行的仪式遗存，就像以弗所和卡斯塔博斯的案例那样？还是说，钱币之所以位于石块垂直接缝处位置，是因为它们在仪式中原本就被放置在雕像的周围，后来（偶然）滑落掉进石块之间的？除了这个明确的例子之外，在萨迪斯还有另一个不同寻常的发现，即在雕像基座中央附近发现了一枚公元前 6 世纪的克洛伊索斯银币。但关于该银币位置的说明不尽相同：有的说它位于上下两层的石头砌体之间（Bell, 1916: vi; Butler, 1922: 76），有的说它位于砂岩基座的下面一层（Butler, 1911: 454），这也是无法确定这枚钱币功能用途的原因。

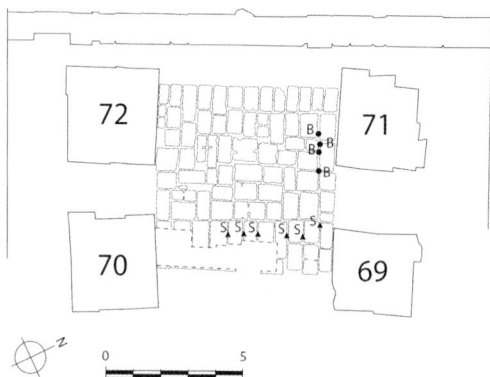

图 3.2　在萨迪斯阿耳忒弥斯神庙的神像基座发现的钱币埋藏点 ①
来源：图片出自巴特勒（Butler, 1922 : ill. 71）和汉夫曼与弗雷泽（Hanfmann and Frazer, 1975 : fig. 127）；绘图：凯蒂·奥皮茨

---

① 图中的 S 表示银币位置，B 表示铜币位置。

文献资料还记载将钱币献给神祇，用来保护宗教或公共建筑的案例（如放在地板下或墙内）。古罗马历史学家塔西佗（Tacitus, *Historiae* 4.53）对韦斯巴芗（Vespasian）统治下的古罗马卡皮托利建筑群（Capitolium）的重建工程做了详细的描述。在公共仪式上，新神庙的奠基石被拖到适当位置，未被铸造的金银按脏卜师（*haruspex*）[①]的命令被扔进地基中。塔西佗明确提到，未被铸造的金、银被用作卡皮托利建筑群的奠基敬献物。唯一合理的解释是，已经铸好的金币、银币通常用于其他不那么重要的公共或私人建筑仪式中（Donderer, 1984）。在古罗马宗教崇拜建筑中，各式密特拉（Mithraeum）神庙和其中出土的钱币敬献物得到较多研究（参见Sauer, 2004）。所谓的密特拉圣所Ⅱ位于居格林根〔Güglingen, 德国巴登-符腾堡州（Baden-Württemberg）〕的古罗马村镇（*vicus*），提供了宗教建筑中使用多种埋藏仪式和各类器物的绝佳案例：该圣所的大型神像位于神殿东端，被安置在两座布满密特拉神祇浮雕的砂岩基座上。敬献物包括一处底座下的小灰坑[②]和另一处基座下的牛头骨。在平台台阶和中央过道上，还有一些留有木炭、鸡骨和器皿的小坑。在平台的填充物中，单独发现了一枚几乎新铸的法乌斯蒂娜二世的钱币（Kortüm and Neth, 2004）。

位于齐利斯〔Zillis, 瑞士格劳宾登州（Grisons）〕附近一个曾用作仪式的洞窟遗址表明，钱币敬献物不一定只存在于古希腊和古罗马的神庙和崇拜建筑中。在20世纪90年代，格劳宾登州的考古

[①] 生活在今意大利北部的埃特鲁里亚人（Etruscans）有分析绵羊的内脏来窥测神意的占卜师，罗马人在与他们接触后将这批占卜师称为脏卜师，并很快将其纳入自己的占卜和仪式中，征询神祇的旨意或指导政治仪式，一直延续至古代晚期。
[②] 这意味着此处曾经被火烧过，而火烧是献祭中常见的步骤。——校者注

部门发掘出一处天然洞穴，位于齐利斯南部附近的莱茵河畔。该遗址在古罗马晚期（公元 3 世纪至 5 世纪）曾被用作东方神祇的崇拜场所，在公元 6 世纪时被用作丧葬点（Liver and Rageth, 2001）。人们在洞内和洞前都发现了崇拜仪式用的器物，其中包括一个装饰精美的环形容器和食物残存，大部分是鸡骨。很明显，这些残留是参加崇拜仪式的群体留在那里的。此外，人们还发现大量的祈愿物，如还愿石碑、水晶和大约 600 枚钱币。从钱币的分布位置来看，它们给人的感觉像是被从外面扔进洞里的（Rageth, 1994）。这一点与如下希腊习俗很相似，即参与者不允许越过门槛，只能将自己的敬献品从神庙门外扔到内殿地板上，这样的话，这些东西就留在此处。

　　最后，我们要讲的是位于科赫尔河畔诺因施塔特（Neuenstadt am Kocher，德国巴登-符腾堡州）的阿波罗-格兰努斯（Apollo Grannus）① 神庙。这是一个令人印象深刻的案例，证明了我们对钱币在圣所仪式作用的理解是如何依赖于记录完好的田野工作及其阐释的（Krmnicek and Kortüm, 2016）。2007—2013 年，巴登-符腾堡州的考古部门〔慕尼黑州遗产保护部（Landesamt für Denkmalpflege）〕在发掘该神庙时发现了一处不寻常的建筑群；它包括一座列柱围廊式神庙以及一座通过走廊与神庙相连的类似大厅的附属建筑。在神庙平台的脚下有一处露天广场，泉水被汇集到广场上的两个六角形砂石水池中。在附属建筑和神庙之间的开阔地上，有一个地方摆放了数个焚烧敬献物的专用火炉。根据敬献的雕像和铭文碎片记载，该圣所是献给阿波罗-格兰努斯的（Kortüm, 2014）。在神庙脚下的

---

① 格兰努斯是凯尔特人信奉的一位神祇，从词源学来看，可能与温泉、治疗或太阳有关。现存的所有相关崇拜地（因都出自罗马时期）都将他与阿波罗等同起来，因而现存"格兰努斯"也是拉丁化过的名字。——校者注

泉水接收池区域，人们发现了钱币；这表明该钱币具有深入研究的潜在价值：共有约 10 米 ×7 米的面积被铺上了一层砂岩板，其中一些砂岩板仍留存于西北角原址。在东面出水口周围原有地板下，人们发现了 2 枚钱币（编号 1046 和 1221）；在西面接水口周围的古砂岩铺面下层中，又发现了 3 枚钱币（编号 1114、1869 和 1870），其中一枚是提图斯（Titus）为被神化的韦斯巴芗（Divus Vespasian）发行的第纳里乌斯（见图 3.3）。这两枚钱币的位置极不寻常；它们紧挨着砂岩板的下方。我们正在处理的问题是，在圣泉结构重新调整或者铺设庭院过程中古人有意进行如此永久性置放？鉴于阿波罗-格兰努斯圣所的两处泉水接收池区域具有神圣性，我们应该考虑的是，在附近发现的所有钱币是否都出于特殊目的而放置在那里？在各种利用水举行崇拜仪式的环境中，泉水接收池区域无疑最为重要。从西面水池中，人们发现一枚塔西佗皇帝的耀芒冠钱币（编号 1843, 位于水池石基之上、回填土之下），从其发现地点和情境来看，我们

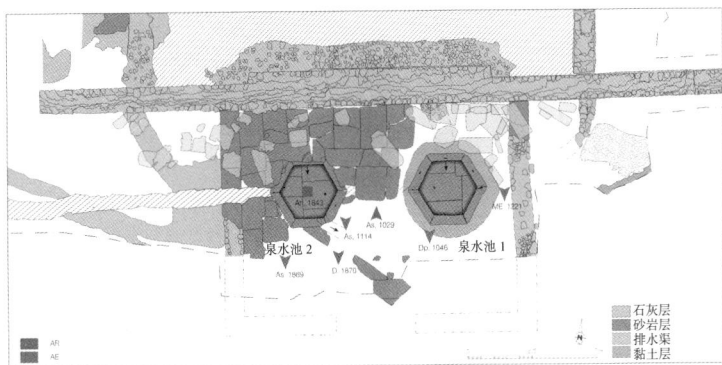

图 3.3　诺因施塔特神庙泉水出水口周围发现的钱币位置

来源：德国内卡河畔埃斯林根（Esslingen am Neckar）文物保护部；绘图：马里恩·沃林格（Marion Vöhringer）

可以排除其被某人无意中丢失的可能；相反，这表明这枚钱币是有意置藏的。我们将在下一节中更详细地研究在泉水、喷泉和其他有水之地发现的钱币。

喷泉中的钱币

哪位旅行者没有回到古罗马的梦想呢？为了实现这个愿望，他或她会将一枚硬币扔进特雷维喷泉（Trevi Fountain）中。按照习俗，只要背对喷泉，从肩部以上的部位抛一枚硬币到水池里，就有机会实现愿望（Travaini, 2000）。几乎所有的罗马旅游指南中都提到了特雷维喷泉的这一点。这一习俗风行于 1954 年美国电影《罗马之恋》（Three Coins in the Fountain）上映之后；在 1960 年费里尼（Fellini）执导、安妮塔·艾克伯格（Anita Ekberg）和马塞洛·马斯楚安尼（Marcello Mastroianni）主演的《甜蜜的生活》（La Dolce Vita）中，也有一幕男女主角在喷泉里沐浴月色的场景。这是电影史上著名的经典场景之一，很大程度上提高了喷泉的人气，也推动游客接受这一仪式。有趣的是，将钱币扔进喷泉中的行为直到 19 世纪末才有记载（Wünsch, 1900），而在 19 世纪中叶，如果想要实现愿望，就得喝一口喷泉里的水（Krist, 2015: 43–6）。

现今从古罗马知晓，旅行者、信徒和朝圣者也有诸多类似的交易行为；他们以各种理由将钱币投入水（泉水、喷泉、湖泊和河流）中。大多数有考古记录的遗存组合显示，人们投掷的不单单是钱币，有时还有其他敬献物和献祭的礼品，其中包括武器、工具、器物、珠宝、个人饰品、崇拜物等。水中同时出现不同种类的器物表明，随着时间推移，钱币将会代替其他物品，而仪式和心理过程背后的物品选择和功能投射也变得越来越复杂（Teegen, 2003）。小普林尼（Pliny the Younger）亲笔描述，有水的地方和有水的圣所有着超人类世界的力量，它盘旋在古人之上（Edlund-Berry, 2006）：

> 你应该至少见过克利通诺河（Clitumnus）① 的源头吧？但是，我从来没有听你提起过，所以我想你是没有的；因此，我建议你马上去看看。不过，诚然，我也是最近才有幸见到的，我为自己没有早点见到而自责。在一座小山的脚下，到处覆盖着庄严而荫蔽的古柏，河水从地面上流淌出来，分成几道水流不均的小溪，汇成了一处宽阔的水池，池面清澈如镜，你可以数一数那些闪闪发光的鹅卵石，还有那些扔进池子里的小钱币。（Pliny, *Epistulae* 8.8, transl. Melmoth, 1963）

几乎所有关于水体情境的考古发现都有一个共同点，即它们的发掘时间都很早，一般在 18 世纪和 19 世纪，因此缺乏现代科学记录和分析所期待的文献资料。例如，1836 年，考古人员对罗马城市苏梅洛肯纳〔Sumelocenna，今罗滕堡（Rottenburg）〕近郊尼德瑙（Niedernau，今属德国巴登-符腾堡州）的一处名为"罗马泉"（Römerquelle）的矿泉进行挖掘，在深 5~6 米处发现一座阿波罗（具有治疗能力的神祇）的浮雕，还有很多戒指、胸针、珠子、钥匙，以及大约 300 枚公元 1—4 世纪的古罗马钱币。从这批钱币的遗存组

---

① 克利通诺河源出斯波莱托（Spoleto）和特雷维之间一条水量丰富的溪流，向西北流 60 千米汇入台伯河支流蒂米亚河（Timia）。该河曾被当作神祇的化身，源头泉畔设有神庙，泉水附近的克利通诺庙是古代基督教教堂。罗马作家维吉尔和小普林尼曾描绘过这条溪流。

合来看，这处崇拜遗址与圣泉似乎在古罗马苏梅洛肯纳人聚落的汇水区内具有重要的区域意义（Paret, 1932: 177–8, 351）。尤为有趣的是，从公元 3 世纪下半叶开始（古罗马帝国边境重新西移后），尼德瑙及其圣泉位于古罗马帝国边境以外足足 70 公里的地方。该批钱币流通于公元 3 世纪晚期以及整个公元 4 世纪，证明当地社区仪式活动具有连续性，并表明这些习俗也可能从公元 3 世纪 60 年代开始由迁入该地区的阿勒曼尼人（Alamanni）[1] 所沿用。1842 年，人们在锡格马林根（Sigmaringen，今属德国巴登-符腾堡州）附近的布伦茨科弗堡（Brenzkoferberg）的一处泉水上修建供水系统时，发现了一些墙体遗存、柱子和许多陶器（尤其是古罗马时代的精致陶器）碎片，还有大约 200 枚古罗马钱币。在该地留下记录的建筑可能用于崇拜仪式（Paret, 1932: 178，375）。位于古罗马军团驻地温多尼萨〔Vindonissa，今瑞士温迪施（Windisch）〕不远处的古罗马村镇赫尔维提泉〔Aquae Helveticae，在今瑞士阿尔高州（Aargau）巴登〕[2]，也发现了类似的遗存组合。1967 年和 1968 年的河道整修工程影响到一处名曰"大热石"（Grosser Heisser Stein）的温泉；该温泉位于巴登老城以北的利马特河（Limmat）弯道处，与其他温泉相邻。考古人员不得不多次抽干它的泉水，然后再对其结构进行加固。在这里，考古人员发现了 300 多枚古罗马钱币（见图 3.4）、两只青铜锅、两个此类器皿的把手，以及各种铅制品。在"大热石"温泉中，人们发现了数量可观的公元 1 世纪末至 2 世纪初的古钱币。在此时期之后发现的钱币数量则日益减少。最新的研究发现表明，该温泉是

---

① 阿勒曼尼人是日耳曼部落的一个松散联盟，在边境线上经常与古罗马发生冲突。
② 赫尔维提泉是公元 1 世纪时在古罗马军团营地温多尼萨附近建立的一处温泉浴场，因其位于原赫尔维提人（Helvetii）的领地而得名。

开放的，一直使用到至少公元 4 世纪末（Doppler, 2007）。这处泉眼
在古代是否被清理过？清理频率如何？这些问题仍未得到解决，一
如考古研究史早期发现的有钱币放置的遗址一样。不过，一块来自
意大利翁布里亚（Umbria）的纳尔尼（Narni）的石碑上的铭文（*CIL*
XI 4123）告诉我们，人们会定期从水中取出敬献的钱币，用于资助
修建当地尊奉的崇拜神像。其他地方的泉水和神庙中的敬献物也应
该存在类似情况。例如，位于英国格洛斯特郡利德尼公园（Lydney
Park, Gloucestershire）的古罗马神庙中的一幅镶嵌画上面的铭文记载，
这幅镶嵌画是"从贡钱出资"（*ex stipibus, CIL* VII 137）修建的。

图 3.4 与鹅卵石粘连在一起的"大热石"温泉中的图拉真时期的杜蓬狄乌斯（*dupondius*）铜币
来源：瑞士钱币学会；摄影：苏珊·申克尔（Susanne Schenker）

最近考古学研究致力于重新详细评估已有的考古发现和早期考
古记录，证实研究钱币在水源地或泉水中的置藏情况具有很大的潜
在价值（参见 Sauer, 2011；Erdmann, 2014）。宽广的时间跨度和多

样的钱币种类清楚地表明，每个遗址都需要详细的考古（再）调查（Facchinetti, 2010），甚至在大多数情况下，据推测，向水中抛掷钱币反映出古罗马世界具有类似的思想（Facchinetti, 2003）。以特里尔的罗马桥附近发现的钱币为例说明，我们需要这种方法论来排除如下可能性，即文物除了有意置藏在水里之外，还出于其他因素（比如，无意遗失）而被遗留在水里。自 20 世纪 60 年代初以来，在摩泽尔河的原罗马桥下及其下游地区的施工过程之初，50 多万枚古钱币得见日光。其中四分之三古罗马时代钱币属于古罗马晚期。数目如此庞大的钱币组合，很难解释为是人们过桥时在正常情况下无意丢失的。可能的情况是，向河神敬献的习俗比建立这座古罗马城更早，可以追溯至铁器时代（凯尔特晚期），因为最早期的钱币被放置在该区域的浅滩或更古老的桥边。这些铁器时代的钱币，总计大约有40 枚，在多数情况下于公元 1 世纪初已经不再流通；至少有一部分钱币很可能是在（前）凯撒时代就被敬献到河里的（Gilles, 2001）。

巴斯（Bath）（Cunliffe, 1988）、波旁莱班（Bourbonne-les-Bains）（Sauer, 2005）和考文蒂娜井（Coventina's Well）（Allason-Jones and McKay, 1985）遗址，在水中发现的大规模钱币组合案例中最为著名，也研究最多。考文蒂娜井，位于不列颠哈德良长城（Hadrian's Wall）上的卡洛堡（Carrawburgh）辅军堡垒之外的西边。它由泉水收集池与供奉治病女神考文蒂娜的圣坛组成。除了青铜、骨头、陶、玻璃、皮革和铅制的众多器物外，这里还发现了 13 000 多枚古钱币，成为情境脱节（alienated）物品中规模最大的藏品之一。该崇拜遗址正好位于古罗马帝国边疆上，而且参与其中的人很可能是没有当地文化身份的士兵，因此鉴于这种军事情境以及军事环境，该崇拜遗址及其敬献物的置藏显得尤为重要。考文蒂娜井所敬拜的女神祇或水中仙女显然是一位当地神灵，虽然在古罗马时期之前并没有出现对她崇拜的证据。因此，我们在这里看到，随着古罗马宗教习俗传播，其结果是士兵们将古罗马宗教和当地传统元素融合到他们当时已经存在的宗教信仰中，并对两者进行修改，创造出多变的新传统（Hingley, 2011）。概述位于巴斯的苏利斯（Sulis）圣泉的考古发现也与我们的讨论有关。在1979年和1980年的考古发掘中，人们发现了12 500多枚古罗马钱币，以及诸如珠宝、陶器一类的个人物品，还有祭司用品等出人意料之物，甚至还有一枚古罗马军中弩炮的垫片。超过1500块的铅制诅咒刻版（curse tablet）是这处圣泉出土的最著名的物品之一，凸显出各种置藏物品背后隐藏着不同的意图（Cunliffe, 1988）。来自巴斯和考文蒂娜井的少量贵金属钱币强调说明的是，在古罗马时代，注定要与情境脱节的物品都是特意从当地流通的钱币中挑选出来的。铁器时代的贵金属钱币（特别是银币）的仪式置藏与古罗马时代形成鲜明对比。来自波旁莱班的发现让我们深刻了解到，用作敬献置藏的钱币具有另一个维度，即仪式所用钱币的毁损（折弯、切割、折边）（Sauer, 2005: 79–86）。在高卢，大多数圣所遗址考古发掘都记录有这种现象，这表明在古罗马时代，仪式习俗可能仍然局限为当地或区域性习俗（Kiernan, 2002）。这或许暗示，销毁钱币习俗可以类同于欧洲青铜时代和铁器时代折断和折弯武器习俗。

案例研究：马格达伦斯堡

在系统性的考古发掘过程中，异常大量的钱币数据从地层遗址中恢复过来，有鉴于此，马格达伦斯堡的古罗马人定居点为我们研究这些钱币提供了一个理想案例，以便考察从铁器时代晚期到古罗马时代的过渡期间，地中海世界边缘地区的家庭或小规模仪式中不同的使用钱币领域和钱币置藏的习俗（Krmnicek, 2010）。该定居点位于马格达伦斯堡山顶下方海拔约 1000 米的阶梯状台地上，于公元前 1 世纪成为诺里库姆王国金属制品生产和交易中心。公元前 16/15 年，古罗马人征服诺里库姆后，该定居点成为古罗马人管制的行政中心和该地区的经济中心，直到大约 60 年后被系统地放弃为止。像王庭（basilica）[①]、市政广场等古罗马城市建筑的关键遗址，可证实为古罗马早期占领阶段；稍晚则逐步增加诸如神庙和浴场等其他公共建筑。城市中心周围的住宅区被商店（又译"塔贝尔纳"，tabernae）[②]塞满；这些长方形单元容纳了金属生产作坊（包括青铜和铁器铸造厂）、商店和家庭空间（Piccottini and Vetters, 2003）。从遗址中收集到的墓葬纪念碑和公共铭文等碑铭材料，为研究居民生活的文化背景提供了充分的证据。从该定居点最早期建立到最终被遗弃的阶段里，古罗马人和土著都居住在这里；这一观察结果也从考古材料中得到证明，尽管所有史料严重偏向古罗马。该聚落一直是一个文化交流中心和一处贸易口岸，直到古罗马征服诺里库姆；当古罗马开始统治该地区，古罗马人建立了罗马政权和地中海生活方式。

---

① 王庭是古罗马的一种多柱廊公共建筑，得名于希腊文 basiliké stoa（王的柱廊）。这种建筑形制主要来自希腊化时期诸王国的大型仪式与商业建筑，并在公元前 2 世纪以后迅速出现在诸多古罗马城市中。"Basilica"一词到基督教时代以后才是大教堂的意思。——校者注

② 塔贝尔纳原意为"木板"或由木板构成的建筑，因为小型商铺和工作坊多出现于此种建筑，故而很早就有"商铺""小酒馆"等各种小店的意思。在古罗马考古领域里，塔贝尔纳往往特指在商业道路侧旁小型商铺迎街的柜台空间，可以独立存在也可以"前店后厂"。在罗马晚期的法律文本中，塔贝尔纳还包括其他小商业，如旅舍、小作坊、酒馆等（《学说汇纂》5.1.19.2）。——校者注

出土钱币

在超过 50 年的田野考古工作过程中，工作人员已对马格达伦斯堡的罗马人聚落进行系统发掘，为我们提供了一份全面的按地分层、有考古情境的数据集合。一个罕见的方法论因素影响到我们解释该遗址中发现的 1434 枚希腊、罗马和铁器时代的钱币：由于该聚落建在一处陡峭的山坡上，这种独特的地形使古城中发掘出的建筑几乎都保留了立墙和其他建筑元素。这一非常罕见的考古遗址可以让我们运用三维视角方法研究这些考古发现。在归于希腊、铁器时代和罗马的所有 1407 枚钱币中，有 1010 枚钱币（占 71%）是在地层情境中发现的；在所有发现的古钱币中，有 758 枚是（主要是当地）铁器时代发行的，642 枚是罗马钱币，7 枚是希腊钱币。罗马钱币的构成并不齐次，但出现了独特的图案。在六十多年的田野考古工作中，只发现 2 枚奥里斯金币。这一点十分值得注意，因为考虑到该聚落的遗址是一处著名的商业中心，在考古发掘记录中原本预期会发现更多高面额的钱币。

基坑、地基和水体区域

由于每一枚出土钱币都有详细的记录，我们可以确定，其中 578 枚钱币的考古情境是有意"置藏"的，而不同于我们必须假定为意外丢失的出土钱币，或考古证据不足而无法进一步确认钱币特征的情况。图 3.5 显示全部 64 处考古遗址，其中出土了 578 枚有意置藏的钱币，并根据其考古情境进行分组。从 26 处遗迹出土的 42 枚钱币是从基坑和地基中发现的。在铁器时代（以及最近在罗马时代）的考古学研究中，学者们早已认识到，在没有回收意图的情况下，将有价值的物品故意丢入可见地面以下的人工或自然遗迹中，这种行为传达出一种象征意义（Woodward and Woodward, 2004; Schäfer, 2013）。根据观察遗迹中钱币和其他相关发现物的精确位置，我们可以辨别出，钱币置藏是有意为之，还是因处理垃圾而造成的（参见 Curteis, 2005）。从提供完整考古材料的遗迹来看，在马格达伦斯堡山上的定居点中，钱币似乎被故意放入基坑和地基，其位置也经过精心挑选。大多数钱币来自地基和坑底的底部；只有少数钱币来自填土的顶部，这表明它们的作用可能是封土置藏（termination deposits）[①]。

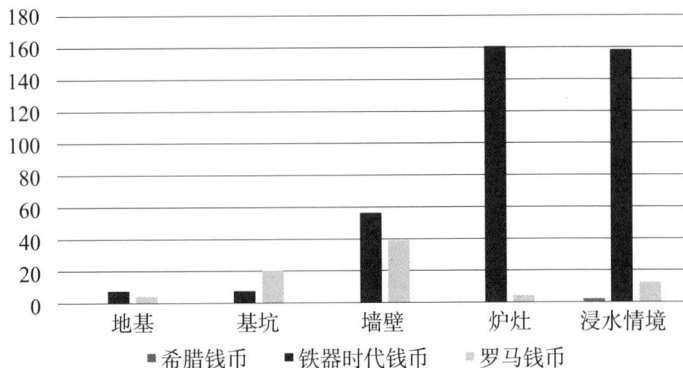

图 3.5 根据考古情境分组的有意置藏的钱币，总计 578 枚
绘图：斯特凡·克姆尼切克

　　研究铁器时代钱币的仪式置藏，主要关注的仍然是神庙、圣坛、围墙等神圣和推定为神圣的建筑物；上述在马格达伦斯堡基坑和地基中的出土钱币，则来自城市中心的家庭和私人作坊情境，与公共

---

① 封土置藏指在遗迹（如墓葬、填土等）封闭时仪式性的器物（这里是钱币）放置。——校者注

遗址有着根本区别。只有一处案例大概属于宗教崇拜情境中的神圣置藏：在罗马神庙外围后方山坡边缘的一处基坑〔所谓"石圣所"（*Felsheiligtum*）〕中发现了一枚提比略（Tiberius）的第纳里乌斯银币；这似乎表明，鉴于附近还发现大量相关的骨头，这枚银币属于仪式宴会情境中的置藏（Görlich, 1950）。59 T/O 号遗迹也从其他遗迹中突显出来，因为在该遗迹发现了一枚奥古斯都的奥里斯金币，房间北墙的基坑底部还发现了一些玻璃碎片。由于没有发现其他金属或陶器，这枚金币的显著特征更加突出。考虑到在该遗址发现的金币数目稀少，所以有意将一枚奥里斯金币弃置于基坑使之无法找回，这是高价值面额钱币置藏的一个独特例子。在 OR/16 室南墙石门槛下的基坑中发现了一处有 2 枚铁器时代小银币置藏点。研究者们普遍认为，门槛的功能与欧洲铁器时代社会中的壕沟类似，是室内与外部世界之间象征性的划分界（Beilke-Voigt, 2001: 180–1）。选择铁器时代的钱币置藏在罗马时代的作坊单元的门槛下，可能表明铁器时代传统一直存续不断。在这个例子中，由于没有发现其他小型出土钱币，这些钱币更有可能承载着非经济功能。同样，将钱币置藏在柱坑中似乎也源于在仪式上将器物置放在这种情境中的传统。不列颠和日耳曼的若干例子证明，从铁器时代到罗马时代，有意将钱币置藏在柱坑中的习俗非常普遍（Haselgrove, 2005）。马格达伦斯堡山上的定居点里，在柱坑中发现钱币的案例共有 3 例，但是填充物中没有其他相关出土文物。

在马格达伦斯堡定居点的浸水情境中发现的钱币，属于一种普遍流行的在仪式上放置物品的模式，表现为精心挑选出希腊钱币，用来置藏于水体区域中。当把在水体情境中发现的所有钱币与那些没有刻意置放的钱币比较时，我们会发现，其分布模式强调古人更倾向于置放希腊钱币。在马格达伦斯堡发现的 7 枚希腊钱币（其中 1 枚无地层信息）中，有 3 枚是有意置放的，而且这些钱币只出现在浸水情境中。也许希腊钱币的异域性和古老性要求它们被放在潮湿地？近几十年来，在罗马世界西北部省份的水井和喷泉中发现的钱币置藏考古材料急剧增加，但在这些地方将钱币单独置藏的个人意图和意义仍然未知（Facchinetti, 2003; Facchinetti, 2010）。马格达伦斯堡的钱币也是如此；它们主要被置藏在世俗的小型水体情境中，钱币数量和价值都不大，不像巴斯、波旁莱班或考文蒂娜井等重点遗址那样，可以发现大量用于仪式敬献的器物。

墙壁

在马格达伦斯堡聚落中，考古人员发现 9 处嵌有钱币并与立墙有关的遗迹。这些遗迹共包含 57 枚铁器时代的钱币和 40 枚罗马钱币，其年代上至公元前 1 世纪下半叶罗马最早占领时期，下到公元 50 年该聚落最终被弃而不用为止。在 9 处遗址中，除 4 处之外，其余均只发现一枚铁器时代或罗马时代的钱币。在马格达伦斯堡 AA/27 和 AA/24 室南墙和北墙的一个建筑连接处，人们发现了一枚克劳狄乌斯的阿斯铜币，这一位置表明该钱币只可能是被有意放置在此处的。OR/1 室南墙和 OR/11 室北墙的石砖之间的砂浆面上，分别卡着一枚罗马共和时代的奎纳里乌斯钱币（*quinarius*）① 和一枚共和时代的阿斯铜币，似乎表明这两枚钱币是在建造过程中被有意嵌入墙体

① 奎纳里乌斯〔直译为"含 5 个（阿斯）的"〕，是第纳里乌斯兴起后古罗马铸造的小面额银币，价值 5 阿斯即半第纳里乌斯。其铸造时间并不规律，但一直延续至公元 3 世纪中叶。

的。在 OR/40 室毁坏的木制建筑的横梁上，考古人员发现两枚钱币，一枚是铁器时代的大银币，一枚是罗马共和时代的阿斯铜币。我们从上述证据可以清楚地看出，这些钱币很可能只是被人故意放置到我们现今发现时的确切位置的。从描述地面下出土钱币的特征来看，虽然不能完全排除有二次位移的可能，或从较高位置意外掉落的情况，但位置远高于地面的墙壁中的钱币置藏则明显是古人有意为之的。尽管我们仍然不知道当时将钱币藏在墙体中或嵌入墙体表面的确切意义，但将孤币放置在墙体中并无意取回，这种做法很可能在仪式领域发挥一定的功能。鉴于古代城市聚落中存留至今的立面结构很少，我们很难获得可供比较的其他相关考古材料。

在整个罗马帝国的考古活动中，我们也遇到若干例子，就是在家庭情境中，在墙壁里面发现钱币；这说明这些钱币是被有意嵌在房屋结构中的。例如，在英格兰西萨塞克斯郡（West Sussex）的奇尔格罗夫二号罗马庄园中（Roman Villa Chilgrove 2），一枚维克托利努斯（Victorinus）[1]的耀芒冠银币被嵌入到 2 号建筑 7 号房间的北墙之中；在庄园浴场中央房间（12 号房间）塌毁的墙基顶部，考古人员发现一枚马格嫩提乌斯（Magnentius）[2]的钱币；在同一栋建筑中相邻的 13 号房间东墙中，还发现一枚君士坦斯（Constans）[3]的钱

---

[1] 马库斯·皮阿沃尼乌斯·维克托利努斯（Marcus Piavonius Victorinus）是所谓"高卢帝国"（Imperium Galliarum）于公元 269—271 年的皇帝。这个地方政权（260—274 年）曾一度控制了高卢诸行省、不列颠、上下日耳曼和西班牙。——校者注

[2] 马格嫩提乌斯是罗马帝国的"僭位者"，于公元 350—353 年一度以皇帝称号统治了以高卢和意大利为主的大片帝国西部土地，直到被皇帝君士坦提乌斯二世剿灭。——校者注

[3] 君士坦斯是君士坦丁大帝的幼子，在君士坦丁死后分得了帝国意大利、北非、西巴尔干等部，并很快兼并了整个巴尔干，但因忽视帝国西部招致军队反叛，于 350 年被军队拥立的马格嫩提乌斯所弑。——校者注

币（Down 1979: 86, 8889）。位于阿伯兹-安村（Abbotts Ann）敦刻尔特仓（Dunkirt Barn）的罗马庄园东南边 3 号房的西墙，出土了一枚卡劳修斯（Carausius）[①] 的耀芒冠钱币（Cunliffe and Poole, 2008: 53）。在多佛（Dover）的罗马壁画房（Roman Painted House）中，最重要的出土钱币是在房屋第二期（Phase II）更换的墙内发现的；这是一枚有点磨损的塞维鲁·亚历山大（Severus Alexander）的第纳里乌斯钱币；轻微的磨损表明，在置放前，这枚钱币流通时间很短（Philp, 1989: 48）。在西班牙的意大利卡（Italica）的行星屋（Casa del Planetario）[②] 中，在将南面居住区和商店隔断的墙面高于地面半米位置的砂浆中，考古人员也发现一枚哈德良的钱币和一枚安东尼努斯·皮乌斯的钱币（Luzón, 1982: 456）。甚至在海伦娜（Helena）皇后陵墓，人们在圆形墙壁砂浆中发现一枚年代为公元 324—326 年的努姆斯铜币（*nummus*）（Deichmann and Tschira, 1957: 64）。在特里尔的君士坦丁大教堂（Basilica of Constantine）或曰帕拉丁宫（Aula Palatina），考古学家在前庭东南角的墙体中，发现一枚公元 305 年的塞维鲁二世的罗马晚期铜币（看起来没怎么流通过）（Reusch, 1956: 35）。

虽然在海伦娜皇后陵墓外墙内和君士坦丁大教堂墙角内的钱币可能反映出钱币用于仪式的目的，但是，记述在古罗马的埃及一处墙壁内藏有钱币和珠宝的文献证据似乎表明这是一处用于世俗的窖藏。曼彻斯特大学约翰·莱兰兹图书馆（John Rylands University

---

① 卡劳修斯是公元 3 世纪罗马帝国的军事指挥官，公元 286 年篡位，自立为不列颠和高卢北部的皇帝（引自《狄更斯讲英国史》，第一卷）。

② 行星屋是哈德良时代（公元 117—138 年）的建筑，因地上的镶嵌画画着代表星期的古代七大行星（日、月、金、木、水、火、土）而得名。

Library)的一份纸莎草书提到,在提比略统治时期,工人们拆除房屋时,在一面墙体中意外发现珠宝和钱币（Hunt and Edgar, 1933: 259）。乍一看,马格达伦斯堡墙壁中的 4 枚钱币明显有类似的经济意图。在 OR/15 号房间东墙的两个相邻的长方形梁槽中,考古人员发现两处置藏。在这座房间用作二层商店期间,两个梁槽都被支撑着第二层楼的梁柱挡住了,使这些钱币无法取回。由于该建筑被长期占用,直到聚落被废弃,这两处遗存的钱币也就被永久遗弃了；这使我们不太可能将它们解释为简单的经济储蓄。我们尚不清楚钱币置藏背后的确切意图,但上述证据说明,在仪式领域,此处钱币的功能与嵌在墙体内的各种孤币类似。我们有必要进一步强调这两处置藏的重要性。其中一处的两枚第纳里乌斯钱币上分别刻有"LATIN"和"F"字样——这让我们想起铁器时代的传统（记载颇多）,即古人在置放钱币前会对其进行处理和改造,比如折断、折叠、弯曲、切割等（参见 de Jersey, 2005）。

在 NG/32 室中,考古人员发现马格达伦斯堡遗址总计两枚金币中的第二枚奥里斯金币。这枚奥里斯金币是在西墙底部高于地面的砂浆面上发现的。墙面最低处的木板上留下的印记和残存的木板碎片表明,这枚金币在房屋被占用期间曾被藏在底板后面。鉴于罗马奥里斯金币的价值很高,而在马格达伦斯堡聚落内发现的金币又十分稀少,因此这枚钱币的置藏很可能具有特殊意义。该钱币被放置在一块底板后面,明显无需费力就能取回。有趣的是,直到房屋被废弃,这枚钱币仍保留在原来的地方；这表明该行为背后有一定的仪式意义。研究人员发现在公元前 2 世纪土耳其萨迪斯的阿耳忒弥斯圣所辖境内（Monument 10, Exedra D）也有类似现象。在那里,希腊化钱币被有意放置在象牙白的隔水灰泥地面下和墙脚下,再涂上三层不透水的灰泥（Hanfmann and Burell, 1981: xxi）。

有形仪式 vs. 无形仪式

在马格达伦斯堡的墙体上，罗马墙壁灰泥遗留下大量说明商业行为的文字证据，如库存清单、日程表和商人便笺等（Egger, 1961）。一小部分文字证据与居民的仪式活动有关，其中包括大量的古罗马涂鸦[①]，提及许愿（*vota suscepta*）和还愿品（*sacrum*）。考古人员在两个工作坊之间的壁龛周围发现两组有趣的涂鸦，里面提到许愿和还愿品。这些涂鸦出现在马格达伦斯堡的几处房屋中，显然是供奉守护神或家神的遗迹。在大多数涂鸦中，创作者都在祈求与世俗交易领域有关的神祇墨丘利（Mercury）。该定居点是生产和贸易中心。这些涂鸦与当地情境很吻合。另外两幅来自工作坊和家庭领域的涂鸦（AA/27 南墙和 OR/23 西墙）提到敬献给冥府诸神的还愿品；这些神祇与对冥界和地下超自然力量的信仰有关（Antonaccio, 2005: 102–11）。OR/23 号屋西墙的涂鸦明确记录下一场浇奠（libation）活动，提到有数杯酒敬献给冥府诸神。这些祈愿性涂鸦以及壁龛周围的涂鸦非常重要；它们提供了明确证据证明，那里曾举行仪式活动，而这些活动并没有通过任何物质文化留存下来。来自马格达伦斯堡的许多钱币被发现的位置都暗示它们是被有意置藏的。它们中的大多数显然并不是世俗意义上的储蓄窖藏；我们似乎有理由将它们认定为用于仪式的物质遗存：这种仪式，除了物品（钱币）以外，并无其他证据（例如文字证据）存留。

[①] 涂鸦（graffito）一词，最早出现于 1851 年，用来描述刻画在墙上的古代铭文，或者在建筑物表面、石棺、古迹的残垣颓壁上的"划痕"。

在 NG/41 号房屋中发现的钱币就是一个典型案例。它们是在房屋西墙地面上一处人工开凿的洞中被发现的。这个洞位于一处壁龛的左下方半米处，洞口被一块雕花的石块小心翼翼地封住。洞内有 3 枚铁器时代的大银币和 35 枚小银币。根据房屋的建造顺序及其年代推测，这处钱币置藏最有可能发生于公元 1 世纪上半叶罗马人占领该地区之后。在罗马时代的一处置藏中独独挑选铁器时代的钱币；这可能表明这种行为是非世俗性的。据推测，在壁龛附近的置藏与壁龛有一定的关联性，因为在马格达伦斯堡聚落，这种壁龛属于人们在私下和个人领域中进行宗教崇拜和仪式表演的重要场所。当考虑到置藏的空间情境临近一处可能有宗教意义的场所时，即使确切的意义和意图仍然不为人知，但该置藏仅具有纯粹经济意义的可能性将会降低。

这里所描述的置放模式表明，大多数置藏具有高于世俗功能以外的价值，因此有理由认定它们是仪式活动的物质痕迹。铁器时代的钱币和古罗马钱币，同样以（据推测）仪式方式被置放在地基和基坑中；这些证据尤为强调的是，古罗马钱币在铁器时代到古罗马时代转型期发挥着影响，以及个人采用何种方式使用和挪用古罗马物品用于本地固有的习俗之中。当将遗址内的发现与有意置藏的钱币进行比较时，我们会发现，随着时间推移，使用钱币情况存在着明显差异（见图 3.6a 和图 3.6b）。先从孤币出土来看，我们可以在重大的社会文化变迁背景下追溯钱币使用的发展情况。在古罗马占领初期阶段（约公元前 40—前 25 年），只有当地铁器时代的钱币在流通。在奥古斯都时期，我们看到古罗马钱币大量涌入；在过渡时期（公元前 25—公元 15 年），随着钱币流通量增加，古罗马钱币数量超过当地铁器时代的钱币。在古罗马占领末期的底层中（公

（％）

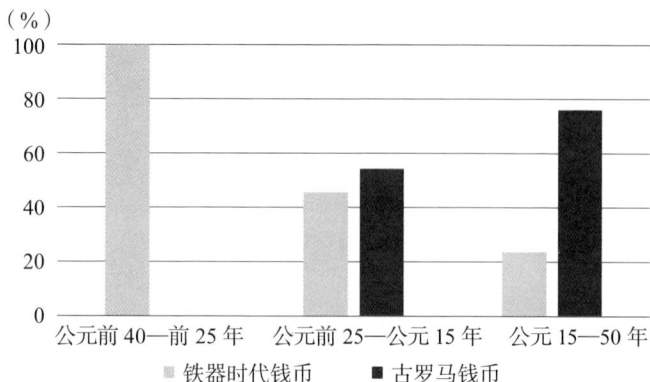

图 3.6a　遗址中发现的（"意外失落"）不同时期钱币占比，以百分比表示，总计 491 枚
绘图：斯特凡·克姆尼切克

（％）

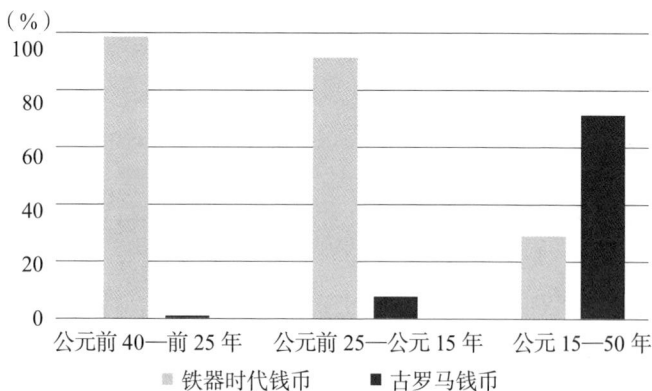

图 3.6b　有意置藏的不同时期钱币占比，以百分比表示，总计 502 枚
来源：https://archive.org/stream/annalesduservice910egyp#page/n57/mode/2up；绘图：斯特
凡·克姆尼切克

元 15—50 年），铁器时代的钱币几乎从流通中完全消失。相反，有
意置藏的钱币则遵循不同的分布模式。古罗马钱币显然更快地被用
于经济交易，但在仪式活动中，人们仍在使用铁器时代的钱币。在
过渡时期，在仪式中使用铁器时代的钱币仍然占主导地位。只有在

古罗马占领末期，我们才看到古罗马钱币同样被广泛用于仪式领域和日常交易两个方面。显然，在仪式中积极使用钱币的人，只要手中有铁器时代的钱币，就依旧非常乐意使用它们。探究马格达伦斯堡的铁器时代钱币和古罗马钱币的不同用途，使我们可以深入了解私人和个人领域个体使用钱币的情况。这也是一个独特的观察视角，让我们了解到，人们似乎通过商谈以及操纵自己的传统来反对采用古罗马身份所带来的好处，以此表达自己的文化认同，否则，我们通常只能通过罗马墓葬来筛选出这些人。许多钱币学研究非常关注精英阶层，而钱币学中的考古学方法使我们得以研究社会不同阶层的钱币使用情况，甚至可以具体追踪到个人为了满足自己的需要，如何以不相关联的方式使用、挪用不同文化背景中的物品（这里指钱币），并以此来积极塑造这些物品。

致谢

感谢奥地利维也纳的米夏埃尔·克施纳（Michael Kerschner）、德国埃斯林根的克劳斯·科蒂姆（Klaus Kortüm）、瑞士奥格斯特的马库斯·彼得（Markus Peter）和克里斯蒂安·魏斯（Christian Weiss）授权本章使用他们的发掘平面图和文物图片；感谢德国蒂宾根的凯蒂·奥皮茨在本章的编辑过程中给予的支持。此外，我还要感谢美国费城的索菲·克劳福德·沃特斯（Sophie Crawford Waters）对本章英文版的协助。

第四章
Chapter 4

货币与日常生活：多类使用者和多元货币

斯特凡纳·马丁（Stéphane Martin）

> 每日发生又每日重复的、平常的、日常的、显然的、平素的、平凡的、平凡之下的（infra-ordinaire）、背景噪音、惯习的，如何说明之、探问之、描述之？（Georges Perec, 1973, translation by author）

引言

人们有理由认同法国作家乔治·佩雷克（Georges Perec）的观点，即日常生活通常没有得到应有的重视。但是，佩雷克至少可以通过直接观察来解释这个问题。由于古代货币使用者的行为几乎没有被记录下来，留给考古学家、历史学家和钱币学家的通常是一些意义不明的物质遗存，借由常常含混不清的文字才能得到非常片面的理解。因此，我们对货币使用者的任何研究都必然是零散而粗略的。本章概述的重点仅限于最终被罗马人征服的领土——从美索不达米亚到大西洋，从北非（包括埃及）到北欧的这一区域。货币实践从近东向欧洲的传播以及晚近时期钱币的普遍使用，使该地区有了一定的统一性。这种选择并不代表对其他货币和钱币传统的文化偏见，而是由可行性和我自己的专业知识决定的（我主要研究前罗马和罗马西部的钱币）。即使存在这些限制，本章所要覆盖的地区仍然很大。钱币在日常生活中的使用是限定于特定时间地点的，因此想要全面、详尽地概述整个古代世界是不可能的。本章也无此野心，将只强调一些相关的主题，并以近期文献中研究充分的例子来说明这些主题。我们所掌握的资料来源可分为四大类（其中有部分重叠）：文学文本、文献史料（莎草纸文献和铭文）、实物货币（主要是钱币）和考古记录（包括实物和考古情境）。

人们早就认识到，大多数文学记载很少关注日常生活。关于货币及其用途的大部分资料并不是来自古代历史学家，而是来自喜剧、小说或讽刺文学等其他体裁。这就引发了这些信息是否可信的问题。尽管每一段文字都必须从更大的文本和历史背景来判断，但通常认为，我们仍然可以获得很多有价值的线索〔参见，例如米勒对阿普列乌斯的《金驴记》的研究（Millar, 1981）〕。沃尔特·沙伊德尔（Walter Scheidel, 2014）收集了古代文献中的货币估价，认为其定量分析是可靠的。然而，有时有些提及货币的文字却难以解读：如写于公元 4 世纪末或 5 世纪初的皇帝传记集《罗马帝王纪》（*Historia Augusta*）[①]就是一个非常极端的例子，里面有许多杜撰的内容和时代误植（Carlà, 2007b）。但是，即使一份表面上比较简单的文本也可能存在陷阱。

[①] 现代学者通称《罗马帝王纪》的文集收录了从哈德良到努梅里安（Numerian）的三十篇皇帝和"僭位者"的传记，有时也包括一些非皇帝的传记或者多主传记。作者和成书年代具体不详。该书从哈德良至卡拉卡拉（Caracalla）部分具有较高的研究价值，但多数史料都系伪造，其间杜撰、时代错植现象频现。

例如，公元 1 世纪末或 2 世纪初的作家朱文纳尔（Juvenal）[1] 使用特雷斯（*triens*）[2] 这一面额来指称所谓的"卡戎的奥波勒斯"（Juvenal, 3.267），这明显是古语新用，因为这一面额的钱币最后一次铸造是在公元前 80 年代。

文献史料确实能帮我们更好地了解古代的习俗，但是它们描述的对象通常不是国家机构就是富有的个人。石刻铭文这一古代世界保存最丰富的文献类型尤其如此。在东方，史料相关对象的分布情况要稍微平衡一些。从公元前 3000 年到希腊化时期，美索不达米亚的楔形文字泥版文书除提供了各种法律的汇编外（Roth, 1997），还提供了大量的公共和私人档案〔其中最著名的私人档案来自公元前 5 世纪巴比伦的杰出商人穆拉舒（Murašû）[3] 家族〕（Stolper, 1985）。这些泥版文书非常详细地描绘了中间阶层以上人群日常交易的场景。只有埃及的铭文、莎草纸和陶片（*ostraca*）在整个研究期间被大量保存下来（史料和研究回顾参见 Menu, 2001; Agut-Labordère, 2014）。在其他地区也保存下来少量此类文献，例如在罗马帝国的北部省份〔最著名的例子是文德兰达木简（Vindolanda tablets）；参见 Bowman, Thomas, Tomlin, 2010; 2011 以及 "文德兰达木板在线"（Vindolanda Tablets Online）〕。虽然陶器或墙壁上的涂鸦并不罕见，但较大面积的涂鸦比较少见（见图 4.1）。当涂鸦篇幅较长时，例如

---

① 朱文纳尔，又译尤维纳利斯、玉外纳，古罗马讽刺诗人。
② 一种罗马币制的面额，意为"三分之一（阿斯）"。这种面额的钱币十分罕见，至公元前 89 年以后就未有已知的特雷斯钱币。
③ 穆拉舒是来自巴比伦中部尼普尔城（Nippur）的杰出商人家族的名字，其业务可以追溯至波斯阿尔塔薛西斯一世（Artaxerxes I）和大流士二世（Darius II）的统治时期。该家族主要是通过农业，特别是农田租赁协议以及贷款交易致富的。现存其家族四代的泥版文书是波斯治下巴比伦地区的商业与政治最丰富、多元的史料之一。

在庞贝，它们会为我们提供对当时人们日常生活的迷人一瞥〔大部分涂鸦可在《拉丁铭文全集》（*Corpus Inscriptionum Latinarum*，简称 *CIL*）第四卷及增刊找到，现已在线可见〕。

图 4.1　法国新堡（Châteauneuf）的圣所涂鸦，其中提到供奉给墨丘利和迈亚（Maia）[①] 的第纳里乌斯银币（公元 1 世纪）
来源：图片出自 Mermet 1993: 106，由克里斯蒂安·梅尔梅（Christian Mermet）友情提供

一些研究项目试图收集有关希腊罗马世界的最有用的文本证据。约翰·梅尔维尔-琼斯（John Melville-Jones）出版了一本有关希腊钱币的古文献选集（1993; 2007），并正在编写关于罗马钱币的文献选集。沃尔夫冈·萨伊维特（Wolfgang Szaivert）和赖因哈德·沃尔特斯（Reinhard Wolters）于 2005 年出版了一本非常实用的罗马世界的物价和工资汇编，可以当作工具书与沃尔特·沙伊德尔的有关文学文本中货币价值的在线数据库（参见参考文献中的 *Prices and Other Monetary Valuations in Roman History*）一起配合使用。关于铭文的研

---

① 迈亚原是希腊神话中的昴星团七女神之一与赫耳墨斯的母亲。罗马神话中的迈亚仍是墨丘利的母亲，并与大地、良善女神（Bona Dea）等诸多意象相结合。这可能意味着她在罗马神话中的形象有着多种来源。

究有很多；要说其中最突出的，很难不提到研究希腊世界的路易·罗贝尔（Louis Robert）和研究罗马世界的理查德·邓肯-琼斯（Richard Duncan-Jones）（连同梅尔维尔-琼斯的书一起，碑铭学的一个良好起点是 Bérard et al.，2010 及其网上补编）。关于钱币史料，最好是从国际钱币学委员会（International Numismatic Council）每 6 年出版一次、按历史时期划分的《钱币研究概览》（*Surveys of Numismatic Research*）和美国钱币学会（American Numismatic Society）出版的《钱币文献》（*Numismatic Literature*）入手（部分期刊可在网上获取，见参考文献相关条目）。关于新的出土钱币，《钱币研究概览》也非常有用。至于考古记录的其他方面，人们必须专注于与调查地区有关的文献。考古学的重要性一直被强调：理查德·里斯（Richard Reece）在促进考虑遗址性质的"应用钱币学"方面影响深远（Reece，2003）。但直到最近，发掘方法的进步才使人们有可能更深入地研究钱币在什么地方、与什么东西在一起，以及（有时）为什么会被置放在特定的遗址上。当然，这也适用于其他种类的遗存物品，包括其他不易辨认的货币形式。致力于钱币研究的新学者最好先从最新的作品开始了解，然后再回到旧的文献中，因为考古发掘和出版标准已得到显著提高，那些新作品有助于他们做出更好、更准确的阐释。研究者们越来越意识到考古情境对于解读货币的意义；这无疑也是最有前途的新研究方法之一，科林·哈塞尔格罗夫（Colin Haselgrove）和斯特凡·克姆尼切克的工作就证明了这一点（Haselgrove and Krmnicek，2012；2016b）。（关于利用考古学材料的最新研究专著，参见 Butcher，2003; Krmnicek，2010; Frascone，2013; Hobbs，2013; Martin，2015。）对于古典世界的大部分地区而言，考古学自然是探索没有文献存在或没有文献留存下来的时期和地区的唯一方法。但研究者们也不应低估考古材料对于文献更丰富的古典世界的意义，例如，由于新的考古发掘和对先前战役材料的重新关注和研究，吕底亚最早出现的钱币的年代正在被重新修订（参见Konuk, 2012 以及前人文献）。

我们虽无法精确衡量古代社会的货币化水平，但很明显，它与当下我们的货币使用有着量和质的区别。如今，我们生活在一个高度货币化的世界，从货币角度看，这个世界比以往任何时候都更加一体化。尽管如此，那种认为古代中的大多数人不使用货币，尤其是乡村地区的人主要（如果不是完全）是通过以物易物来交易的假设正在被证明是错误的。首先，考古工作的进展表明，即使在乡村地区，钱币的存在也比我们认为的要多得多。其次，我们现在了解到，钱币并不是唯一的"真正的货币"，因此，即使那些在钱币发明之后依然不使用钱币的地方也不应被视作排除在货币世界之外。接下来的内容意在表明，钱币在日常生活中的重要性远比人们通常想象的要大得多。我们将尽可能地将焦点集中在"普通人"身上，因为迄今为止，最受关注的一直是国家或城市、神庙或军队等体制的货币使用情况。然而，我们必须牢记，我们可得到的书面材料和物质记录一如既往地并未公平对待最下层的民众。在很大程度上，这些下层民众仍然是我们难以接触到的。

"多元货币"

在很长一段时间里，对大多数研究古典时期的学者而言，货币意味着铸币。摩西·芬利加深了这一认识："这是一个从未创造过任何形式的信托货币或流通票据的世界。货币就是铸币。"（Finley, 1985: 141）芬利的这一观点似乎也从古代资料中得到了证实：凯撒

和斯特拉博将使用钱币以外的货币视为野蛮行为（Caesar, *Bellum
Gallicum* 5.12.4; Strabo, 3.3.7; 7.5.5; 11.4.4）。类似地，在古代晚
期，金口若望（John Chrysostom）写道："钱币的使用是我们存在
的内在条件，它规范着生活中的一切。每当我们想买或卖东西时，
都会通过钱币来完成。"（*In Principium Actorum* 4.2 = *Patrologia
Graeca* 51.99.36–40）事实上，铸币一经发明，就充当了"全用途货币"
的角色，它被用于各种交易场合，并在地中海及其他地区广泛流行
开来。

　　然而，现在研究者们普遍认为，铸币并不是唯一的货币形式，
早在铸币出现之前，就有了其他类型的货币（如美索不达米亚和埃
及的货币：Powell, 1996；Menu, 2001）。很明显，即使铸币出现后，
其他非铸币形式的货币也并没有消失。碎银（经切割并称重后的银
锭或银质物品）在铸币发明后还在东方和伊比利亚半岛使用了几十
年，有些情况下甚至长达几个世纪。在一些碎银窖藏中还发现了一
些切碎的钱币，这表明它们主要作为银锭使用。在埃及的艾因·玛
纳威（'Ayn Manâwir）①绿洲，钱币就是这样使用的，不过它成了
已经存在的两级货币体系的一部分。钱币被纳入上级的银质货币体
系，而以大麦为主要货币的下层体系则不受影响（Agut-Labordère,
2014）。尽管在艾因·玛纳威发现的、可以追溯至埃及使用铸币的
早期阶段的证据非常详尽，但我们不禁要问，类似的情况在古代世
界是否并不比我们预想的更常见。最近的研究反对从实物到货币的

————————

① 艾因·玛纳威，位于今埃及南部的哈里杰绿洲中的考古遗址，遗址的人类活动痕迹
从旧石器时代开始，直到埃及后王国时代；在托勒密埃及时代再次兴起，在罗马时
代有诸多住家遗址出土，公元3世纪遭废弃；波斯埃及时期当地的地下灌溉系统发达，
并有461块关于灌溉合同、系统维护等事务的书写陶片存世。

进化论式观点（参见，例如 von Reden, 2010）。让-雅克·奥贝尔（Jean-Jacques Aubert, 2014）最近提醒我们，罗马法学家非常关注以物易物这种交换形式，这意味着物物交换在当时是一种普遍存在的现象。一些交易很有可能在一种"多元货币"的情况下牵涉铸币以外的其他货币类型。"多元货币"的概念是由乔治·孔多米纳（Georges Condominas, 1972; 1989）提出的，他是一名法国民族学家，主要研究现代越南的墨侬族（Mnong Gar）社会。他注意到，商品的价值可以用从水牛、毛毯到鸡肉，以及皮亚斯特（在孔多米纳研究时期，法属印度支那的官方货币）等多种商品来衡量，这些商品也都可以作为支付手段。虽然每一种商品都具有不同的价值，但并没有一种商品被指定用于某种特定的交易类型。它们不作为"特殊用途货币"，货币的选择是由便利性而不是"交易领域"决定的。尽管表明"古代的情况也如此"的证据更少（美索不达米亚的情况参见 Ramos dos Santos, 2008），但"多元货币"有助于我们克服自然经济和货币经济之间的二元对立思维，即实物支付（payment-in-kind）并不意味着易货贸易（barter transaction）①（中世纪的情况参见 Bloch, 1939；英译本参见 Bloch, 1967: 230–47）。

如果说"多元货币"让货币世界看起来更加有趣，那么它也让货币研究变得更加复杂。因为如果说钱币很容易辨认，那么其他种类的货币就相对难以辨认，尤其是在没有文字材料的情况下。谷物在中东和埃及一直扮演着重要的角色，但它们最终免不了被吃掉的命运，而且有机物一般很少能被保存下来。在物质材料和文字记录

---

① 实物支付是指以货品或服务代替现金支付。易货贸易一般是指买卖双方不涉及货币和货币价值，而以等值的货物进行交换。实物支付不同于易货贸易，这种货品和服务也适用于接受现金付款或补偿。

中，我们在某种程度上可以追溯的唯一与货币有关的行为是称重（见图 4.2）。称重意味着各方之间有了公认的标准，因此这种行为越来越被视为建立货币的核心过程，也因而被视为铸币发明的关键一步。在古代，控制重量标准是所有掌权者的首要任务。对重量标准的控制出现在美索不达米亚最早的法律文献（Roth, 1997）以及《圣经》（"诡诈的天平为耶和华所憎恶；公平的法码为他所喜悦"，《箴言》11.1，据和合本修订版翻译）中。希腊的市集监督官（agoranomos）① 和罗马的营造官（aedilis）② 的职责之一是检查法码，而古代晚期与拜占庭的货币法码上经常出现皇帝的形象。从目前的资料来看，考古记录中的最古老的天平和法码可以追溯至公元前 3000 年前半期（早期青铜时代）的美索不达米亚（Rahmstorf, 2016 及其提到的同一作者的先前研究）。这与当时法律汇编中的文本证据是一致的。随后，称重这一行为向西方传播，一千年后传到意大利和中欧（Pare, 2013）。不同地区的标准之间的明确联系表明，不同地区的人也在寻求可公度性。此外，根据一项个案研究，称重工具可以出现在不同情境内，不论是公共的、私人的，还是丧葬情境，这表明称重这一做法似乎比较

---

① 市集监督官是古希腊和拜占庭帝国城市中的一个由选举产生的官职，负责控制市场秩序。一个城市可以有几个这样的官员。他们的职责包括确定某些商品的价格，核对商品、重量和秤，控制货币兑换，以及管理谷物供应。在控制无良商人的过程中，市集监督官有权对非自由人实施体罚（经常被描绘成拿着鞭子在马廊上行走），并对自由公民处以罚款。市集监督官还负责看管游廊中的寺庙。随着时间推移，市集监督官也成了为公共机构做出重大贡献的公共恩人的荣誉称号。这个词在希腊至今仍在使用，类似于美国食品安全和应用营养中心。
② 营造官（或译为市政官）是罗马共和国的一个官职。根据地在罗马，营造官负责公共建筑的维护与公共节庆的规定。他们也有权力去强化公共秩序。营造官一半来自平民阶层，一半来自贵族。后者被称为有资格座椅的市政官，而且被视为有资格座椅的长官。这项职务通常由年轻人掌握，他们有意去追随晋升体系，以获得高的政治职务。

普遍（关于晚期青铜时代爱琴海的一处案例研究，参见 Michailidou，2010）。

当然，并非所有的称重都与货币有关，但在整个古代世界有一条清晰的线索将称重和货币联系起来。在古代晚期，罗马金币在被用作钱币时还要被称重（Carlà, 2007a; 2010）。因此，称重并不意味着非货币物品间的交换，而是一种不同的交易习惯，往往意味着除了铸币之外还使用了其他类型的货币。因此，在铸币还没有发明的时候（青铜时代）或正在衰落的时代（墨洛温王朝时代），天平的广泛应用表明当时的人们在交易中使用不同形式的货币，而非简单的物物交换。虽然本章的剩余部分将主要讨论铸币，毕竟它是最容易辨识的货币形式，并且存在于多种多样的情境中，但读者应该记住，它有可能是在"多元货币"的情况下被使用的。

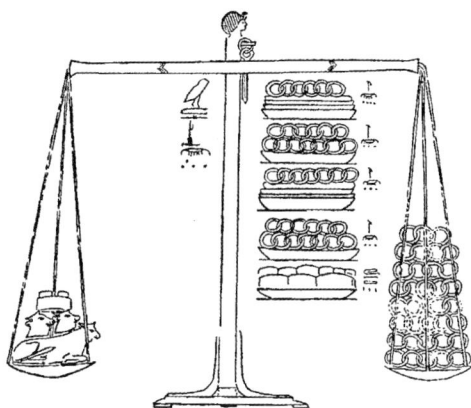

图 4.2 埃及的称重货币（这种类型的天平在整个古代都很常见）
来源：图片出自 Ducros, 1908: 49 fig. 2（公有领域：https://archive.org/stream/annalesduservice910egyp#page/n57/mode/2up）

货币的生产

在当代世界，货币的制造（以硬币和纸币的形式）是一种由国家进行的、受到高度保护并且在一定程度上秘密的活动，我们倾向于把这种状况类推到古代。事实上，在罗马圣克莱孟教堂下发掘出的罗马帝国铸币厂也支持这一观点：该铸币厂是一座巨大的建筑，有着厚厚的墙壁，没有窗户（Guidobaldi, 1992: 48–69）。尽管这座建筑的外观一览无遗，功能也很清楚〔大理石质的《罗马城市地图》（Forum Urbis Romae）提到过它，而且铸币厂的工作人员在很有可能是铸币厂入口的地方前方树立了一组碑铭〕，但里面的情况却隐蔽得极好。

但正如我们所看到的那样，货币并不总是铸币，也不总是由公共权力机构制造。在称重金属的前铸币时代，无论是东方或伊比利亚半岛的银或金，还是意大利半岛和可能在欧陆通行的粗铜（aes rude），除了保证共同的重量标准外（但采用共同的重量标准也可以是个人发起的结果），似乎没有任何公共权力机构参与。这些金属物品实际上是由私人制作的。虽然现代学者普遍认为（与古代资料一致），铸币是由公共权力机构生产的，但情况似乎并不总是这样。目前还没有明确的证据表明吕底亚最早的琥珀金铸币是受国家垄断的（Konuk, 2012: 48）。在前罗马时期的高卢地区，铸币分散化的证据似乎更加充分。这个地区大致相当于现在的法国北部，于公元前300年左右开始发行铸币。最初，它们的钱币是马其顿国王腓力二世的金制斯塔特的早期忠实仿制品，后来很快演变成了凯尔特风格的原始钱币。在公元前200年左右，出现了铜合金浇铸的钱币。几十年后，一些地区的金币被银币所取代，这些银币通常带有受罗马风格影响的图案。当地的钱币，主要是铸造的青铜钱币，在高卢战争（公元前 58—前 51 年）之后被广泛使用，但在公元前 20/10 年前后完全消失了。纵观这三个世纪，钱币的分布与各个 *civitates*（拉丁语，常译为"部落"）的领土范围相一致的情况相当罕见。有些钱币（包括一些低价值的浇铸钱币）流通的区域很广（参见 Gruel, 1995 中的多篇文章），而另一些钱币只在一个地方出现〔比如，现代皮卡第（Picardy）地区的圣所铸币〕。尽管从公元前 2 世纪中叶开始，越来越多的钱币样式（coin type）上出现铭文，但在高卢战争之前，没有一枚钱币提到高卢部落的名称。甚至在此之后，大多数铭文也只有个人名字，其中有些是凯撒在《高卢战记》（*De Bello Gallico*）中提到的贵族。

这些证据说明，钱币生产的很大一部分（即使不是大部分）很可能掌握在私人手中。这与在高卢发掘地出土的铁器时代铸币的生产痕迹非常吻合。在普瓦捷（Poitiers，位于法国）附近的米涅-欧桑斯（Migné-Auxances），人们在对一个农场的抢救性发掘过程中，发现了公元前 130—前 100 年的一处可能是铸币厂的残迹。铜合金币坯的生产是在一个深坑中进行的。虽然没有发现与铸造本身有关的工具，但很有可能也是在农场里进行的，因为币坯与发掘过程中发现的钱币的成分相似（Toledo i Mur and Pernot，2008）。在法国东部的一个山顶聚落潘杜尔沟（Fossé des Pandours）上，人们在一批相对高规格的住宅附近的井中发现了几枚波廷锌锡合金钱币，这表明当地精英直接控制了钱币的生产。在法国维伦纽夫圣日耳曼（Villeneuve-

Saint-Germain）的奥皮杜姆（*oppidum*）[①] 也发现了类似的证据
（Debord, 1989）。高卢的这些例子证明铸币厂是在生活区内运作的：
毫无疑问，铸币被严格控制，但肯定不是秘密进行的。此外，技
术研究表明浇铸和锻造——除了模具的雕刻之外——一般的工匠都可
以做到，并不需要特别的技能。在出土的工作坊中，很明显可以推
测，铸币并不是唯一的活动。雅典的官方铜币铸造厂中也可能是这样，
因为在那里发现了铁器加工的痕迹（Camp and Kroll, 2001: 144）。

这少数几个例子与官方铸币有关。在日常生活中，非官方钱币
的铸造更加深入人心。我们并不总是清楚我们处理的是否是假币，
因为有些钱币非常独特，看起来不太可能造假（罗马时期的情况，
参见 Peter, 2011）。在这方面，罗马高卢的钱币已经得到了很好的研
究。有些生产地点确实是隐蔽的，比如在洞穴里。但大多数的生产
遗址都发现于城镇、金属工作坊或乡村定居点中。最著名的城市工
作坊的例子是瑞士的奥格斯特（Peter, 1990; Straumann, 2011）和法国
的白露堡（Châteaubleau; Pilon, 2004; 2005）。铸币是否是秘密进行的
并不是很清楚。例如，尽管货币生产似乎不太有规律，但在埃及卡尔
奈克（Karnak）神庙中出土的公元前 2 世纪的铸币厂，是靠着一处庙
墙而建的，几乎不可能不被人注意到（Faucher *et al.*, 2011；见图 4.3）。

这些非官方制作的钱币，无论其地位和铸造原因为何，似乎都
出现在货币短缺时期（有时只是小面额钱币的短缺），这可以视为
日常生活中对货币需求的明确标志。在公元 19 世纪和 20 世纪早期，

[①] 奥皮杜姆是一种铁器时代的大型设防定居点。奥皮杜姆与凯尔特人后期的拉坦诺文
化有关，这种文化在公元前 2 世纪和公元前 1 世纪出现，遍布欧洲，从西部的英国
和伊比利亚延伸到东部的匈牙利平原边缘。直到罗马人征服南欧和西欧之前，它们
一直被使用。在多瑙河和莱茵河以北的地区，例如日耳曼尼亚的大部分地区，那里
的人口仍然独立于罗马。

法国乡村也有许多当地钱币生产的例子，这些钱币被法国中央政府视作伪币，但对那些偶尔还在把公元 4 世纪罗马晚期的铜币用作小额零钱的人来说是完全合理的（关于使用者使用伪币的合理性，参见 Traimond, 1994；关于罗马钱币的使用，著名的法国钱币学家让-巴蒂斯特·科尔贝·德博利厄（Jean-Baptiste Colbert de Beaulieu）对布列塔尼、让·拉福里（Jean Lafaurie）对法国西南部都有记述，参见 Colbert de Beaulieu, 1973: 330 note 660；Dumas, 2008: 152）。

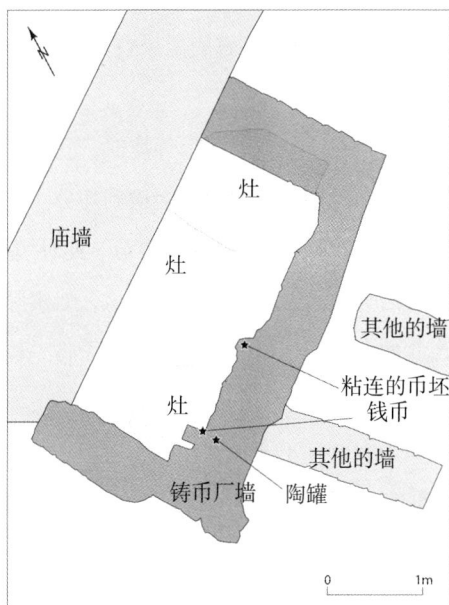

图 4.3 公元前 2 世纪卡尔奈克（埃及）铸币厂的平面图
绘图：作者根据 Faucher *et al.*, 2011 于 2011 年重新绘制

因此，铸币的实际生产可能比我们想象的要普通得多。据我们所知，其他形态的货币生产也是如此。如前所述，我们从美索不达米亚和埃及的文献中了解到一些可以用作货币的商品：金属（金、银、

铜及其合金，也包括铅）、布料、食品，以及谷物（比如经常提到的大麦，参见 Powell, 1996; Menu, 2001）。如果金属器物通常有可识别的形状，那么它们可能具有货币功能（如环形或异形锭），而且做成这些形状几乎不需要特殊的工艺。即使是可能作为青铜时代的货币使用、合金成分有别于日常金属器物的金属物品，也可能由同一名工匠制作（Pare, 2013）。说到食品，我们一般没有证据表明它们被用作货币时会有特殊的处理方式。艾因·玛纳威中陶片上的文字虽然确实提到过用"上等大麦"付款，但含义尚不清楚。它可能是一个特殊的品种，更有可能只是普通的脱粒大麦（Agut-Labordère, 2014）。

货币一旦被使用，在适应新的货币环境时，它仍然需要受到一些操控。例如，在罗马时期，钱币经常会遭到切分。将罗马共和国和早期罗马帝国的厚钱币切割成两半或四等分（此种情况发生较少）可能是官方行为，因为虽然普通人也有过尝试，但实际操作起来要困难得多（就像我的一位同事试图用锤子和凿子将一枚杜蓬狄乌斯铜币切成两半的惨痛经验告诉我们的那样）。钱币上发现切割痕迹从而表明半切失败的案例并不罕见。在那些较小一点的钱币上，例如古代晚期的薄型铜币上，更易发现私人的主动切割行为。在公元 5 世纪和 6 世纪，罗马帝国各地都发现有被切割以适应新的重量标准的 4 世纪铜币（例如，参见 Asolati, 2005: 19–22 中的大量地中海案例；切割钱币的现象在北方省份也存在）。差不多同一时间，其他使用者找到了一个更简单的方法，尽管这需要用到相当数量的元首制时期（Principate）的旧罗马钱币：大约 150 枚主要来自意大利的钱币上出现了用凿子凿出的，对应东哥特和汪达尔 [1] 货币体系的新的价值标记。塞西尔·莫里松（Cécile Morrisson）认为，这种做法始于公共领域，后来被私人采用。而钱币的选择似乎完全取决于可获得性（参见 Asolati, 2012: 113–34，以及此前的文献）。

货币的使用

大多数人会选择把钱放在家里。庞贝古城的发掘为我们展现了罗马人是如何在家中存放钱币的。"米南德之家"（House of the Menander）[2] 的窖藏储存在地窖中的一个大箱柜（*arca*）里，里面的钱币与珠宝被放在一个和其他生活器物分开的小盒子中（Painter, 2001）。在隔壁一幢房子的卧室里发现了一些钱币串，每个人显然都把自己的钱包藏在了床下。由于维苏威火山爆发对保存古代世界证据的特殊性，这些细节虽很难从其他地方获得，但我们可以据此假设类似的趋向：贵重物品和大笔资金被安全地收纳起来，有时还被藏起来（这当然解释了现代屡次发现数目不详的窖藏的原因），而零钱则被放在比较容易拿到的地方。在这一时期，陶钱箱相对比较常见（Graeven, 1901）。此外，钱币也可以存入银行（古希腊银行的情况参见 Bogaert, 1968；古罗马银行的情况参见 Andreau, 1987）。在罗马元首制时期，这种情况也相当普遍，曾作为一种通常情境出现在伪多西修斯《通译手册》（*Hermeneumata Pseudodositheana*）的

---

[1] 公元 5—6 世纪，东哥特人（Ostrogoth）和汪达尔人（Vandal）分别控制了意大利中南部与北非的主要地区。

[2] "米南德之家"是庞贝遗址中面积最大、装饰最华丽的建筑之一，位于庞贝遗址的中南部。因其中一幅描绘希腊喜剧作家米南德的湿壁画而得名。

一段对话（*colloquia Monacensia* 4）[①]中：一个人从银行中取出 100
个第纳里乌斯付给他的律师。《通译手册》是元首制时期，为学习
拉丁语的希腊人准备的双语教材，"里面的对话（*colloquia*）是为
处在语言学习早期阶段的人准备的双语对话和叙述读本，（并且）
许多对话章节就是取材于罗马世界中日常生活的小片段"（Dickey,
2016: 10）。这些文本最近得到了重新编辑（Dickey, 2012; 2015）。
此外，在包括美索不达米亚在内的整个古代，神庙也可以接受私人
存款（有关圣所的更多信息参见后文）。

　　我们能够从古人保存和运送钱币的方式推测，他们是如何使用
钱币的（运送钱币的方式，参见 de Callataÿ and van Heesch, 2006，特
别是弗朗索瓦·德卡拉塔和赖因哈德·沃尔特斯的论文）。有趣的
是，在希腊和罗马时代，钱包似乎成为携带钱币最普遍的方式。这
说明在当时随身携带一些零钱，既常见又有效，而且当时钱币的使
用非常广泛。几乎没有钱包能够被完整地保存下来，因为它们是由
易腐蚀的材质制成的，但在荷兰的巴赫尔-康帕斯库姆镇（Barger-
Compascuum）发现了一个完整的公元 2 世纪的皮革钱包（Glasbergen
et al., 1956）。在罗马时代还有将钱包设计成可以戴在手腕上的金
属钱包的例子，有些钱包里还装有钱币，通常是铜币。更大金额的
钱币也可以装在钱袋（拉丁文中 "follis" 一词的原始含义就是指钱

[①] 现代学者将欧洲各地发现的共九部帮助希腊人学习拉丁语的教学写本统称为《通
译手册》（*Hermeneumata*），因其中三部提到了 "多西修斯老师"（Dositheus
magister），故也称 "伪多西修斯"《通译手册》，但学界对作者和时代，甚至
这些写本是否本出一源尚有争议。四部写本中存有关于日常生活的多段对话练习
（*colloquium*），分别根据写本所在地命名。这里引用的 *colloquia Monacensia* 出自
慕尼黑写本。后文的 *colloquium Montepessulanum* 和 *colloquium Harleianum* 分别指
蒙彼利埃和伦敦（哈雷藏本）写本。——校者注

袋，后来才表示钱币）或者不同大小的箱子里。在一些著名诗句中，阿里斯托芬（Aristophanes）还曾写到雅典人把钱币装在口中（如 *Ecclesiazusae* 817–19）。这显然非常不切实际，他笔下的一个角色甚至因此吞下了口中的零钱（Aristophanes, *Aves* 503）！

　　说到货币的用途，人们首先想到的是它支付商品和服务费用的功能，这也是它最主要的功能之一。交易可以在各种地方进行：商店、旅馆、私人住宅，当然还有集市。在考古发掘中出土钱币的密度和古代钱币的使用频率之间似乎存在某种联系。例如，理查德·霍布斯（Richard Hobbs, 2013）指出，在庞贝古城的 VI 1 街区（*insula*）中，钱币更多地出现在街道、小商店周围和圣坛附近（见图 4.4）。这也许是一个普遍的规律，因为在前罗马高卢和罗马高卢也有类似的情况（Martin, 2015）。

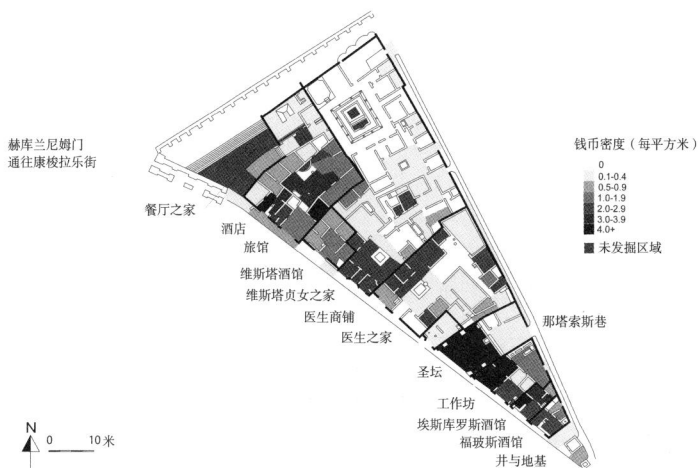

图 4.4　英美庞贝古城发掘项目发现的庞贝 VI 1 街区的钱币分布图
来源：图片出自 Hobbs, 2013: 102 fig. 18，由理查德·霍布斯友情提供

　　萨伽拉索斯（Sagalassos，位于今土耳其）的两处市集为我们揭示了古代晚期城市市集中有趣的一面（Putzeys, 2007; Lavan, 2012; Stroobants and Poblome, 2015）。这些市集是由小型房间围成的开放庭院，广场地面上标示了可移动的木制摊位。考古人员在各个房间和中央庭院中都发现了大量的钱币。这些市集很可能就是当时的日常交易环境，这与一些文字资料中描述的类似。《通译手册》中的对话再一次为我们提供了一些生动的描述，补充了我们之前在希腊罗马小说中发现的内容，并使之更具有可信度〔和奴隶去集市（colloquia Monacensia 8）；买衣服和还价（colloquium Montepessulanum 13）；同阿普列乌斯的《变形记》（Metamorphoses 1.24）比较〕。在萨伽拉索斯，通过对出土钱币的详细分析，我们可以重构市集中不同房间的功能：大部分的房间似乎是零售店，有时与工作坊相连。在两个市集中，人们都在其中一个房间里发现了称重设备和大量的钱币。这个房间可能是钱币兑换商的办公室。事实上，我们知道钱币兑换商在日常生活中扮演着重要的角色，因为在古代世界的大部分时间里，铸币从未统一过，使用者可能会面对各种各样的钱币（即使在罗马帝国时期，也有不同的铸币流通，尤其是在罗马帝国东部）。再加上假币的存在，人们需要经常对钱币进行检验。雷蒙·博盖尔（Raymond Bogaert）收集了古典时代的相关证据（Bogaert, 1976），其中最明确的文字资料是所谓的"尼科芬法"（Nikophon's Law），该法于公元前375/374年颁行，其中记录（Supplementum Epigraphicum Graecum XXVI: 72）：雅典城委派两名试金员（dokimastai）负责在市场上检验钱币，他们显然是按日委任的。这项工作本身似乎是一门技术活，试金员不仅要会使用试金石和天平，还要懂得如何通过近距离的观察、听声音和闻气味来辨认钱币真伪！

赌博类的金钱游戏在古代就已经非常盛行，在公共广场上经常能看到雕刻的游戏棋盘（参见 Lanciani, 1892 对古罗马久远而生动的描述）。佩特罗尼乌斯在《萨蒂利孔》（Satyricon）[①] 中也提到，特里马尔奇奥使用银币和金币作为游戏棋盘上的筹码：一种现金代币，作为筹码的钱币面额可能比较低，在博彩场所中用作投注的替代品。

庞贝的涂鸦证明，城镇和市集还发生过频繁的借贷（如 CIL IV 4528）和典当（如 CIL IV 8203）行为，尽管涉及的金额可能非常小。例如，在 CIL IV 8203 中，典当耳环的人得到了 31 个阿斯；研究者们根据一些刻在庞贝墙上的"购物清单"推测，这笔钱只够维持一个人几天的生活（另外，关于如何借贷，参见 colloquia Monacensia 5；关于如何偿还，参见 colloquium Harleianum 23）。虽然这些交易确实有记录，但典当和借贷肯定不是专业人士所为。这也证明当时处于城市社会中下层的人需要一定的现金来维持他们的日常生活。尽管我们的文献记载提到的大多是城镇，但我们不应低估钱币在乡村的使用。埃及的纸莎草文献表明，我们通常说的村民习惯于"自然经济"的传统假设是错误的。像往常一样，我们很难在其他地方找到精确的文献记载，但有一块来自公元 29 年的木版值得一提。该木版发现于罗马边境以北 100 多千米的托尔苏姆（Tolsum，今属荷兰）的乡村，上面的文字显示这是一张金额未知的贷款票据（Bowman, Tomlin, and Worp, 2009）。发现的地点以及其中提到一名巴达维（Batavian）士兵作为公证人，都暗示着契约的一方很可能是当地人。

---

① 《萨蒂利孔》为古罗马作家佩特罗尼乌斯的小说，描写了公元 1 世纪意大利南部城镇的社会生活，生动地刻画了社会中下层人物，如流浪汉、诗人、修辞学家、骗子等。特里马尔奇奥的家宴是小说残留部分中最完整的一段，作者用讽刺、夸张的手法刻画了一个获释奴隶的暴发户形象。

圣所也是钱币和货币使用的重要场所（Chankowski, 2005 中的多篇文章对整个历史时期做了研究）。根据来自美索不达米亚、古希腊和古罗马的文字记载，圣所的资源可以分为三类。第一类是属于神祇的物品，这通常是不能让与的。但是只要对诸神有利（例如，为了建新神像或修缮神庙），它们是可以被改造或出售的。第二类是私人存款，它可以由所有者取回。事实上，把自己的积蓄放在神庙里以得到神祇的庇佑这种行为并不罕见。第三类是神庙及其附属者赖以生存的所有其他资源，如宗教服务的费用、出售还愿物或其他手工制品的收入，以及利用地产和诸如贷款等金融操作带来的收入。由于考古理论和技术的进步，我们现在有可能在物质记录中确定钱币在其中的一些用途。最近，研究人员对高卢圣所中钱币的使用给予了很大的关注，从公元前 3 世纪铸币的出现到古代晚期，钱币的使用出现了一些明显的趋势（主要参见 Nouvel, 2013）。在铁器时代，钱币可能是由部落在公共仪式中，以主要由高价值钱币组成的宝库窖藏的形式存放的。从公元前 1 世纪中叶开始，这种情况发生了改变，当时低价值的敬献物成为一种常态: 钱币开始由个人存放，有时被抛掷（iactatio），有时被浅浅地埋入地下。这些钱币通常被损坏过，以确保退出流通领域。在玛特贝格的圣所中，大卫·维格-沃尔夫（David Wigg-Wolf, 2005）可以分辨出两个不同阶段: 第一个阶段（公元前 1 世纪）对钱币的破坏是统一的，表明敬献行为受某种控制；与此相对，第二个阶段发生在公元 1 世纪初，这个时期的每一枚钱币都有不同的印记，表明敬献物是由每个敬奉者自己处理的。由于敬献物是神圣的，所以钱币不能轻易离开圣所，这就解释了为什么在大约公元前 50 年到公元 50 年，在圣所内发现钱币会如此普遍。从公元 1 世纪末到 3 世纪末，钱币的出土量突然减少，这意味着敬献物的管理有了新的变化，很有可能是圣职者加强了控制。在高卢，石制祭库的年代正好对应这个时期（在希腊和意大利还有更早的祭库，参见 Kaminski, 1991）。这些敬献物是根据它们的状态重新投入使用的，也许是为了装饰圣所，也许是为了赚取一些利润。从公元3世纪末到5世纪初，人们又发现大量小面额的钱币。这些敬献物似乎被留在了地板上，具体原因尚不清楚，也许是游客扔在那里的，因为每枚钱币的价值都很小。甚至当"异教"的圣所在大约公元400年被永久关闭时，属于诸神的物品都没有被重新使用过，这一点可以从这一时期的许多窖藏中得到证明。这些窖藏通常将钱币与其他工艺品（小雕像、器皿）混合在一起，它们可能被小心翼翼地埋藏，或是永久性地，或是希望在更好的时间被重新取出。人们在法国新堡公元1世纪的圣所中发现了一组罕见的涂鸦，它证实了祈愿是用货币价值来表达的，尽管还不清楚是否所有的祈愿行为都是用真实的钱币来完成的（Mermet, 1993; Rémy, 1999；见图 4.1）。当然，并不是所有在圣所遗址发现的钱币都属于敬献物。在芒德尔（Mandeure）圣所"富热尔广场"（Champ des Fougères，位于今法国）的圣域内，里面出土的陶窑可以追溯至公元前1世纪下半叶，在当时显然持续着宗教活动（Nouvel and Thivet, 2011）。因此，人们很容易把烧窑解释为神庙的货币收入来源之一。

　　钱币的另一种用途在学术界引起了相当大的关注，它就是所谓的"卡戎的奥波勒斯"。尽管丧葬习俗在古代世界中表现出显著的时间和地理差异，这仍然是人们对墓葬中发现的钱币最受推崇的解释。但无论多么有用，古代文本对它们的解释都过于统一。丧葬钱币置藏的意义必须要根据每个地区和时期来谨慎呈现；即使在邻近地区，我们也可以观察到钱币在丧葬中的不同用途。例如，在铁器时代晚期的凯尔特欧洲的墓葬中很少发现钱币，但它们确实出现在某些地方，尤其是意大利北部、瑞士的一些地区和现代的卢森堡。各种各样的习俗可以解释钱币是如何被放进墓中的。在火葬的情况下尤其明显：一般来说，在墓中发现的祭品只有一部分有被焚烧过的痕迹，这意味着有些物品被放置在火葬的柴堆上，而其他的则被直接放进墓中。仔细的发掘和考古资料的细读总是可取和有意义的，这一点在墓地问题上最为显著。在丧葬习俗中，我们甚至可以感受到每一个物品摆放背后的意图（参见 Stevens, 1991 对文本和考古学证据的回顾；关于后者，现在有更多材料可用）。

到目前为止，我们已经区分了钱币使用的三个主要领域：经济领域、仪式领域和丧葬领域。当然，在现实生活中这种功能性的区别不是那么明显，道德和宗教价值观也会影响钱币的经济使用。苏埃托尼乌斯写道，在提比略统治时期，把印有奥古斯都肖像的钱币带到厕所或妓院被认为是亵渎君主的行为（*Tiberius* 58）。爱比克泰德提到，尼禄垮台后，使用带有他头像的钱币有可能会遭到拒收（Arrian, *Epicteti dissertationes* 4.5.15–18）。这种情况是否真实发生过还有待考究，但它们表明钱币并不仅仅被当作经济物品。无论怎样，铸币和其他形式的货币之所以被用于圣所或坟墓，恰恰是因为它们的经济价值。而钱币做成的珠宝是具有多重价值的另类钱币。钱币珠宝一点也不罕见，从希腊化时期开始就为人所知（Vermeule, 1975）。这些珠宝可以作为价值储存手段，当然也可以当作货币使用。相反，钱币也可能被熔化；不仅仅是金银，价值较低的铸币也可能遭遇这种命运。例如在 19 世纪法国西南部的一些地方，铜币经常被熔掉以制作餐具和其他器皿，这还造成了该地铜币短缺（Traimond, 1994）。但是，这些由钱币制成的物品至少起到了储藏价值的作用，甚至可能起到了交换手段的作用，其结果是，这些金属制品并没有完全丧失其货币功能。接下来的例子可以展示钱币的一些"非货币"功能，并说明钱币是如何融入日常生活中的。

上一段所引用的文献表明，人们重视钱币的设计，而且钱币收藏在当时已经存在。苏埃托尼乌斯写道，奥古斯都有时会拿出外国钱币或旧钱币。他暗示，如果人们有办法，就可以得到这些物品（*Divus Augustus* 75）。在古代晚期，《罗马帝王纪》的作者在书中所展示的丰富的钱币知识表明，他自己可能就是一个钱币收藏家（Carlà, 2007b）。但关注钱币样式的人并不限于受过教育的贵族。在罗马时期，我们看到钱币在铸成之后的几个世纪里，人们依然对钱币上的皇帝肖像表示尊重：古代晚期的人们在对元首制时期的钱币正面进行价值标记时，会小心翼翼地避开皇帝的肖像，尽管上面的皇帝已经逝世至少 250 年。尼娜·克拉米（Nina Crummy）公布了一组古代晚期的不列颠儿童墓葬，里面埋葬的钱币显然是因其图像而被选中的：在许多情况下，这些钱币比墓葬的年代要早一个世纪或更久（Crummy, 2010）。也许我们应该从字面意义上理解金口若望（*Ad illuminados cathechesis* 2.5）在公元 4 世纪安条克写下的句子："对于那些使用魔法符和护身符，脖子上、脚上都挂着马其顿的亚历山大铜币的人，该怎么评价他们呢？"一些学者怀疑，在亚历山大大帝逝世 8 个世纪以后是否仍能接触到他的钱币（Perassi, 2011: 225–6）。但在墨洛温王朝的高卢，经常会发现墓穴里有与亚历山大年代相当的凯尔特钱币和更为晚近的罗马钱币（比利时的情况，参见 Van Hoof, 1991）。尽管从考古学上很难发现，但古代确实存在着与现代类似的小面额的钱币收藏，例如有些国家的人会收藏不同国家发行的欧元，并将罕见的外国钱币留作纪念品，但必须注意的是，个人偶尔碰到并用作收藏的外国钱币肯定只占了"异国"出土钱币的很小一部分。

钱币图像似乎传播范围广泛，它们在各种媒介上被重复使用、拓印或复制。事实上，由于钱币是最容易获得的圆形图案，在工匠和民众的心目中，圆形图案和钱币之间似乎存在着某种联系。公元前 3 世纪意大利卡莱斯（Cales）的黑釉杯子就是一个著名案例，它复制了尤埃内托斯（Euainetos）为叙拉古雕刻的阿瑞托萨（Arethusa）的优美头像。钱币被压印在一个基体上，在插入杯中之前，中央的圆形浮雕就是在此基体上完成的。但是这种钱币样式绝不是唯一被复制的，有时陶工只是从硬币中汲取灵感（其他案例参见 Richter，1959）。关于更晚近的时期，玛丽-克里斯汀·赫尔曼（Marie-Christine Hellmann）专门对罗马灯进行了一个短期研究，她着重强调了它们与钱币意象的联系（Hellmann，1987）。其中一款罗马灯本身就是新年礼物，其图案样式描绘了各种礼物，包括三枚钱币（Hellmann，1987: pl. III no.1；关于此样式，参见 Heres，1972）。其他灯也试图从钱币中汲取灵感，其中有一盏灯显然为了看起来像钱币而使用了皇帝肖像，尽管它并没有真正模仿某一种钱币样式制造（Hellmann，1987: pl. IV no. 5）。类似的例子也可以在其他金属制品上找到（例如 Haselgrove and Krmnicek, 2016b: 10 fig. 1.4 出版的奥地利发现的金属印片）。钱币和嵌金宝石的图像之间也有相似之处：除了尺寸都很小之外，嵌金宝石和钱币印模都必须凹版雕刻（Guiraud, 1996 对嵌金宝石做了很好的介绍）。

在某些情境下，钱币似乎有足够的权威性，可以作为印章使用（例如公元前 5 世纪美索不达米亚的一个案例：Starr, 1976，并提及了其他例子）。同样，一些罗马玻璃容器的底部也有钱币的压印。根据路易吉·塔博雷利（Luigi Taborelli）的说法，这种做法不是为了装饰，而是为了表明发行该钱币的帝国参与了玻璃生产有关的活动（Taborelli, 1982; 1992）。塔博雷利模棱两可地用了"*conio monetale*"的说法：在意大利语中，"*conio*"通常表示"钱币印模"，但有时会指代钱币本身（在这种情况下，很明显玻璃容器的压痕是用钱币压印上去的）。但有时钱币压印似乎没有其他目的，只是为了有趣。比如最近在法国比利牛斯山脉（Pyrénées）脚下的奥洛伦-圣玛丽（Oloron-Sainte-Marie）的一次发掘中，出土了一块罗马晚期的碎瓦（*tegula*），碎瓦在烧制前上面至少留下了 13 个钱币印痕。虽然关于这一物件功能的假设有很多，但都不尽如人意。到目前为止最好的解释是这并没有特别的原因（Callegarin and Geneviève, 2007）。这不禁让人想起弗朗索瓦·德卡拉塔（de Callataÿ, 2010）最近对希腊充当货币的铅质器物的重新解释。当前的研究趋势是把所有这些铅器都解释为试验品，而他却把其中大多数铅器解释为"幻想作品"（fantasies），即用最廉价的金属复刻视觉震撼的或令人愉悦的钱币样式的工艺品（关于铅币的价值，参见 Morrisson, 1993: 79–84）。

结论：货币的社会影响

本章试图就可能的主题和方法提供一些见解，以探讨货币在日常生活中的用途及对日常生活的影响。钱币发明后，明显成了生活中的重要组成部分。希腊和罗马作家认为钱币是主要的（即使不是唯一的）文明的货币形式。钱币履行了经济学家传统上归于货币的所有职能，甚至还有更多。再加上钱币在考古记录中无处不在，这不出意料地导致了对其他货币形式的偏见，也掩盖了铸币发明后"多元货币"继续存在的事实。但美索不达米亚和埃及存在的证据清楚地表明，即使没有铸币，其他类型的货币也被广泛使用。无论多么难以呈现，我们都应该首先理解"多元货币"。牢记这一点，关于货币如何与日常生活紧密联系在一起的问题，无疑将出现一幅更为复杂但更为丰富的画面。

随着货币在不同时代、不同地方的呈现形式和具体用途变得越来越清晰，应对货币的社会影响问题也就成为可能。西塔·冯雷登（Sitta von Reden）在《古典时代中的货币》（*Money in Classical Antiquity*）一书中，用最后一章专门论述了这一主题，她写道："令人惊讶的是，人们对货币的社会影响几乎没有正面评价。"（von Reden, 2010: 186）在过去的几十年中，情况发生了变化，但她的总结也清楚地表明，学者们（主要是希腊文化研究者）关注的是货币的象征性价值，强调希腊货币和铸币必须放在造就了城邦的普遍交换框架内来理解（不仅是经济交换，也是言论和政治交换；因此，市集和话语变得极其重要：Bresson, 2016, chap XI）。

人们较少关注货币对生活条件的具体影响。但是早在 1970 年，兹维·亚韦茨（Zvi Yavetz）就指出罗马底层平民受货币波动的影响最大。大卫·B. 霍兰德（David B. Hollander）引用对现代经济的研究，指出"虽然货币化最初会导致货币需求增加，但随着金融产品变得更加多样，人们对货币的需求实际上是减少的"（Hollander, 2007: 145）。这些学者提出的观点很明确：你越穷，你能获得的金融资产就越少。如果说古代的富人更容易获得"多元货币"，那么社会下层，尤其是城镇中的社会下层人物，则高度依赖于最普遍易得的、最被接受的货币形式。前文提到的庞贝的小规模贷款就是一个很好的例子：人们通过典当自己的所有物来获得日常交易所需的现金。由于缺乏记载，我们很难去衡量乡村的情况；"多元货币"也许是一种更普遍的情况，但我们在这里必须注意不要夸大乡村和城市两者之间的差异。

正如弗朗索瓦·勒鲁克塞尔（Lerouxel, 2015）最近指出的那样，货币的社会影响并不局限于铸币。他在一篇很有启发性的论文中指出，在公元前 6 世纪至公元前 4 世纪，罗马贵族在采用铸币之前使用粗铜，迫使平民接受高利率的货币贷款。由于贵族很可能控制着粗铜的生产，实际上贷款是无法偿还的。因此，贵族的目的是使平民陷入债务奴役（nexum），以获得对劳动力的控制权，并将其用于自己的土地上。债务奴役在公元前 4 世纪晚期被废除，大约同一时间，罗马国家开始生产铜币——用重铜铸成的铜锭。这可能不是一个巧合，它戏剧性地反映出货币是如何影响一个人的生活的〔有趣的是，勒鲁克塞尔的一些言论与大卫·格雷伯（David Graeber）在其关于债务的书（Graeber, 2014）中的观察一致〕。无论其形式如何，金钱对日常生活的影响远远超出了"交换或交易"的简单二分法。然而，它具体是如何影响和构造我们祖先的生活的，仍有待探讨。

致谢

在准备本章的过程中，我得到了很多同事的帮助。我衷心地感谢他们对本章内容提出的建议和指导。此外，我还要感谢莉迪娅·斯皮尔伯格（Lydia Spielberg）对本章英文版的协助。

第 五 章

货币、艺术与表现形式：罗马世界概览

内森·T. 埃尔金斯（Nathan T. Elkins）

古代钱币首先是一种货币工具，承担着经济功能。但它还有一个非常重要的次要功能，即充当身份认同的象征和（或）政治交流的媒介。公元前 7 世纪的吕底亚人第一次在钱币上印上图案，以防止伪造并杜绝非官方货币。与浇铸的钱币相比，两面图案都用冲模锤制的钱币会更难复制。但是很快，铸币上图像的意义已不仅仅是权威、真实和价值的保证。

图像的功能

在希腊古风时期和古典时期，铸币常以某种方式表达城邦身份认同。例如，在雅典铸造的钱币上，正面印有雅典娜的形象，背面是雅典娜的圣鸟猫头鹰①，借由刻画这位与城市同名的女神及其象征，宣示了雅典的城市认同。一些钱币上刻画了当地的宁芙，例如叙拉

---

① 雅典娜为雅典的守护神，她的圣鸟猫头鹰也成为雅典娜智慧的象征。带有雅典娜和猫头鹰图案的钱币在公元前 5 世纪至公元前 4 世纪是雅典的通用货币。

古的，还有一些钱币上描绘了当地的英雄和神话传说，比如科林斯钱币的背面描绘了飞马珀加索斯，这些图案都表明了钱币铸造城市的身份认同。有些钱币上还出现了一个城邦的代表性商品，作为识别特定钱币的发行地的一种方式。例如，波伊俄提亚的钱币上描绘了"坎塔洛斯杯"和安福拉双耳细颈瓶（*amphorae*）；美塔彭杜姆（Metapontum）的钱币上描绘了谷物；昔兰尼（Cyrene）的钱币（见图 5.1）上描绘了罗盘草（*Silphium*，古代的堕胎草药，现已灭绝）。还有一些城市的钱币上的图案或符号是城市名称的双关语，如罗德斯城（Rhodes）的铸币上的玫瑰（*rhodos*）以及代表赞克勒（Zancle）的镰刀（*zanklon*）（有关希腊钱币类型进一步阅读：Franke and Hirmer, 1964; Kraay, 1976; Carradice and Price, 1988; Ritter, 2002; de Callataÿ, 2016）。

图 5.1 昔兰尼的四德拉克马银币（*tetradrachm*），约公元前 435—前 375 年铸造。正面：宙斯·阿蒙（Zeus Ammon）的右侧头像；背面：罗盘草植物
来源：美国钱币学会 1944.100.79444

城市标志也是罗马行省铸币的重要图案内容。在罗马共和国晚期和帝国时期由中央铸币厂铸造的钱币通常指涉当下政治（尤其是当权者），但在罗马统治下的希腊城市铸造的贱金属货币

则大多宣扬本地身份认同（有关罗马行省钱币样式进一步阅读：Harl, 1987; Butcher, 1988; Howgego, Heuchert and Burnett, 2005; Bennett, 2014; Filges, 2015）。行省城市在与邻近城市竞争时，通常通过以下方式来宣扬自己的地方身份，即在钱币上描绘自己所拥有的皇帝崇拜的神庙，因为供奉这些神庙是皇帝赐予的特权（Burrell, 2004）。

钱币和政治

在希腊化世界中，由于国家认同与国王本人交织在一起，铸币开始描绘君主的形象，通常将其描绘为半神形象（关于希腊钱币和政治身份，参见 Howgego, 1995：63–7; Kroll, 2007; de Callataÿ, 2012b; Thonemann, 2015）。罗马共和国的钱币早期深受古典希腊铸币的影响，但到了公元前 2 世纪后期，钱币的设计开始政治化，因为钱币开始涉及铸币官家族的血统和声望（总体来看，参见 Woytek, 2012a）。人们普遍认为，公元前 139 年颁行的《加比尼乌斯法》（lex Gabinia）导致公元前 2 世纪 30 年代左右钱币设计突然变化。此时的第纳里乌斯银币背面的图案不再像之前那样一成不变，开始每年出现变化，样式也呈现多样性，这与铸币官家族有关。将这些发展归功于《加比尼乌斯法》，是因为该法允许公民在选举中无记名投票，这使铸币官（该职位是罗马职位序列中的初级职位）有能力在其设计的钱币上宣传他们的家族声望，以竞选未来的职位（Wiseman, 1971: 148–9; Crawford, 1974: 728）。《加比尼乌斯法》的影响或许有些夸大。正如安德鲁·梅多斯（Andrew Meadows）和乔纳森·威廉姆斯（Jonathan Williams）（2001: 39–49）提醒我们的，公元前 2

世纪 30 年代起的罗马共和国钱币反映的是该时期更为广泛的文化，即重视家族纪念意义和家族纪念物品，这种家族纪念理念在文学作品、公共建筑、艺术和铸币上都有迹可循（参见 Cheung, 1998–9）。到了共和国晚期，铸币官屈从于强者，钱币图案的内容是苏拉、庞培和凯撒这些大人物的政策和理想。在罗马帝国时期，钱币上的图案通常是皇帝，最常见的情况是正面为皇帝的头像，背面是颂扬帝国的政策、胜利、家族虔敬、公共建筑或者帝国理想的图案（总论，参见 Burnett, 1987）。因此，古代钱币上的意象，可以为现代学者提供很多有关古代国家、政府和公共权力机构如何看待自己及其政治观点的信息。出于多种缘故，罗马铸币上的意象和图标的研究成果十分丰富（Krmnicek and Elkins, 2014: 11–12）。首先，罗马共和国（Crawford, 1974）、罗马帝国（*RIC*）和行省系列（*RPC* I, II, III, VII.1, IX，其他各卷待出）的钱币都有整齐的样式编目，以及可靠且相对准确的定年，这使它们可以与当时的历史背景联系起来。其次，已公开的窖藏和考古发掘出的钱币规模甚大，成为钱币流通研究的基础，可以帮助我们了解各种钱币图案在古代的影响力和某些样式钱币的目标人群。最后，与希腊或希腊化钱币相比，罗马钱币上的图案在反映历史和政治事件方面更加多样化和直接。

钱币是政治交流的手段

虽然很少有人质疑钱币，特别是罗马共和国晚期和帝国时期钱币上的图像传达了铸币官的家族、罗马政府或皇帝的思想，但关于其背后的作用及其所要传达的意图则讨论热烈。许多学者将罗马钱币图案设想为政治宣传的工具。对罗马钱币的这种现代化的解释产生于 20 世纪中叶，当时全球正处于冲突之中，涉及的主要国家都旨在炮制宣传，以维持对同盟国或轴心国的战争热情和支持。正如安德鲁·伯内特（Andrew Burnett, 1987: 66–71）指出的那样，将罗马钱币图案理解为宣传品的争论可能相当极端。经济史学家阿诺德·H.M. 琼斯（Arnold H.M. Jones, 1956: 15–16）用现代邮票的设计来比拟罗马钱币的设计。根据这个假设，琼斯主张这些图像反映的是政府及铸币者的价值和兴趣，并且没有证据或可能性表明普通民众会关注钱币图案。另外一些学者则认为，钱币向使用者传达高度政治化的信息是毋庸置疑的（例如，Sutherl, 1959 对 Jones, 1956 的回应）。事实上，罗马文学中对钱币的零星记载表明，人们不仅注意到了钱币的图像，还对其进行了解读，有时甚至还做出了情绪上的回应（Burnett, 1987b: 66–71）。例如，卡西乌斯·狄奥（Cassius Dio, 47.25.3）的作品中描述了布鲁图斯（Brutus）的第纳里乌斯银币图案，上面刻有赠给被释奴、象征着利贝塔斯（Libertas，象征自由的女神）的毡帽（pilleus）①，帽子的两侧各有一把匕首，中间是文字"EID MAR"（见图 5.2），意为"三月十五日"。卡西乌斯·狄奥阐释这枚钱币的寓意是，布鲁图斯和卡西乌斯杀死暴君，使罗马人民获得了自由。苏埃托尼乌斯（Nero 25）则错误地将一枚尼禄钱币上的图案解读为尼禄演奏七弦琴，而这枚钱币实际上描绘的是奏基萨拉琴的阿波罗（Apollo Citharoedus）。有时，人们对钱币图案的

① 拉丁文中 pilleus 指一种圆锥形毡帽，可能与希腊世界中商人、旅行者等常戴的 pilos（同样意为"毛毡"）同出一源。据李维等史料记载（Livy, 30.45; 34.52），奴隶被释放之日，重获自由的角斗士都会戴这种 pilleus 帽，因此它有"被释奴之帽"（freedman's cap）的现代通俗说法。因此，在罗马共和国晚期至帝国早期的一些文本中，pilleus 带有"自由"的意义（如 Livy, 24.32; Suetonius, Tiberius 4），甚至成为人格化的自由女神利贝塔斯的标志之一。——校者注

反应可能是相当情绪化的。索克拉蒂斯（Socrates, 3.17）在他所著的
《教会史》（*Ecclesiastical History*）中，描述了尤利安造访安条克。
尤利安降低商品价格的行为激怒了基督徒，他们认为这是敲诈，因
此众多的基督徒谴责皇帝，并且把尤利安钱币上的"异教"公牛〔
RIC VIII: (Antioch), nos. 216–18〕看作他造成混乱的标志（见图5.3）。
我们甚至有时有证据证明私人会对皇帝及其铸造的钱币做出反应，
这种反应通常表现为对钱币正面皇帝肖像的毁损。举例来说，有几
枚卡利古拉钱币的皇帝肖像遭到毁损，很可能就是私人所为（Jucker,
1982: 114–18; Varner, 2004: 24–5）。在密苏里大学艺术与考古博物馆
中，一枚有边框的塞斯特斯币上的卡利古拉塑像也遭到了这样的毁损。
私人会看重钱币上的图像并赋予它们以意义，另一迹象来自从墓葬
和陵寝中出土的大量钱币。这些钱币证明当时的人们会根据钱币背
面的图案有意识地选择陪葬品。例如，在瑞士阿旺什（Avenches），
有着帕克斯（Pax，象征和平的女神）、萨卢斯（Salus，象征安全或
幸福的女神）、菲利奇塔斯（Felicitas，象征丰产或神佑的女神）以
及罗马女神形象的钱币，在土葬墓穴和骨灰瓮中占比更高（Koenig,
1999: 456–8 and his fig. 371）。在现代德国科隆周围的罗马墓葬中，
放置在死者旁边的更多的是能表达对来生的希冀的钱币，例如，人
们会选择背面印有"HERCVLI IMMORTALI"（致不朽的赫拉克勒斯）、
"MEMORIAE AETERNAE"（永远纪念）、"MEMORIA FELIX"（幸
福纪念）之类的钱币样式（Gorecki, 1975: 271–6）。在罗马城，圣彼
得（Saints Peter）和马切利努斯（Marcellinus）的地下墓穴里，一些

图 5.2　布鲁图斯的第纳里乌斯银币，公元前 43—前 42 年于希腊铸造。正面：图案为布鲁图斯的右脸头像，文字为 BRVT IMP L PLAET CEST①；背 面： 图案为两侧各有一把匕首的被释奴之帽，文字为 EID MAR
来源：美国钱币学会 1944.100.4554

图 5.3　尤利安二世时期的毕永（Billon）②铜币，公元 361—363 年于安条克铸造。正面：图案为尤利安二世的右向半身像，戴珍珠头饰、垂褶和胸甲，文字为 D N FL CL IVLIANVS P F AVG③；背面：图案为头朝上右向站立的公牛，上方有两颗星，文字为 SECVRITASREI PVB，下方有 ANTΔ 标记
来源：美国钱币学会 1944.100.22355

①　意为"布鲁图斯，英白拉多；卢修斯·普莱托里乌斯·塞斯蒂亚努斯（铸币官）"
　　〔Brut(us), Imp(erator); L(ucius) Plaet(orius) Cest(ianus)〕。
②　Billon 一词来自法文 bille（"圆木"之意），原指旧制度时代原有银币被不断掺铜贬值后的名为银币实则银含量已不足半的钱币，也用来指与此情况类似的罗马帝国中期的几种贬值银币。——校者注
③　意为"我们的君主弗拉维乌斯·克劳狄乌斯·尤利安，虔诚幸运的奥古斯都"
　　〔D(ominus) N(oster) Fl(avius) Cl(audius) Julianus P(ius) F(elix) Aug(ustus)〕。

有少年圣罗慕路斯（Divus Romulus）① 像的钱币被压封在一个基督教儿童墓龛（loculus）里。显然，正是由于正面有小孩子的肖像，这些钱币才会被选来装饰儿童墓葬（R.-Alföldi, 1996）。

尽管考古材料和文献证据表明，至少在罗马帝国中有人对这些图案做出过解释和反应，但以此为据将钱币图案直接视为政治宣传工具是否真的合适？同样值得商榷的是，罗马钱币设计的目的是否真的像宣传一样，是为了说服或劝说民众接受任何特定的观点？相反的观点是，这些图像可能只是强化了对有名望的罗马共和国家族或皇帝的正面评价，因为这些评价早已在文字、口头语言、艺术和建筑表达中流传（例如，Levick, 1982; Wallace-Hadrill, 1986: 67; Burnett, 1987b: 69; Levick, 1999a; Meadows and Williams, 2001: 49）。卡洛斯·诺雷纳（Carlos Noreña）对"煽动性宣传"（agitation propaganda）和"同化性宣传"（integration propaganda）进行了有益的区分，前者是我们在 20 世纪的历史中最熟悉的一种宣传。他总结道：

> 根据埃卢尔（Ellul）的定义，煽动性宣传旨在改变人们的态度，而同化性宣传则是为了增强人们的态度。前者更显眼、更广泛，其目的往往具有颠覆性，并带有"反对派的印记"，而后者的目的是"稳定社会主体"，使之成为"政府中意的工具"。这种区分是有用的，这有助于解释为

① 瓦莱里乌斯·罗慕路斯（？—公元309年）是"篡权"皇帝马克森提乌斯（Maxentius）之子，并和其父同任 308—309 年的执政官。罗慕路斯早夭后，其父将其神化为"圣罗慕路斯"（Divus Romulus），在罗马市政广场为其建立神庙，并迅速发行了大量以少年罗慕路斯像为正面、他的神庙为背面，题有"MEMORIAE AETERNAE"（永远纪念）字样的铜币（RIC VI Rome 207 et al.）。——校者注

什么帝国政权都曾经费尽心思地宣传一套与在位皇帝相关的理想和价值观。总的来说，罗马帝国时期没有什么煽动性宣传。尤其是在帝国盛期，几乎没有改变态度的必要，更重要的是，帝国传播的实际机制几乎不可能做到煽动性宣传。相反，罗马政权定期或者长期地传播帝国观念，至少部分是为了增强对罗马帝国统治合法性的信心，这样更有可能。……但是，中央国家对帝国理想的官方传播必然意味着对帝国统治的正面评价，这反过来又意味着一定程度的劝导，即使只是隐性的。此外，帝国政权可以使用的宣传媒介之一——铸币，特别适合于这种同化性宣传所依赖的缓慢的、长期的思想传播。因此，作为初步结论，我们可以看到，中央政府通过一系列与皇帝相关的理想和价值观，将皇帝的形象理想化，至少在一定程度上是出于巩固罗马帝国统治合法性的目的。（Noreña，2011a: 18）

如果钱币学家坚持使用"宣传"（propaganda）一词，那么像诺雷纳那样对"宣传"进行理论上的阐释和彻底的定义是有益且必要的，这样可以避免混淆和曲解钱币上的图案功能。但是可以说，"宣传"一词在罗马艺术和钱币学的研究中没有任何地位。罗马帝国没有雇用像希特勒手下约瑟夫·戈培尔（Joseph Goebbels）这样的纳粹宣传部长，也没有类似于戈培尔的帝国国民启蒙与宣传部这种专门的政府宣传机构，我们对古代钱币上的图案制定机构知之甚少，甚至一无所知。研究罗马艺术的历史学家和理论家已经放弃了"宣传"这个词，因为它既包含"说服"或"使受众信服"的政治观点，也包含政府的直接介入，即便没有皇帝本人的直接参与（例如，Zanker，1988: 3；Zanker，2010: 108–12；Stewart，2008: 112）。实际上，在20

世纪初期和中叶，钱币学家认为是皇帝选择了帝国铸币的主题和信息（例如，Sydenham, 1920: 34; Mattingly, 1962: 140）。即使到了今天，很多钱币学家也会过于草率地认为，甚至假设皇帝在选择钱币样式时有较大能动性（例如，Hekster, 2003）。尽管任何公开的国家授权的图案或艺术所表达的内容一定是能被皇帝接受的，但他不太可能直接参与到彰显国家的雕塑或帝国钱币图案的设计中，因为他还有更重要的国家事务要处理。

就铸币而言，图案很有可能是在铸币厂确定的（例如，Wolters, 1999: 290–308; Cheung, 1998–9: 58–60）。事实上，最近一项有关罗马行省钱币上的营门（或城门）和华盖（baldachin）①图案传到帝国晚期钱币上的研究显示，代表地方传统的事物最早出现在这些地区的铸币上，因此，本地的铸币厂在铸币意象的选择上有一定的能动性（Elkins, 2013）。这也暗示，习惯于当地传统的模具刻工或铸币厂官员在钱币上混杂并创造了这些意象。有一个早期例子描绘了复仇者玛尔斯神庙（Temple of Mars Ultor）的奥古斯都钱币，显示了铸币厂在创造铸币图案上的主动性。为了庆祝奥古斯都在公元前 19 年解决了帕提亚问题②，元老院下令要在卡皮托利山（Capitoline Hill）以与"费瑞特里"朱庇特（Jupiter Feretrius）神庙类似的形制，建

---

① baldachin 是一种通常放置在祭坛、建筑或宝座上的遮挡物，类似中文中的"华盖"，但是与华盖不同的是，baldachin 不只有布华盖，一些宗教或仪式性的建筑上坚固的、永久性的檐篷也可以称为 baldachin，baldachin 常常意味着尊重和高贵。

② 公元前 53 年，罗马将军克拉苏领兵攻打帕提亚，全军覆没，罗马军旗被帕提亚缴获。根据卡西乌斯·狄奥（54.8）的记载，公元前 20/19 年，奥古斯都陈兵叙利亚的帕提亚边境，当时的帕提亚王法哈特（Phraates）担心奥古斯都挥师入侵，于是归还了公元前 53 年俘获的俘虏以及罗马军旗。狄奥称，"奥古斯都收得俘虏与军旗，犹如他以战争征服帕提亚人一般"。奥古斯都还和元老院一同进行了诸多宗教和政治庆典，以庆祝这次外交胜利。——校者注

造供奉复仇者玛尔斯的神庙 ①，用以收纳夺回的军旗（Cassius Dio, 54.8.3）。西班牙和帕加马的帝国铸币分厂不久后便铸造了一系列钱币，这些钱币上描绘了一个圆形的还愿小神庙，根据刻印文字和图案，可以确定所描绘的是一座复仇者玛尔斯神庙（*RIC* ² I: nos. 28, 39a–b, 64–9, 72–4, 103–6, 114–20, 507）。然而这座神庙却从未出现在罗马铸造的帝国钱币上。据考古发现证明，复仇者玛尔斯神庙是在公元前 2 年与奥古斯都广场一起落成的，相比元老院 20 年前的规划，它的实际规模更大，而且位置也与规划的不同（从一开始元老院就把这座神庙与解决帕提亚问题联系在一起，而不是与对凯撒刺杀者的复仇联系在一起，参见 Beckmann, 2016）。西班牙和小亚细亚的钱币图案使学者们推测，在奥古斯都建成奥古斯都广场中恢宏的神庙之前，在卡皮托利山上本有一个临时的神庙；或者罗马本就有两座神庙供奉复仇者玛尔斯。当时的情况可能是，奥古斯都拒绝了元老院授予的荣誉法令，因为他打算在广场上建一座更大的神庙。这就解释了一个奇怪的现象，即西班牙和小亚细亚的铸币分厂为了响应这一荣誉法令，在很短的时间内铸造了印有小神庙图案的钱币，而罗马的铸币厂却从来没有机会称颂这一授予奥古斯都的荣誉。一旦得知皇帝没有接受在卡皮托利山上为复仇者玛尔斯建造一座神庙的法令，西班牙和帕加马的铸币厂就停止了此类钱币的铸造（Rich, 1998: 86; Elkins, 2015: 61–3，以及其他参考书目）。

"宣传"一词若应用于罗马艺术和钱币图案，也可能会歪曲图

---

① 根据李维、狄奥尼修斯、普鲁塔克等的记载，"费瑞特里"朱庇特神庙始建于王政时代，一直用来陈列战利品和被斩敌将首级（*spolia opima*）。公元前 31 年亚克兴决战战胜利后，屋大维重修了神庙，并敬奉了大量从埃及带来的战利品。参见 L.A. Springer, "The Cult and Temple of Jupiter Feretrius", *The Classical Journal* 50 (1954), 2732.——校者注

案本身的意图。像考量公共建筑、纪念性建筑及其相关雕塑项目那样来思考钱币上的图案，是非常有帮助的。大多数罗马帝国纪念碑和纪念物不是由皇帝建造和敬献的，而是由元老院和罗马人民发起和敬献给皇帝的（Hölscher, 1984; Zanker, 2000; Mayer, 2010; Hölscher, 2014: 24–6）。在公共建筑、国家浮雕、钱币图案和当代赞美诗及颂词中，修辞和意识形态常常是连贯统一的。在以这种从下至上的意识形态来解读罗马帝国钱币图案的学者中，芭芭拉·列维克（Barbara Levick, 1982）的解释最为透彻。她认为，皇帝是钱币上的图案的主要受众，而不是图案选择背后的能动者（Wallace-Hadrill, 1986 等认同这一观点）。

在罗马帝国历史的几个时期中，铸币上的图案与当代诗歌和颂词之间的关系体现得非常直接。在奥古斯都统治时期，铸币上的图案表达了与当时赞美诗和文字所传达的相同的思想，使用了相同的修辞；帕提亚问题的解决是钱币、艺术和文字的一个关键主题（Zanker, 1988; Lamp, 2013: 80–108）。提比略统治时期再次出现了文字与钱币图案之间的明显关系，当时贱金属钱币上面的文字是对提比略的帝国理想的颂扬：中庸（moderatio），仁慈（clementia），正义（iustitia），虔敬（pietas），协和（concordia）。当维莱乌斯·帕特库鲁斯（Velleius Paterculus）[1] 和瓦莱里乌斯·马克西穆斯（Valerius Maximus）[2] 赞美提比略的治国风格之时，钱币上也出现了同样的赞美辞藻（Levick, 1999b: 82–91）。马克西穆斯

---

① 维莱乌斯·帕特库鲁斯，活跃于公元 1 世纪前后的罗马历史学家，著有《罗马史》，记述了自神话时代到 30 年罗马历史。
② 瓦莱里乌斯·马克西穆斯，与维莱乌斯·帕特库鲁斯约属同一时期，作家，著有《善言懿行录》，记录了罗马人与外邦人的奇闻轶事。

（Maximus, 5）将仁慈的美德归于提比略（另见后来的 Tacitus, *Annales* 2.31.4; 3.50.3; 3.68.2; 6.25.4），而同时提比略时期的杜蓬狄乌斯上描绘了居于盾牌之上的提比略头戴桂冠的半身像，并附有"CLEMENTIAE"（仁慈）字样（*RIC*² I: no. 38）；为了纪念提比略和塞亚努斯（Sejanus），元老院在公元 28 年敬献了仁慈祭坛（Ara Clementiae; Tacitus, *Annales* 4.74）；还有一组杜蓬狄乌斯（*RIC*² I: nos. 39–40，见图 5.4）也有类似的设计，不过钱币上的皇帝半身像无桂冠，且盾牌周围刻字为"MODERATIONI"（中庸），而这也是同时期作家认为提比略具备的另一种品质（Velleius Paterculus 2.122.1; Valerius Maximus 4.1；以及后来的 Tacitus, *Annales* 1.7.6; 1.14.3; 2.36.2; 3.12.1; 3.50.2; 3.56.1,4; 3.69.8; 4.38.4; Suetonius, *Tiberius* 32.2）；一些杜蓬狄乌斯刻着尤斯蒂提亚（Iustitia，象征正义的女神）的半身像并题有该词（*RIC*² I: no. 46），而"正义"也是同时期帕特库鲁斯（Paterculus, 2.126.2）和马克西穆斯（Maximus, 6.5）对皇帝的赞美。提比略在奥古斯都统治时期重建了孔科耳狄亚神庙（Temple of Concord），但在几十年后，他发行的塞斯特斯币上才出现了孔科耳狄亚神庙（*RIC*² I: nos. 74–6）。由于钱币无法反映当前的建筑活动，所以钱币上的"协和"字样可能是指提比略在位期间的相关表达 ① 以及马尔库斯·斯克里博尼乌斯·里博·德鲁苏斯（Marcus Scribonius Libo Drusus）谋害提比略失败后，公众对孔科耳狄亚女神的敬献〔*CIL* VI 91–3, 904, 3674 (3075 = 30856); ILS 3783;

---

① 孔科耳狄亚是同名概念"协和"（Concordia）人格化的女神。相传，公元前 367 年，名将卡密路斯（Camillus）为还愿在市政广场西端始建了她的神庙（Plutarch, *Camillus* 42）；但实际建筑可能于公元前 211 年才开始建，直到公元前 7 年至公元 10 年提比略大修。

Tacitus, *Annales* 2.32.2〕。在提比略统治时期的几种钱币样式都是为了纪念被神化的奥古斯都（Divus Augustus），从而显示出皇帝的虔敬（*pietas*）之意。关于提比略虔敬和尽职的品质，苏埃托尼乌斯（*Tiberius* 17.2）声称，在奥古斯都在世时，有人建议授予提比略"虔敬"（Pius，*pietas* 的形容词形式）的称号（*cognomen*），但奥古斯都不允许，而让提比略（在自己死后）继承自己的称号。提比略的杜蓬狄乌斯上也描绘了一个人格化的蒙着面纱的庇厄塔斯（Pietas）女神的头像，并配有文字（*RIC*² I: no. 43），这再次表明"虔敬"是当时对皇帝的赞美之词的一部分。

图 5.4 提比略时期的黄铜制杜蓬狄乌斯，公元 16—22 年于罗马铸造。正面：图案为提比略头戴桂冠的左向头像，文字为 TI CAESAR DIVI AVG F AVGVST IMP VIII[①]；背面：图案为盾牌上的正面肖像，文字为 MODERATIONI[②]
来源：美国钱币协会 1944.100.39284

图案涉及娱乐项目的帝国钱币也可以说明图案与赞美诗之间的联系。例如，图密善四分钱因皇帝头衔中有 GERM（ANICVS）（"日

---

① 意为"提比略·凯撒·神圣的奥古斯都之子·奥古斯都，第八次担任英白拉多"〔Ti(berius) Caesar, divi Aug(usti) f(ilius), August(us) imp(erator) VIII〕。
② 意为"中庸"。

耳曼尼库斯"）而被定代于公元 83 年或更晚时期，其图案是一头犀牛（*RIC*² II.1: nos. 248–54）。当时的诗人马提亚尔（Martial）在两首诗铭（epigram）中描述了犀牛在罗马斗兽场（Colosseum）中的独特而强健的身躯，借以赞美凯撒 ①：

> 在整个竞技场上，凯撒啊，犀牛已经交付了自己从未展现过的惊人战斗力。猛然间，它爆发出了可怕的怒火！不管对面（之敌）多么庞大，也只不过是个玩物！（Martial, *Spectacula* 11 [9]）

> 猛兽需要很长时间才能重新积蓄力量，训练员紧张地担忧着犀牛，人们放弃了接下来继续战斗的希望。但终于，人们之前见识到的愤怒又回来了，犀牛的双角举起一头沉重的熊，就像一头公牛把无数的道具抛向星空（他年轻又强健的四肢，驱动着他的诺里肯犀角，朝着目标坚定地插去）。他用柔软的脖子将一对公牛铲起，再凶猛的野牛都不得不向他屈服；一头狮子试图从他的长矛尖下逃走：观众们，去吧，在昏沉的日子里，尽情地释放。（Martial, *Spectacula* 26 [22+23]）

① 帝国时期"凯撒"也是头衔，从罗马共和政体转型为帝国的过程中，在身为独裁官的盖乌斯·尤利乌斯·凯撒（公元前 102 年—前 44 年）逝世之后，几位古罗马掌握实权的领导人，都宣称自己继承了凯撒家族的名号（与其合法的统治地位）。于是"凯撒"一词便成了罗马皇帝的众多头衔之一。

长期以来，人们一直认为《盛会之书》（*Liber Spectaculorum*）[①]
中提到的"凯撒"指的是公元 80 年建成大竞技场时在位的提图斯，
但有证据暗示，这位凯撒也可能是图密善，或者《盛会之书》中的
诗可能是同时题献给提图斯和图密善的（Coleman, 2006: xlv–lxiv;
Buttrey, 2007）。犀牛在罗马竞技赛会中非常罕见，因为它们体形庞大，
重达三四吨，运输困难且价格昂贵。可能正是格外惊奇的犀牛表演
让铸币厂和马提亚尔都借此赞颂皇帝。

　　一个年代更晚的例子中，钱币背面描绘了大赛车场（Circus
Maximus）的屏风，屏风上面有支柱装饰，看起来像一艘船，以奥
古斯都的方尖碑为桅杆；船的周围还有很多动物，并有刻印文字
"LAETITIA TEMPORVM"，意为"时代之乐"。这些钱币铸造
的年代约为公元 201—209 年（*RIC* IV: nos. 274 [Severus], 133, 157
[Caracalla], and 43 [Geta]），是塞普提米乌斯·塞维鲁（Septimius
Severus）以及他的两个儿子卡拉卡拉和盖塔（Geta）发行的奥里斯
和第纳里乌斯（见图 5.5）。这些钱币的图案描绘了塞维鲁在位十
周年的一场盛大表演。当时，大赛车场的屏风被装饰得像一艘船架
起帆布后再被放倒，以便台下的野兽可以戏剧化地出场以表演狩猎。
卡西乌斯·狄奥目睹了这一盛况，他在赞美皇帝的作品中描述了这
一场景（Cassius Dio, 77.1.4–5）。他的表达与献给塞维鲁的荣誉铭
文相似，上面写着"……致神圣季节的欢乐与幸福女神"（拉丁文：
pro temporum Laetitia et felicitate sanctissimorum）。铸币上也使用
了相同的文字（Carlson 1969；Rowan 2011: 51–2；关于铭文，参

---

① 《盛会之书》，是罗马帝国诗人马提亚尔的第一部作品，为庆祝公元 80 年竞技场
　开幕而作，内有 33 首诗存世。

图 5.5 塞普提米乌斯·塞维鲁时期的第纳里乌斯银币，公元 202—210 年于罗马铸造。正面：
图案为头戴桂冠的塞维鲁半身像，文字为 SEVERVS PIVS AVG①；背面：图案为被动物和战车
包围、装饰成船的大赛车场的屏风，文字为 LAETITITIA TEMPORVM②
来源：美国钱币学会 1944.100.50203

见 *CIL* VI 32326–32335，特别是 VI 32326）。即使在罗马帝国晚
期，马克西米安（Maximian）统治时期的钱币图案和赞美诗或颂
词之间有时也有明显的对应关系。公元 286—292 年，马克西米
安在卢格杜路姆（今里昂西北）的皇家铸币厂铸造的钱币，其主题
与公元 289—291 年皇帝在特里尔的朝廷中接受的颂词主题相同
（Steinbock，2014）。

赞美诗、颂词与钱币上的图案之间的联系，很可能表明皇帝并
不是钱币样式的幕后推手。这些钱币更类似于敬献给皇帝的荣誉纪
念物，或者是其他人以类似方式献给皇帝的赞美性诗歌和颂词。如
果说皇帝不是选择帝国钱币样式的幕后推手，那么，谁才是呢？

---

① 意为"塞维鲁–皮乌斯–奥古斯都"〔Severus Pius Aug(ustus)〕。
② 意为"时代之乐"。

能动者和帝国钱币样式的选择

在罗马共和时期，每年指定的铸币三吏是制定钱币图案的能动者。在罗马帝国时期，我们知道直到公元3世纪仍然存在着铸币三吏制度，尽管他们大多没有名字记载，且在奥古斯都统治之后，关于他们的信息更少了。铸币三吏制度在帝国时期具体如何运作，我们尚不得知。我们现在知道的是，在皇帝统治下有一个新职位——铸币管理官，他属于骑士阶层，担任铸币厂的负责人（Peachin, 1986）。第一个留下名字的铸币管理官是卢奇乌斯·维比乌斯·楞图鲁斯（Lucius Vibius Lentulus），他在公元98—102年图拉真统治时期担任这一职位，尽管这个职位本身在图拉真统治之前就已经存在（Pflaum, 1960–1: 157–8；Peachin, 1986: 95, n. 5）。在掌管铸币厂之前，卢奇乌斯·维比乌斯·楞图鲁斯曾在公元88—89年担任"双生子"第七军团（*Legio VII Gemina*）司令（tribunus），因此，我们推测他以前曾与图拉真共事。[1] 一种可能的情况是，他在这期间认识了图拉真，并得到他的青睐，在图拉真即位后，他就获得了多个管理官的职位。在他担任了铸币管理官之后，又出任了潘诺尼亚（Pannonia）行省和达尔马提亚行省的管理官，后来又担任了亚细亚行省的管理官。他的最后一个职位是皇家财产总管（*procurator a rationibus*），一个与现在的财政部部长相似的职位。铸币管理官由皇家财产总管监督。我们不能肯定钱币上的图案到底是铸币三吏、铸币管理官，还是皇家财产总管制定的，但卢奇乌斯·维比乌斯·楞图鲁斯的案例告诉我们，他在帝国体制内属骑士阶层，与皇帝有一定的关系。他晚期

---

① 该军团于公元68年在西班牙组建，以罗马建城时的双生子兄弟命名。公元89年时，还未成为皇帝的图拉真是该军团总长（legatus），故推测维比乌斯此时应是他的下属。——校者注

作为皇家财产总管，应该是图拉真政府和"内阁"的重要成员。这表明，直接负责铸币厂的铸币管理官或监督铸币厂的管理人皇家财产总管，和其他那些发起赞美皇帝的散文、诗歌和颂词的显赫骑士和元老一样重要〔如斯塔提乌斯（Statias）、马提亚尔、普林尼、弗隆提努斯（Frontinus）和塔西佗，与皇帝关系密切〕。例如，普林尼于公元 100 年和图拉真同任执政官，弗隆提努斯是涅尔瓦（Nerva）和图拉真时期的水道管理官（curator aquarum），并获涅尔瓦委派进入重要的元老院委员会；公元 97 年，塔西佗在涅尔瓦治下出任代任执政官（suffect consul）①。作为皇帝的"核心集团"或"内阁成员"，这些负责掌管铸币厂的官员很容易接触到诗人和颂词人所写的赞美修辞，以他们的地位则能将这些修辞具象化〔伯内特（Burnett, 1977）认为在奥古斯都统治时期货币发行是二元的，即铸币三吏代表元老院负责发行贱金属币，而铸币管理官代表皇帝负责发行金银币〕。

钱币的意象和受众

钱币的图案设计出自铸币厂，图案与当时的诗歌和颂词意象相近（Levick, 1982; Wallace-Hadrill, 1986; Wolters, 1999: 290–308; Cheung, 1998–9），这似乎是理解罗马帝国钱币设计特征与能动者的合适途径。然而，这并不代表这种思路最终会得出一个结论，即皇帝是帝国铸

---

① "代任执政官"（consul suffectus）本是共和国时期常任执政官（consul ordinarius）在任上去世后，临时代班至任期届满的安排。从克劳狄乌斯到康茂德期间，皇帝每年通常多次委任执政官，除年初以外，年中各次委任都属"代任"，地位也相对较低。——校者注

币图案设计的唯一目标受众（例如，Levick, 1982; Wallace-Hadrill, 1986）。

事实上，有几个例子表明政府对钱币的最终使用者很感兴趣。在公元 1 世纪后半期和公元 2 世纪，有几十种钱币样式向城市平民传递了民粹主义的思想，并展现了皇帝对他们康乐生活的影响[①]。例如，几位皇帝所铸造的钱币展示了向有特权的"领粮平民"（*plebs frumentaria*）分发现金的"礼赠"情景，其中有钱币描绘了皇帝在一个凸起的平台上监督现金分发（见图 5.6）。这些表现场景的图案最常出现在塞斯特斯币上，它们不仅尺寸宽大到足以轻松画下复杂的场景，而且它们由贱金属铸造，因此罗马社会中社会经济地位低下的阶层也可以接触到。然而，受众更宽泛的"慷慨"（*liberalitas*）概念只用于高面额的金银币（Metcalf, 1993；关于不同面额的受众，另见 Hekster, 2003，虽然作者全文都将能动性归于皇帝）。在这些钱币里，"慷慨"的人格化女神利贝拉利塔斯（Liberalitas）（见图 5.7）更宽泛地表达了皇帝的慷慨和善行，即使"慷慨"一词在公元 2 世纪已经开始取代"礼赠"。因此，在不同面额钱币上出现的不同类型的图案暗示了，铸币厂中有人决定了，更具象地表现皇帝向城市平民分发钱币场景的图案应该出现在体积较大、面额较小的钱币上；而更宽泛地表现皇帝慷慨的人格化的利贝拉利塔斯则应出现在体积更小、面额更高的钱币上。实际上，很多皇帝的铸币倾向于在贱金属钱币上描绘民粹主义思想。例如，在涅尔瓦统治时期，塞斯特斯币涉及"礼赠"（*RIC* II: nos. 56, 57, and 71）、减免意大利的邮驿负

[①] 公元 1—2 世纪，罗马人口数量较之前大为增长，平民经过多年的抗争，元老院也为稳定根基，大大地提升了公民大众的参政权力，推动了粮食赈济政策。

图 5.6　尼禄时期的黄铜制塞斯特斯币，公元 64—68 年于罗马铸造。正面：图案为头戴桂冠的尼禄右侧头像，文字为 NERO CLAVDIVS CAESAR AVG GER P M TR P IMP PP①；背面：图案为尼禄坐在高台上，随行的侍从在台上向平民分发钱财。以密涅瓦（Minerva）和利贝拉利塔斯（慷慨女神）的雕像为背景，文字为 CONG I DAT POP SC②
来源：美国钱币学会 1937.158.467

图 5.7　哈德良时期的第纳里乌斯银币，公元 134—138 年于罗马铸造。正面：图案为哈德良右侧半身像，头戴桂冠，文字为 HADRIANVS AVG COS III PP③。背面：图案为左向站立的利贝拉利塔斯（慷慨女神）像，文字为 LIBERALITAS AVG VI④
来源：美国钱币学会 0000.999.18933

———————

① 意为"尼禄-克劳狄乌斯-凯撒-奥古斯都-日耳曼尼库斯（对日耳曼的胜利者），大祭司，保民官，英白拉多，祖国之父"〔Nero Claudius Caesar Aug(ustus) Ger(manicus), P(ontifex) M(aximus), Tr(ibunicia) P(otestas), Imp(erator), P(ater) P(atriae)〕。

② 意为"首次礼赠平民，元老院之令"〔Cong(iarium) Primum Dat(um) Pop(ulo), S(enatus) C(onsultum)〕。

③ 意为"哈德良-奥古斯都，第三次执政，祖国之父"〔Hadrianus Aug(ustus), Cons(ul) III, P(ater) P(atriae)〕。

④ 意为"奥古斯都第六次'慷慨'"〔Liberalitas Aug(usti) VI〕。

担（*RIC* II: nos. 93, and 104）、分配粮食（*RIC* II: nos. 89, and 103）以及罗马人民的好运和财富（Fortuna, *RIC* II: nos. 62, and 85）。然而，涅尔瓦时期的金银币却几乎只描绘了帝国理想的人格化形象，如自由女神利贝塔斯（*RIC* II: nos. 7, 19, 31, 36, 39, and 43）、公正女神埃奎塔斯（Aequitas, *RIC* II: nos. 1, 13, 25, 44）、正义女神尤斯蒂提亚（*RIC* II: nos. 6, 18, 30）和幸运女神福尔图娜（*RIC* II: nos. 4, 16, 28, 35, and 42）。尼禄至图拉真时期，为民众建造的建筑也有出现在铜币上的趋势，尤其高频率地出现在了塞斯特斯币上（Elkins, 2015: 108—13）。至于所有罗马帝国铸币中面额最小的四分钱，因主要流通于罗马城内，故其外观设计通常描绘的是日常生活中的世俗方面，而不是罗马帝国政策或意识形态中宏大的一面。例如，卡利古拉的四分钱表达的是免除千分之五的拍卖税（*RIC* I^2: 39, 45, and 52），克劳狄乌斯的四分钱表现的是量制和衡制的改革，而克劳狄乌斯、涅尔瓦和哈德良的四分钱则描绘了帝国为城市平民（*plebs urbana*）分派盛放粮食的莫迪乌斯（modius, 一种谷物容积单位）。

　　除了面额之间的明显差异以及不同面额上出现的多种主题以外，根据过往的考古证据，铸币厂和（或）国库明白铜币上的某些图像可以向罗马帝国内的不同人群传达观念，因为铜币不像金银币那样流通较广（更多讨论参见 Elkins, 2009a: 42-6）。马库斯·彼得（Peter, 1996）关于公元 2 世纪铜币流通的研究表明，西部省份的钱币供应中存在样式差异，他还正确预言了学者们在过去约 10 年里针对该主题所做的大量研究工作。弗勒·凯默斯（Fleur Kemmers）对奈梅亨弗拉维（Flavian）军团堡垒的出土钱币进行了研究，她大胆地指出，在那里士兵们的薪酬是用带有军事意象的钱币支付的，因为在军团堡垒发现的带有这种意象的钱币的集中度明显高于邻近的平民聚落或罗马城（Kemmers, 2006: 189–244，重点见第 219–44 页）。对其他军事遗址中出土的军饷所用钱币样式差异化问题，学者们的进一步研究也卓有成效（Kemmers, 2014）。对弗拉维和图拉真时期背面带有建筑图案的钱币发现地的一项研究表明，绘有罗马城内公共建筑写实样式的钱币，在罗马城内发现了更多（Elkins, 2011）。最有力的证据是图案为图拉真时期水道（Aqua Traiana）建设的钱币（*RIC* II: nos. 463–4, 606–9），此类钱币在罗马发现的钱币数量远多于其他地方（参见 Elkins, 2011: 652–3 and fig. 8）。毫无疑问，我们必须对铜币的样式差异化进行进一步研究，而现有证据表明，钱币是根据其意象的相关性被提供给特定人群的。

尽管需要进行更多研究，但研究人员必须记住，钱币首先是经济物品，钱币供应的异常也可能是由于人群的流动造成的，如皇帝宫廷、殖民地和军团堡垒的建立等，不一定总是暗示钱币是按样式差异化供应的。例如，在莱茵河沿线发现了大量的四分钱，而这种钱币通常在罗马和意大利境内流通。它们出现在这里，可能是由于该地区需要小面额零钱，以及公元83年图密善皇帝对卡蒂人（Chatti）[①]的战争前夕驻扎在美因茨导致的（Kemmers, 2003）。同样的，在黑森州（Hessen）和陶努斯山–韦特劳（Taunus-Wetteran）边界一带的一些遗址中发现了 5 枚公元 80—81 年发行的非常罕见的弗拉维大竞技场图案的塞斯特斯币，这些钱币本应更适合罗马城内的受众，它们很可能也是公元 83 年随皇帝及其随从来美因茨督战时才来到该地区的（Elkins, 2009b）。我们合理地推测，这种本应在罗马的城市受

[①] 卡蒂人，日耳曼部落，1 世纪时成为罗马人最强大的敌手。当时卡蒂人从维苏吉斯河附近的发祥地跨过陶努斯高原，扩张到默克斯河流域，击败切鲁西人及其邻近部落。公元 83 年，图密善皇帝把他们从陶努斯高原赶走。

众中最能引起共鸣的设计，对罗马边疆的民众意义不大。

除了这些以考古发现为基础的方法来确定目标受众之外，学者们还可以根据窖藏和考古发现来量化不同钱币样式之间的相对显著性（关于窖藏钱币，主要参见 Noreña, 2001；Noreña, 2011a）。这类工作尤其重要，因为有些历史学家会夸大某些钱币样式的重要性，但是这些样式却很罕见，甚至是独一无二的。比如说，经常有关于在罗马钱币上表现建筑的研究，这也是罗马钱币图案研究中最受欢迎的主题之一，即使这类钱币在流通钱币中只占了很小的比例。在弗拉维和图拉真时期，建筑意象的钱币数量变化最大，建筑样式的铸币占韦斯巴芗发行的贱金属铸币的 2.49%（12/482），占图密善铸币的 1.17%（13/1109），占图拉真铸币的 2.44%（14/573）。在特里尔发现的铸币中，建筑样式的铸币占韦斯巴芗铸币的 3.9%（10/256），图密善铸币的 0.58%（2/353），图拉真铸币的 1.90%（8/240）（Elkins, 2011: 654; Elkins, 2015: 116）。对考古发现和窖藏中的钱币样式进行量化分析，我们可以想象当时人们最常接触哪些图像和信息。正如诺雷纳的文章所述，从公元 1 世纪后期到公元 3 世纪初，人们最常接触到的图像是表达帝国理念的人格化形象。悖谬的是，人格化的图像往往被现代学者忽略。他们认为这些图像是单调重复的，缺乏彰显公共建筑、战斗胜利和礼赠等更为复杂的"新闻事件样式"钱币的那种传递强有力信息的能力（Duncan-Jones, 2005, 可与 Beckmann, 2009 的驳论一起阅读）。现代学者一般倾向于研究那些较罕见的表现特定历史事件的钱币类型。但这更多地反映了我们现代人的兴趣和观点，而不是古代的现实。罗马的纪念性艺术作品和雕像满是神祇和人格化神的形象，私人的奢侈品艺术也是如此，这表明这些作品对罗马受众群体来说是亲切且明白易懂的。此外，和在帝国铸币上用具象化的人格化形象一样，在公元 1 世纪后期和 2 世纪，罗马作家倾向于以个人品质来评价统治者，而不是根据他们的具体行为，这再次暗示，人格化形象可以被理解成皇帝理想或品质的体现（如 Burnett, 1987b: 78–9）。

微型纪念物

罗马钱币起到了"微型纪念物"的作用，因为它们在表现历史和政治内容方面一直都比较及时，并且在大多数情况下，部分钱币似乎是指向皇帝本人的，就像大多数公共纪念性建筑都是献给皇帝的，那些赞美诗和颂词也是为了取悦皇帝（Cheung, 1998–9）。罗马钱币的背面设计不能像通常理解的那样，在缺乏其他文献的情况下被当作历史文献处理，钱币是国家认可的艺术媒介，因此独立于诸如塔西佗、苏埃托尼乌斯、卡西乌斯·狄奥等历史材料倾向的影响，而总是以正面的方式来描绘他们的皇帝。虽然钱币学在诸多历史学科中常常是一座孤岛，但它显然站在历史、文字和文学、碑铭学、艺术史和考古学的交叉点上。钱币不是凭空产生的，它是在艺术、纪念物和文学的鲜活文化中被创造出来的，因此钱币图像学的研究者必须关注罗马社会的多面性，努力像罗马人一样看待这些意象。

第六章

货币及其阐释：考古学和人类学视角

阿莉西亚·希门尼斯（Alicia Jiménez）

本章研究的是作为学术阐释的对象和为古代交易和消费模式提供论据的考古文物的货币。本章结合了最近关于古代经济、通过物质文化表达身份认同以及殖民主义的相关理论，简要地探讨了与货币制造、使用和流失有关的论据。最后，本章将就我们当下将钱币概念化的方式以及收藏文化遗产的伦理问题发表一些评论，但不求详尽无遗。我将重点讨论公元前 3 世纪至公元 2 世纪的罗马经济，以及罗马与各行省、货币和帝国主义之间的关系，但我也会适时地提到其他地方和年代，以扩大讨论范围。以下内容主要以古代罗马世界为例，旨在指出，对货币（尤其是对一种特定的货币，即钱币）的阐释需要成为考古和文化人类学对物质文化阐释持续讨论的一部分。

货币传达信息

如今大多数学者认为，货币首先是一种交易媒介。它为物品的交换提供了便利，或者它本身就是交换的对象。它还可以作为财富储存，也可以用作记账单位（Aarts, 2005: 2; Seaford, 2004: 16–20; Harris, 2006: 5）。而对于货币是如何实现所有这些功能的，以及应该如何解释它，则不是那么清楚。基思·哈特（Keith Hart）不久前说，货币是一种传递信息的工具，是记录交易的"记忆行为"（Hart, 2001: 234）。这意味着，货币作为一种象征或符号，货币内在地和这个复杂的哲学问题联系在了一起，即现实物质如何（以及是否）代表一个抽象概念（Maurer, 2005），并且陷入了这样一个悖论：作为一种抽象物，货币几乎可以由一个特定的社会所认同的任何物品来代表。货币可以是铸币。在公元前 3000 年的埃及和美索不达米亚，货币是金银条；在公元 11—17 世纪的东南亚，货币是铸锭；在中国的宋朝（公元 960—1279 年），货币是纸币；货币还是 19 世纪埃塞俄比亚的盐币①，是 16 世纪墨西哥的铜斧，是 19 世纪新不列颠（巴布亚新几内亚）的坦布（Tambu）贝壳②，是 19 世纪的圣克鲁斯群岛（所罗门群岛）的羽毛③ 和 17 世纪刚果的布匹（Eagleton and Williams, 2007）。因此，对货币的解释取决于我们对生产、消费和交换这些从文化视角构建出的概念的理解，也取决于每个社会对货币交换之于其他交换领域的对立或关联的不同理解方式（Bloch and Parry, 1989: 1）。因此，任何完全基于经济交易的货币分析都不可避

---

① 时至今日，在埃塞俄比亚的边远地区，10 磅重面包状的盐块仍作为货币使用。

② 巴布亚新几内亚的托莱人使用一种叫"坦布"的贝币串，坦布有标准长度，较短者被用作小额钱币。它可用于广泛的交易中，如在市场上购买食物或者付聘礼。它还具有另一层象征含义：托莱人认为一个人一生的价值是由他死时坦布的分配来确定的，坦布越多，丧葬宴会规模越大，他的声望也就越高。

③ 圣克鲁斯群岛上的居民使用羽毛作为货币，羽币由鸽子的深色羽毛，再加上一种稀有的绣眼鸟的羽毛制成。

免地会因货币的情境和关系而变得令人费解。

　　货币通过发挥价值尺度功能来执行一系列复杂操作。货币在不相同事物之间建立了等价关系，使它们在价值方面同化并使不同商品之间的比较成为可能（Kopytoff, 1986: 71）。它将物质不可思议地转化为抽象的价值，从而将质量差异转变为数量上的不同。货币将不同事物融入一个共同的衡量体系中（Bloch and Parry, 1989: 6）。货币被认为是所有善与恶的根源。齐美尔（Simmel, 1900: 308–14）相信，货币将具体的事物（钱币、金属棒、盐等）转化为抽象的东西（价值）的能力是这种交换方式的优势，它增加了人的自由，提高了社会融合度。例如，在中世纪的欧洲，一些农奴有机会用钱币支付给庄园主，不一定非要用啤酒、家禽或牛。只要能满足支付的要求，农奴在出售农产品获得钱币后，就可以自由地生产自己想要的东西。以物易物需要交易双方之间有一定的信任，而齐美尔说，货币可以将这种信任扩大到任何使用相同货币的人。

　　还有一些学者认为货币是错误表征的来源。马克思分析了无法获得生产资料的生产者与属于他人的劳动产品之间的分离关系。通过货币价值的表现，人与人之间的关系（生产者与生产资料的所有者）被伪装成了物与物之间的关系（货币与商品）。这样一来，价值就仅仅被看作商品的又一种内在特征，即"自然属性"，它在市场上似乎完全脱离了生产者（Ollman, 1976: 195–6）。

　　如果说货币是一种代表物，那么货币的真实价值又在哪里呢？正如货币在过去和现在的各个社会中所呈现出的不同形式一样，货币的价值并不在于它可能是由贵金属制成的，也不在于政府的信用保证，因为在有些社会中，货币既不是金属的，也不需要政府标记来行使职责。不同地区、不同时期的信托钱币的丰富性，恰恰进一步说明了货币的名义价值不完全匹配其内在价值。作为抽象（价值）的一种表现形式，货币同样存在上述形式的不可避免的偏差，因为它不能完全再现真实的事物——货币虽可以换取多种商品，但不能完全代表任何一种商品。比尔·莫勒提出了一个实验性的想法，即不把货币解释为一种错误表征或不可理解的理想形式（在这种情况下，就是"价值"）的复制，而是把它解释为一种主要通过同质性和等价性发挥作用的交换手段。在莫勒看来，我们需要考虑的是货币与商品之间的比较（考虑等价性而非物品的内在价值）是否像其他形式的易货方式一样，是货币的价值所在（Maurer, 2005: 142）。西福德（Seaford, 2004: 17–18）对此提出了一个有趣的想法。他指出，货币（"x"）提供了一种价值尺度，人们可以计算出需要多少个单位的"x"才能达到不同商品（如"y"和"z"）的价值。这就是说，即使没有货币（"x"）的物质存在，商品（"y"和"z"）的交换也是有可能发生的，并且单纯转手"x""y"或"z"也是可能的，因为借贷和借记都可以用货币（"x"）记录。什么是"货币"是由文化决定的，因此有时一方看来是物物交换的行为，在另一方看来是一种交易，后者将这种交易理解为用货币换取对方提供的货物（Einzig, 1948: 327）。在这方面，物物交换和原始货币在某些情况下是重叠的，几乎没有什么区别要素。在经济交易中，我们倾向于把货币放在首位，因为我们生活在一个有不同类型的全用途货币的社会中，但是，如果意识到我们可以用任何种类的商品（当然数量差异会很大）来"购买"钱币，那么这种概念上的交易就可以颠倒过来。

货币可能比其他商品更容易进行比较，但更关键的是，人类学家已经表明，在不相似的事物之间建立价值等价物以实现交换（例

如番薯和货币，或者在物物交换情况下的番薯和锅）的过程是一种
文化建构。社会确立了哪些事物在价值方面是概念上的等价物，以
此将自然界的事物安排在一系列或多或少相互独立的交换领域中
（Kopytoff, 1986: 71–2）。大多数社会似乎将等级秩序，强加于那些
（因其伦理价值）在认知上相近而同属于可交换商品类别的事物范
畴（Bohannan, 1955: 62; Kopytoff, 1986: 69）。通常情况下，有一些
东西是无法购买的。多数情况下这些东西属于非世俗领域或者处于
强势群体的垄断之下，他们通过拥有这些东西的能力来加强自己的
地位（Kopytoff, 1986: 73）。其他物品的交换被限制在一个非常有
限的范围内，只能通过交换其他同样单一类型的商品来获得，然而，
这些领域的物品交换十分频繁，其交换类别往往与日常生存息息相关。
举一个经典的案例，保罗·博安南（Paul Bohannan）认为，生活在
尼日利亚北部贝努埃河谷（Benue Valley）中部的蒂夫人（Tiv）[①]，
尽管在欧洲殖民之前没有货币，但他们却有三种主要的交换类别。
最常见的包括食品、家庭用具和一些工具。妇女们经常用红薯换取
一些盆盆罐罐。第二类与声望有关，涉及奴隶、牛、铜棒和一种叫
"土古度布"（tugudu）的交换。有趣的是，奴隶的价格可以用牛和
铜棒表示，而牛的价格可以用铜棒和土古度布表示。铜棒被视为声
望领域内的通用货币，而与货币不同的是，它在其他交换领域的功
能是有限的（Bohannan, 1955: 67; Bohannan, 1959: 498）。最后一类
交易只包括一种物品，它被认为是最单一的，不能与自身领域之外
的任何东西进行交换：妇女和诸如儿童等依附于人的权利（Bohannan,
1955: 62–3）。这些划分在非货币社会和货币社会中都存在。即使

---

① 西非民族之一，主要分布在尼日利亚贝努埃河两岸。

在高度货币化的资本主义社会中，也有一些东西是买不到的，或者说是非法或禁忌的，比如人在政治和学术上的恩惠（Kopytoff, 1986: 77）。

尽管当孤立地看待货币时，由于其文化和语境衍生的意义不同，我们很难对货币下一个放之四海而皆准的定义——但布洛克（Bloch）和帕里（Parry）说，如果我们分析货币和其他类型交易中所涉及的长、短再生产周期，仍然有可能在不同文化之间找到一种共通的模式。短周期包括日常交易、商业、雇佣劳动和个人收益，而长周期的交易秩序则与社会结构的象征性再生产有关（Bloch and Parry, 1989: 23–4; Aarts, 2005: 17–27 将这一模型应用于罗马行省）。但最有趣的跨文化模式可能是，即使名义上这两个领域是分开的，而最终仍会相互依赖，现实中存在多种手段可以将短周期商品转入长周期范畴中。例如，布洛克和帕里（1989: 25）研究中的"斐济的'饮用'现金（cash）[1]，兰卡威的'烹饪'货币，以及贝拿勒斯婆罗门的'消化'朝圣者的礼物"等都被归入了这类转化中。

从这个角度来看，我们通常认为货币所起到的革命性作用——是社会转型的主要动因之一，以及传统社会中伦理经济解体的最终原因——被颠覆了。货币不会产生一种特定的世界观：一种特定的文化环境会产生一种特定的对货币的定义。导致社会转型的主要因素是交换关系的改变，而不是交换手段（货币）的变化（Bloch and

---

① 这里的现金其实指的是斐济制造饮料的一种经济作物——阳高那（yaqona），在斐济，很多地方保持着半自给自足的经济模式。阳高那在当地除了日常饮用外，主要在社会和地方的各种仪式中发挥作用，是维持社会秩序的重要手段，包括下文中所说的"烹饪"货币和"消化"朝圣者的礼物，这些可以作为商品的等价物，能用于交易。通过"饮用""烹饪"和"消化"来维持社区团结和阶级身份，都可以视作对这些物品的净化，也成为打破长短再生产周期的因素。

Parry, 1989: 19）。货币需要与所有交易系统联系起来进行解释，不仅是经济上的，还有政治和宗教上的。因此，有必要在考古学和人类学分析中对货币进行彻底的重新定位，将货币理解为一种处于成为商品和不再是商品过程中的物质文化，而不是一种稳定的、明确的定义。商品化进程在不同的事物之间实现价值同质化，而每个社会存在着交换领域的差异则阻碍了这一进程（Kopytoff, 1986: 73）。科比托夫将商品定义为"具有使用价值、可以在独立的交易中与对应物品交换的事物"（Kopytoff, 1986: 68），在这种语境下，对应物品指的是等价物。商品化的事物仍然具有交换价值，但可能会在一次交易后被"去商品化"，或者永远不会再被交换。一个事物唯一明确是商品的时刻，是在它直接或间接地使用货币进行交换的那一刻（Kopytoff, 1986: 68, 83）。这里的一个关键点是领域和类别的流动性。另一个重点是，用货币交换商品可能是一种更复杂的、非严格意义上经济交易的一部分，比如建立庇护关系，或者在婚姻谈判中的聘礼交换（Kopytoff, 1986: 69）。商品化的事物是可以被个人重新定义的，这种重新定义使事物从其自身的类别中独立出来，并将其与一种附加价值联系起来，个人可能出于自身或情感原因将这种附加价值加于物品之上，从而提高了物品的价值，甚至将其从交换领域中抽离出来。物品不仅可以被个人独特化，还可以被赋予某类事物以某种特定价值的宗教、职业或种族群体独特化（Kopytoff, 1986: 76）。因此，考古学家们需要承认这样一个事实，即物品的商品地位毫无争议的唯一时刻就是交换那一刻；个人、群体和社会间价值观念的冲突，甚至在殖民语境中不同的商品文化建构之间的互动，都可能导致交换领域内的矛盾（Kopytoff, 1986: 88）。

因此，商品化应该被理解为一个文化过程，而不是任何特定物品本质的一部分（Kopytoff, 1986: 83），我们在对考古发现的解释中也应如此考虑商品化。即使是像钱币这样作为交换手段的物品也可能不再是商品（比如当它用于奠基或丧葬仪式等目的时），或者被人为地从流通领域中抽离出来（如，被用作珠宝首饰）（Rowan, 2011）。从这个意义上说，任何事物都有自己的"生平"：它们可能先属于一个领域，然后又属于另一个领域，可以在经济交易中使用但随后不再是商品，或者可以在另一个社会中发挥不同的功能。科比托夫解释说，物与人的社会身份是在文化上相互依存，同时建构的。一个事物是什么，一个事物能做什么，它的"地位""生平"所固有的可能性，都源于将它标为一个特定类别的文化类型（Kopytoff, 1986; 66, 90）。这就是不考虑伦理经济和社会习俗就不可能正确解释经济交易的主要原因（Bohannan, 1955: 64; Kopytoff, 1986: 64）。一些考古学家和钱币学家在 20 世纪 70 年代末开始探索这条道路（Nash, 1978; Haselgrove, 1987; Roymans, 1990; Aarts, 2005; Krmnicek, 2009）。

在多元交换领域和价值文化建构背景下解读货币的影响是深远的。这一角度挑战了"货币只有单纯经济功能"这一普遍观点。它表明，对某一特定类别事物只进行货币和非货币功能的划分是有问题的，因为这种划分在根本上依赖于商品化和独特化这一流动的过程，以及它在特定社会中的地位具有的多种可能性，这些可能性在它的"生平"中可能实现，也可能实现不了。我们采取的这一角度考虑到了"钱币的跨范畴流动性，从交易媒介、价值存储手段到装饰、展示功能，或在仪式中的象征意义，这些功能钱币都可以实现"（Haselgrove and Krmnicek, 2016a: 10）。它还质疑了货币演变的传统观点以及使用货币和不使用货币的社会之间的僵化区分，因为它强调了这样一个事实，即同一社会可能在不同的交换领域中使用不同种类的货币，或在某一个领域内实施物物交换而在另一个领域内使用货币。它还强调了货币在几个"传统"的非资本主义社会中的重要性，以及其中一些社会广泛存在的商品化现象（Kopytoff, 1986: 79; Bloch and Parry, 1989: 7）。

物物交换、货币和铸币

把货币看作由不同类型的交易组成的复杂系统的一部分，为解释货币的历史带来了新思路。自 19 世纪以来，学术文献中的主流论述描述了货币在不同阶段的线性演化：从以物易物到货币，最后到铸币和其他复杂的金融工具，有些工具当前甚至没有实物的支撑，比如金融衍生产品（Maurer, 2015: 140）。这种观点中，物物交换和货币的主要区别是概念上的。物物交换指的是对两种不同的东西进行一定数量的一次性交换，而在货币交换中，货币作为媒介，意味着事先人们就都认同了一种抽象的记账单位。然而一般用途货币并不是计算抽象价值的唯一方式。正如我们之前所述，保罗·博安南的研究表明，在货币引入蒂夫人社会的交易系统之前，通过以物易物的方式来计算被认为是等价的事物，是可以做到的（Bohannan, 1959）。

即使是钱币这种普遍存在的一般用途货币，在某些情况下也可能作为特殊用途货币发挥作用。本杰明·P. 鲁利分析了公元前 4 世纪末至公元前 2 世纪末，法国东南部讲凯尔特语的拉塔拉聚落与希腊殖民地马萨利亚之间的互动，颇有启迪意义。他认为，流通于拉塔拉当地的希腊钱币被用于和希腊殖民地马萨利亚贸易有关的特定交换领域（Luley, 2008）。拉塔拉是在公元前 6 世纪末建立的，但它的居民直到公元前 4 世纪中叶才开始使用希腊钱币，此时开始出现钱币窖藏。在多数情况下它们被弃置或遗失于家庭环境中，考古学家在发现钱币的同时还发现了一些其他室内物品，如马萨利亚的盛酒双耳瓶、炊具和食具（包括当地和进口的黑彩坎帕尼亚 A 型陶器）、青铜首饰和青铜或金质搭扣碎片等（Luley, 2008: 180）。房屋中与发现的钱币同时存在的其他物品，是拉塔拉与希腊殖民者交换的结果，但直到公元前 121 年罗马人征服该地区后，考古学家才在与当地生产活动有关的其他地区（如青铜器作坊、面包房和面粉厂）中发现了钱币，这些地方可能发生商品交易行为。拉塔拉当地从未铸造过钱币，即使在被征服之后，流入此地的罗马钱币数量也非常有限。拉塔拉的马萨利亚钱币可能属于外来的希腊价值体系，而不是用来购买当地生产的商品的，因为除了希腊人引进的钱币之外，北方其他讲凯尔特语的定居点中并没有发现其他银器（Luley, 2008: 183）。也许，正如鲁利所言，马萨利亚钱币同其他殖民地环境下表述的一样（Comaroff and Commaroff, 2005），它是一种机制，使两种不同价值体系得以相称。"用于指定货物交易和计算信用的代币"（Luley, 2008: 184），使希腊商人和当地拉塔拉人之间的交易成为可能。也就是说，在罗马征服前的拉塔拉价值体系中，马萨利亚银币可能是用于购买某些商品的特殊用途货币。

　　从以物易物到货币，再从货币到钱币的严格线性演变似乎与证据相矛盾，这不仅因为货币在一些所谓的"传统"社会中很重要，还因为在钱币广泛流通的社会中，以物易物和其他不同类型的货币从未被钱币完全取代。几年前，哈里斯（Harris, 2006）和霍兰德（Hollander, 2007）的两份研究质疑了所有罗马货币只是由钱币组成的假设，并讨论了晚期共和国中使用金银锭（未铸造的金银）、金融工具和其他资产（如谷物、牲畜、土地、奴隶或劳动力）作为支付手段时，钱币需求减少的证据。1992 年，克里斯托弗·豪格戈在一部开创性的著作中为下述理论辩护："货币使用的模式不仅可以从商品交换方面来定义，还可以参照税收、租金、工资、信贷和金融的复杂性进行界定。"并提出对于罗马经济的讨论需要"超越将罗马经济简单描述为货币化经济"（Howgego, 1992: 29）。事实上，共和国时期负责生产大量铸币的国家，也以不同类型的商品形式收得税赋，例如金银锭〔"桂冠金"（aurum coronarium）〕[①]；同时，国家也以金银锭和实物来支付开销，例如公输（annona，指政府向民众分配粮食）以及军队和退伍老兵的薪饷（Howgego, 1992: 9, 22–4; Hollander, 2007: 93–4）。根据波利比乌斯（Polybius, 6.39）的说法，粮食和装备是从士兵的工资中扣除的，尽管第纳里乌斯银币才是军饷的核算单位（Roth, 1999: 224）。罗马人的例子清楚地表明，高度货币化的经济具有减少钱币需求的效果，而钱币的短缺不应该被解释为阻碍经济增长的主要因素（Howgego, 1992: 16; Harris, 2006: 24; Hollander, 2007: 57）。

尽管钱币在大多数支付活动中仍然非常重要，但搜集到的一些罗马史料表明，用于购买不动产的大笔款项有时是通过信贷、债券甚至分期付款的方式支付的（Cicero, De officiis, 3.59; Cicero, Epistulae ad Atticum, 16.2.I; Harris, 2006: 2–3）。银行家能够远距离支付，这些支付可能是交给能放出信贷的其他银行家的（Harris, 2006: 6, 11）。

[①] 这本是希腊化时代各王国收取的税赋，以向国王或其他显要人物敬献金质头冠或金叶环。罗马共和国中后期，赢得战功的将军们也开始为凯旋式或其他大型庆祝活动，以桂冠金的名义向被征服的希腊地区征收税赋。

哈里斯提出，不仅信贷是罗马时代的一种货币运转形式，在公元 2 世纪还存在一个待偿贷款（*nomina*）市场，个人能够"以债务的方式支付，这些债务并非来自他们自己借的贷款，而是来自其他接收这种付款的人放出的贷款"（Harris, 2006: 15; 反驳 Howgego, 1992: 3; Andreau, 1999: 132; von Reden, 2002: 146）。罗马人会使用没有内在价值的货币或近似货币的形式，例如 *partes*（征税承包和商业合伙的股份）和 *syngraphae*（类似现代的本票），或者完全的名义货币——*permutationes*（远距离货币汇兑）和 *nomina*（债务），即便古代史料（主要来自共和国时代的西塞罗作品）传达的信息并未完全说清这些形式的本质以及在这一时期使用的广泛程度（Hollander, 2007: 39）。

　　以前的观察结论是，在特定的社会中，某些商品被认为适用于特定的交易领域；霍兰德在货币研究中又增加了一些细微的差别。在日常领域或商品的短循环中，货币的使用因情境的不同而不同，情境也决定了哪些资产可以取代货币作为支付手段、记账单位和价值储存。霍兰德（Hollander, 2007: 88-9）定义了罗马共和时期四个相互关联的货币领域：政府货币区（主要涉及税收、公共合同和士兵薪水的支付）、商业货币区（商人的中远程贸易）、城市货币区（城镇居民的私人货币活动）和乡村货币区（国家经理人 ① 以及农业和畜牧业部门的经济活动）。在城市货币区，货币需求可能很高，而城市平民主要通过有偿劳动获得的钱币来购买食物和住房。农民则可

---

① 在共和国时期，奴隶在罗马得到广泛使用，农场、矿山、作坊、牧场和各种建筑部门完全采用奴隶劳动，当时在罗马乡村发展出的一些从事生产和服务的企业雏形，很多经理人由奴隶主委托信任和有能力的奴隶来经营（参见 Jean-Jacques Aubert, Business Managers in Ancient Rome. A Social and Economic Study of Institores, 200 B.C.-A.D. 250, *Columbia Studies in the Classical Tradition*, Volume 21, 1994）。

以使用一系列资产来完成付款，包括与城市相比流通更少的钱币。

钱币的制作、使用和流失

现在，我将讨论一种特殊类型的货币——钱币，以及在一个特定情境下对钱币的复杂解释：罗马共和国晚期到罗马帝国早期（大约公元前 3 世纪中叶到公元 2 世纪）。尽管古罗马钱币经常被视为编目者的原始史料、年代学信息的重要来源以及用于建立古代精英史的证据，但对它们的情境化分析也可以为古代商品化、交换和大众消费模式，以及通过物质文化和罗马殖民主义来表达身份认同提供证据。

关于钱币的解释，有两个重要的问题不可避免地交织在一起，即钱币的起源和功能。搞清楚起源和功能之所以重要，是因为它将物品与实践活动联系在一起，并强调了制造者的能动性，而排除了钱币在丢失之前或不再是商品之前可能具有的多种用途。学者们常常认为，货币在东地中海地区的发明是出于财政方面的原因，是为了方便国家的大额支付；罗马共和时期也是如此，当时铸币数量的波动据说主要与支付部署在新征服省份的军团费用有关（Crawford, 1970: 46）。豪格戈（Howgego, 1990）引用古代史料提出，铸造钱币的实际原因更为复杂。如果不考虑贵金属的获取方式，不考虑金银充裕或短缺时期是如何影响钱币发行的，就不可能理解钱币的生产模式。财政支出与新铸币的发行不一定有关：我们了解到有支出而无新币发行和有新币发行而无支出的例子。如果将新币和支出简单地联系起来就会忽略其他支付手段的重要性，如金银条（锭）、过时的或外国的货币和信贷。即便国家支出很重要，也有必要考虑到其他动机，例如货币改革也需要将旧钱币进行重铸或者更新磨损的旧钱币，也可能出于政治目的发行或者销毁钱币，或许还有在古代由国家代表个人有偿准许开采的情况。豪格戈（Howgego, 1990: 25）的结论是，由于无法确定国家使用的钱币是哪一类特定的钱币，因此，关于钱币铸造问题的探讨必须集中在我们有一定证据的特定钱币的发行上。

为了了解支出和新铸币之间的联系，我们有必要确定现有的证据是否足以计算古代钱币的产量并研究其波动。由于罗马世界没有铸币记录存世，巴特雷（Buttrey, 1993; 1994）坚称，我们无法量化罗马共和国或帝国时期的钱币产量，也不可能知道流通中钱币的损耗率，所以我们永远无法确定罗马钱币在任何特定时间和地点的流通量。克劳福德（Crawford, 1974）、霍普金斯（Hopkins, 1980）和邓肯-琼斯（Duncan-Jones, 1999）采取的方法预设了一套罗马银币（第纳里乌斯）已知的正面印模数量，与当时钱币学家们所知窖藏中每种印模对应钱币的数量关联起来，由此推算出钱币与印模的比率，以计算某一套特定钱币的发行铸造了多少枚银币。

但有一些问题会阻碍学者们对钱币产量的准确估计。其中，巴特雷指出，用这种方式得到的数据过分依赖研究中使用的窖藏数量（在财富未被取回的动荡时期，窖藏偏多）；较早发行的钱币总是代表性不足（因为在窖藏中较早发行的钱币出现的可能性相比当下发行的钱币更低），而且在计算钱币数量时，也没有适当考虑因窖藏、丢失或破坏而造成的损耗。霍普金斯（Hopkins, 1980: 107）提出的钱币与印模 2% 的比率也只是一个有根据的猜测，由于钱币的损耗、窖藏、出口、熔作珠宝和金银器以及政府让钱币退出流通领域等因素的影响，钱币的发行数目在不同时期和不同地方有很大差异

（Buttrey, 1993: 336–8, 345）。

　　根据史料和再现古代钱币制造方法的实验，有学者估计，在希腊罗马时期，每枚正面印模生产的银币数量在 10 000 至 40 000 枚之间（de Callataÿ, 2011b: 13）。但这些数字只是参考，因为任何一个特定铸币厂的铸币产量即使在今天也是不稳定的，而且产量会因为印模套的合金质量以及其他原因而变化（Buttrey, 1993: 341–3）。关于印模在古代是否使用母模（一种阳刻了钱币图案、用来压制印模的工具）进行机械加工的问题已经引起了钱币学家们长达一个世纪的争论。如果希腊和罗马的官方铸币厂使用母模，那么铸币的产量几乎不可能被量化，因为该技术可以让每个印模再复制一定次数，这让人们从印模数量来评估钱币生产量的尝试落空了。最近对证据的考察表明，阳刻的小细节在古代对技术提出了重大挑战，且没有证据表明古代地中海世界已经使用了冲头结构（Stannard, 2011: 67）。不过，这一时期的印模似乎有少量是机械复制的，这些多是造假者因缺乏制作印模的技术而用其他方式压印并复制官方钱币的图案，以制造镀金币的情况。也有些边疆地区聚落因需要官方的小额钱币而进行仿制，如遥远的诺里库姆省和潘诺尼亚省仿制罗马青铜币的铁芯镀铜币，或者上日耳曼尼亚奥古斯塔·劳里卡地区对罗马钱币的机械复制。边疆地区仿制印模发行的钱币数量有限，镀金伪造品也可能被识别出来，这在某种程度上限制了仿制币对所估算货币供应量的影响（Stannard, 2011: 71–4）。不管怎样，与其他需要推测的科学一样，尽管无法得出确切的数字，但学者们认为，正如克劳福德和霍普金斯在研究中指出的那样，钱币生产量的估计值大体上会波动，但这些研究对我们解释生产水平和货币供应量仍然十分有用（de Callataÿ, 1995: 305; Lockyear, 1999; de Callataÿ, 2011b;

Hollander, 2007: 50）。

然而，有多少钱币可供使用，不仅取决于铸币厂发行的新钱币的数量，还取决于其他类型的货币（金银锭、信贷）的可获得性、特定交易领域内与铸币相关的生产力、流通速度（钱币的交易数量），以及钱币在因官方法令、损耗或去商品化而退出流通之前的流通时间。

帝国钱币在罗马各行省分布的差异，可以衡量罗马经济一体化的程度。根据霍普金斯（Hopkins, 1980）的观点，各行省间不同皇帝发行的钱币比例分布的相似性是经济一体化的标志：钱币以税收、租金的形式从各行省流入罗马帝国，然后再通过贸易从罗马帝国流入各行省。然而，邓肯-琼斯（Duncan-Jones, 1990: 30–47）对一系列银币窖藏的研究表明，钱币流通存在地区上的差异，钱币的混用主要发生在罗马，而不是各行省。一旦钱币到达各行省，便易留在那些区域经济中（Howgego, 1994: 10, 20）。豪格戈的结论是，考古学和钱币学不太可能解决罗马经济一体化的程度问题，但能够提供论据证明金银币生产高度集中于地中海地区的极个别帝国铸币厂（如罗马和卢格杜努姆），并且在某些情况下货币的流动并没有消除各行省之间的差异。他还补充说，在前种结论中，一方面有必要分别考虑银币和金币的流通，另一方面还要考虑帝国铜币（一旦流通到各行省，就变得更具地域性）的流通。

人们还普遍认为，钱币的使用方式与钱币如何被丢弃并在考古遗址中被发现之间存在相关性。即使某个地方（如商业区）发生的交易次数与钱币流失指数之间存在联系，通过分析证据也可以看出，今天的发现并不能准确反映古代钱币的流通情况。例如，人们往往只有在需要的时候才会随身携带金币，并且在丢失金币时会仔细地寻找。小尺寸的钱币丢失的频率似乎稍高一些，而且流通中的钱币数量与丢失的钱币数量之间也有很强的关联性（Howgego, 1992: 12; Newton, 2006）。

庞贝和赫库兰尼姆（Herculaneum）是公元 79 年被维苏威火山爆发摧毁的罗马城市，作为"天然的历史博物馆"，这两个城市的考古发掘使我们对考古记录的形成过程以及特殊环境对考古记录的影响有了深刻的理解。这里发现的钱币并不是流通的日常钱币在瞬间定格的表现，而是反复选择的结果：那些在公元 1 世纪居民决定使用或保存的钱币；那些在火山爆发之前逃离家园的人留下的钱币；那些富人存在银行里的钱币；最后还有被考古学家发现的钱币（Andreau, 2008: 210）。有一些在尸骸附近发现的钱币或首饰（比如一枚铜币，或两枚铜币和一枚银币），通常被认为是当天偶然携带的。然而，在奥普隆蒂斯（Oplontis）[①]的卡西乌斯庄园（L. Carssius Tertius）的 10 号房间里发现的一名妇女（7 号骸骨），她随身携带了一条银手链以及一个亚麻袋，里面装有 409 枚铜币、银币和金币，包括一定时期内留存下来的多种旧钱币以及公元 79 年前不久发行的钱币。人们在携带钱币的同时，将金银器遗留在了家中，因此在房屋中发现的金银器远多于在人类遗骸附近发现的。我们不知道在房屋中发现的钱币和金银器是否代表了主人所有最珍贵的财物，还是其中一些已经被家族中的其他成员带走了。后者或许可以解释为什么庞贝一些最奢华的房屋，如"农牧神之家"（Casa del Fauno）中只发现了少量小面额钱币（203 枚塞斯特斯币）（Andreau, 2008:

[①] 奥普隆蒂斯是位于意大利南部的一个古罗马城市，距离庞贝 5 公里。在公元 79 年 8 月 24 日的维苏威火山大喷发中，奥普隆蒂斯被火山灰所掩埋。

211–12, 216）。

维苏威火山掩埋的各城市的考古记录也提醒我们，我们在解读这些记录时需要考虑不同类型的罗马货币。考古学家在富人的住宅中发现了一些箱子或柜子，里面装着他们的财产，不仅包括钱币，还包括金银餐具、金银锭、金银砖和金条，其价值远超过装着的钱币的价值。在富人住宅区，放在坚固的盒子中、负有财富储存功能的金银制品，与经常使用的日用银器是有区别的。这似乎表明，在特定的情境中，同一种物品（即使品质不同）要么是被储存的，要么是日常使用的。然而，在一些简陋的房屋和某些职业场所，偶尔也会发现相当数量的钱币。安德罗（Andreau, 2008: 213）认为，这些钱币不能像在富人住宅中发现的钱币那样被解释为储蓄，它们很可能对应的是在商店中发挥经济作用的钱币，或者是该场所销售了一定数量的农产品，如葡萄酒或橄榄油的收入。

同样的道理，钱币窖藏也是价值储存过程的一环，它虽不一定能反映当时的流通情况，但能反映个人从能获得的钱币中选择储存钱币的模式。以罗马帝国为例，有人指出，公元 1 世纪后半叶的窖藏者更倾向于存储旧钱币而不是尼禄治下及之后发行的新钱币，因为他们知道旧钱币的含银量更高（Harris, 2006: 21）。一些钱币窖藏者倾向于存储单一面额的钱币。在罗马帝国时代的某些时期（往往与战争爆发的时间错开），窖藏的钱币数量会突然变多，这些通常被认为与皇帝向军队捐赠钱币有关（Duncan-Jones, 1994: 77–85）。

钱币流通和储存的解释模型主要关注钱币的铸造地而不是发现地，这些模型由于忽略了军事、民用和仪式等考古情境下与钱币相关的不同的实践活动而受到了应有的批评（Kemmers, 2009: 140）。对塞维鲁王朝（公元 193—235 年）西北各行省货币政策的情境研究展现出了有趣的差异，比如在仪式场合人们有意选择小面额的铜币；与塞维鲁铜币没有在阿尔卑斯山以北地区流通的假设相反，这些钱币的确被用于民用和仪式场所，但由于某些原因没有进入罗马军营流通（Kemmers, 2009: 146）。

有关货币的研究

在罗马钱币学中，探讨最多的主题之一是钱币上的图案和刻印文字，以及透过它们向罗马和各行省传播的话语。钱币主要被视为地方和帝国精英的官方文件，大多数研究共和时代的学者都将研究重点放在权力的主题或者神祇代表的政治角色，以及铸币官祖先的功绩上。元首制时期的研究则主要围绕帝王的肖像〔有一小部分自由城市的铸币厂，如雅典、基奥斯（Chios）、罗德斯、推罗（Tyre）等选择不刻画皇帝肖像，这一点非常有趣〕、继承的合法性以及皇帝品行和不同理念的人格化表现上（Howgego, 1995: 62–87; Howgego, 2005: 15; Noreña 2011a; 2011b）。

在共和时代，铸币能动者的问题更加明确，金、银、铜币的铸造是由三位当选的官员（铸币三吏）负责的。元首制时期，铸币是由不同的官员负责的，而且学者们也很难确定皇帝在选择钱币图案上的自主程度（Noreña, 2011b: 250–51）。钱币具有明显的传播媒介的作用，有学者探讨钱币无处不在的特点是否使之成为罗马和各行省政治信息传播的理想媒介，以及是否可以将"宣传"的概念加诸钱币的功能上，或者是不是最好将其纳入以不同手段传播帝国形象这一不合时宜的情境中（Burnett, 1987b: 66–85; Levick, 1999a; Wolters, 2003a）。

  自16和17世纪以来,钱币学者特别关注钱币上描绘的神庙、剧院、圆形剧场、赛马场、城门、桥梁和拱门,以寻找与这些古迹和钱币本身有关的信息。钱币图案的意义远不止目力所及。与其他媒介上的建筑表现手法一样,这类图案利用了某些约定俗成的技巧,可以让观众从鸟瞰角度同时看到建筑的内部和外部(Bergmann, 2008)。钱币还能让行省内的使用者欣赏到坐落在罗马的宏伟建筑,比如亚历山大里亚和卢格杜努姆铸币厂生产的钱币上就描绘了罗马的纪念性建筑(Burnett, 1999: 144; Heckster, 2003: 33)。然而,有时钱币上的图案会影响人们的判断,比如有些图案让人很难分清到底是一个骑马的人还是一座骑马雕像,也无法知道所描绘的建筑是否在现实世界中存在过,或者说是不是与他们真实看到的有所不同。例如,屋大维塑像在罗马广场演讲台一侧建成并揭幕之前,其随从就用了皇帝的镀金骑马雕像作为钱币样式。以公元前42年下令建造的凯撒神庙(Temple of Divus Iulius)为例,早在公元前36年屋大维铸造的钱币上就已出现该建筑,而它直至公元前29年才落成(Zanker, 1988: 38; Burnett, 1999: 139-42)。

  在研究不同面额和情境下出现的不同钱币图案之后,一些学者探讨了政府针对不同人群设计不同钱币图案的可能性(Metcalf, 1993; Heckster, 2003; Kemmers, 2009);钱币使用者也会针对特定的情境,有意选择特定的钱币。这个模型可以解释为什么在特定情境中出现特定类型的钱币频率更高。例如,帝国西北部行省的塞维鲁时期,军事遗址中发现的玛尔斯和仪式情境中太阳神索尔(Sol)图案的钱币;另外,位于下莱茵河流域的赫拉克勒斯·马古撒努斯

（Hercules Magusanus）①神庙里的钱币和军用装备很有可能是士兵们放置的。最重要的是，这个模型使我们对钱币的"发行者"以及"接收者"所做的一系列决定有了新的认识（Roymans and Aarts, 2005; Kemmers, 2009: 151, 156）。一些钱币图案承载的权力特性被延伸至皇帝的肖像上，正如我们所看到的将钱币图案通过直接压印或临摹其形状，转移到其他材料如玻璃、金属制品和陶瓷（陶器和瓷砖材料）上。并不罕见的是，钱币也通过被改造成一件嵌金珠宝或被用于装饰器皿而成了一种新的商品类型（Rowan, 2011; Haselgrove and Krmnicek, 2016a: 11）。

一些钱币的设计和图案会被其他钱币部分地借鉴。罗马铜币在各行省被仿制，如法国南部的纳博讷高卢（Gallia Narbonensis）或后来西班牙东北部的塔拉科（Tarraconensis），甚至在意大利也被仿制，充当罗马的"官方"小面额零钱（Crawford, 1982: 140）。但就地方行省一级的铸币厂而言，钱币的模仿过程要复杂得多：图案的来源似乎多种多样，并不一定全部指向罗马。例如，最早的罗马行省之一希斯帕尼亚（Hispania，从公元前 218 年罗马远征开始）发行的钱币积极选择和重新解释地中海的图案样式；模仿的对象不仅包括罗马，还有意大利南部的坎帕尼亚和西西里的钱币；另外还有一些伊

---

① 马古撒努斯是日耳曼人的本土神，赫拉克勒斯是外来的大力神。传统上与赫拉克勒斯有关的军事和体育特质，包括男性的力量和勇气，可能与本土的马古撒努斯相似，所以将他们融合在了一起。

比利亚半岛的其他当地钱币，包括有布匿传统的钱币样式 ① （Chaves, 1999）。铸币厂可以同时仿效当地的传统图案和从殖民者的铸币厂借鉴来的图案。例如，在伊比利亚半岛东北部的埃布罗河谷（Ebro valley），图里亚索（Turiaso）铸币厂将传统的骑马人形象改成了骑马雕像，而骑马雕像很可能是借鉴罗马第一任皇帝奥古斯都的形象。在不远处的伊尔蒂尔塔（Iltirta），共和国晚期首次出现在当地钱币上的狼的形象，在后来帝国早期铸造的钱币中，被改造成类似罗马母狼的形象（Trillmich, 2003: 627–9）。

庞贝古城由于未知原因曾涌入一大批铜币（有几十万枚）。这些铜币于埃布苏斯〔Ebusus，今伊维萨岛（Ibiza）〕在公元前 140—前 130 年左右铸造，其正面和反面都有迦太基的神祇贝斯（Bes）②。这引发了庞贝铸造当地钱币的浪潮，然而庞贝铸造的钱币并没有以庞贝本身的意象铸造，而是对埃布苏斯钱币的仿制。当时"高品质"的仿制品与只用抽象线条表现贝斯形象的劣币并存（Stannard, 2013）。这些铜制仿币成为在庞贝流通的主要货币，并在整个公元前 2 世纪与罗马第纳里乌斯银币和少量的罗马铜币一起流通。钱币仿制的过程使我们想到作为批量生产物的钱币和模仿的转变性特征等复杂问题。尽管大多数省份和意大利都有罗马的银币和铜币，但

---

① 伊比利亚与地中海东部和中部相连，通过战争、文化和殖民交流，伊比利亚南部一些城市的铸币风格深受布匿钱币影响，被称为利比腓尼基钱币（Libyphoenician coins），在加的斯（Cadiz）曾发行一种印有拉丁文和新腓尼基文的双语钱币，有些还有新布匿时期使用典型的货币图像（参见 Alicia Jiménez, Punic After Punic Times? The Case of the so-called 'Libyphoenician' Coins of Southern Iberia, Cambridge University Press, 2014）。

② 贝斯是来自埃及的一个神祇，主司家庭。贝斯在伊维萨很受欢迎，所以当地有不少以他为图案的钱币。

来自罗马的钱币并不总是被仿制的对象：钱币的图案也在各省份和意大利之间流动。钱币上同时象征当地历史和帝国当下的一些符号像早期行省钱币上刻印的文字一样，被认为是"双语的"（Chaves, 1999: 305, 314）。

在希斯帕尼亚，钱币上经常会出现有关铸币厂地名的文字。其文字是公元前 2 世纪和前 1 世纪之间伊比利亚半岛使用的文字之一，如希腊文、新布匿文、南伊比利亚文、东伊比利亚文和拉丁文。然而有些雕刻师并不精通拉丁文，比如在现代西班牙南部的奥布尔科（Obulco）发行的第一批钱币上刻的拉丁文就不准确，甚至是写反了的（Chaves, 1998: 151）。在一些情况下，文字不被看作一串字母，而似乎是作为"图像"被"阅读"和"复制"的。例如，在今匈牙利制成，并于公元 225—250 年左右流传到现代波兰、北德和斯堪的纳维亚半岛的一些罗马第纳里乌斯仿币上，忠实地描绘了皇帝的半身肖像，然而环绕肖像的文字却不知所云。斯坦纳德（Stannard, 2011: 73）建议将这些钱币解释为"前货币社会的财富物品"。

有两点很有意思。首先，虽然语言文字的选择可能反映某种社会认同，并且在被罗马征服后一些省份使用非拉丁字母的频率更高，但它也不一定能反映生活在钱币铸造地区的人们所使用的语言（Chaves, 1999: 314; Howgego, 2005: 12）。其次，尽管除希腊语和拉丁语以外的其他语言的钱币自提比略之后在各省的考古记录中没有得到记载，但不同省份钱币上的文字向拉丁文发展的路径远非同质的。伊比利亚半岛南部的沿海腓尼基殖民地直到奥古斯都统治后期才使用拉丁文（Chaves, 1998: 153）；南部最古老的铸币厂之一伊利贝里（Iliberi）在第一次发行钱币时使用了拉丁文，但后来又恢复到了伊比利亚文字，而其他铸币厂则从当地文字过渡到了拉丁文，就像意大利在罗马共和时期使用奥斯坎语（Oscan）①和翁布里亚语（Umbrian）②一样（Chaves, 1998: 166）。

双语钱币在各行省存在的时间要比只有当地文字的硬币久远，它还为两种不同的语言提供了相互对照的例子：从简单地翻译和使用不同的语言记录同一地名，到为实现不同功能使用不同语言。例如，西西里铸币厂有时会使用希腊语记录地名，官员的名字则是用拉丁语或希腊语写的（Burnett, 2002: 34）。

结论：钱买不到的货币

传统上，钱币学家主要研究罗马货币的年代、类型和分布三个方面。历史学家则大多只从经济角度分析罗马货币。阿尔茨（Aarts, 2005: 1–2）的说法是："尽管许多历史学家在研究时似乎采用了经济嵌入性模型并采用了实体主义的理念，但探讨的焦点似乎只集中在把货币当作货币经济的指标，以及货币随着时间的推移是如何变化的问题上。"传统上，货币化问题是在19世纪进化论观点的语境下提出的，该观点描述了前货币社会向货币社会的过渡，并在罗马帝国的案例中将货币化吸纳进"罗马化"之中。尽管解释起来很困难，但很明显目前我们无法判断地方钱币是否受到了罗马钱币的启发，更不用说它的推动作用，我们也更加无法判断这些作为集体自我认同标志的钱币在多大程度上是在适应或者效仿罗马（Howgego,

---

① 奥斯坎语是奥斯坎人使用的语言，属于印欧系意大利语族萨贝利克语支。奥斯坎语使用的是拉丁字母和希腊字母，同时也曾使用过古意大利字母。
② 翁布里亚语是一门已经灭绝的语言，曾在古意大利的翁布里亚地区使用。翁布里亚语曾使用过两种字母：较早期使用的是伊特拉斯坎字母，较晚期则使用拉丁字母。有时此两者会分别被称作旧翁布里亚语与新翁布里亚语。

2005: 1）。同样的钱币，在不同的环境下，同一个人使用的方式也不同。例如，巴达维士兵可能会收到钱币作为报酬，这些钱币可能进入窖藏，可能会遗失于乡村地区，也可能在仪式情境中被用作仪式用途，然后在定居点中心城市、堡垒和周围村镇（vici）的市集上重新进入流通和交换领域（Aarts, 2005: 11–12）。我们对罗马世界货币的研究需要将钱币带回其物质情境中，不仅要分析不同类型的钱币在罗马世界的商品（陶瓷、农产品如酒和油、大理石、原金属材料等）间的远距离流动以及罗马世界的家庭和仪式习俗情境，而且要分析其与经济以外的其他交换领域之间的关系（Howgego, 1994: 5; Aarts, 2005: 2）。我们应该在研究中考虑到不同价值体系的交会和分歧，考虑到钱币在其"生平"中的商品化和非商品化。我们需要为罗马社会内部不同的情境、使用者和与之相关的不同实践以及罗马世界中共存的多种货币留出空间。我们还必须将物质的能动性问题考虑在内：不仅要考虑到人们对钱币所做的，还要考虑到钱币对使用者所做的（Kemmers and Myrberg, 2009: 94–103）。钱币考古学为我们开辟了新的视角，让我们借由探讨民族志上的相似性、殖民背景和钱币的功能等，来重新审视钱币学（Kemmers and Myrberg, 2009: 103–4; Haselgrove and Krmnicek, 2012: 244–5）。

在当下，古钱币可以看作某种商品"独特化"的案例，它对某些特定社会群体有着特殊的价值（Kopytoff, 1986: 78）。古钱币可以被非法获得、出口，并在互联网上销售，在互联网上它们被完全商品化了。它们被视为艺术市场的一部分，虽然在许多情况下，它们的审美价值甚至货币价值是非常低的。而在过去，世界各地重要博物馆的藏品都是以不符合现代遗产管理标准的方式获得的。正如伦弗鲁所说："就古物而言，根本的问题是合法供应的文物量极少。

目前，很少有国家有这样的制度，即一旦合法发掘和公布，那些重要性有限的古物可以合法出售。"（Renfrew, 2000: 36）有两种观点相互冲突：一是文物不属于商品，不应该进入市场；二是人们可以很容易地获得古钱币，比如可以通过金属探测仪从考古遗址中找到古钱币，或者从网上、钱币商和集市上购得。当然，如果把所有的"孤品"（与出土时间无关）都定为非法，那就意味着钱币市场的终结，因为在考古发掘中发现的钱币是不可能被合法收藏的。有些东西，是钱买不到的。没有考古情境，对古钱币的解读就会大打折扣。脱离情境的钱币依然可以用以分析钱币的类型、印模、图案和文字等重要信息，但是当考古情境消失后，我们就失去了重构商品流通价值体系的机会，也就失去了理解"一类物品的社会史"的机会（Appadurai, 1986），因此，有着多种形态、相关习俗和意义的罗马货币具有非凡的意义。

第七章
Chapter 7

货币与时代：权力、互联和身份认同

克莱尔·罗恩（Clare Rowan）

一地的居民有所依赖于别处居民的货物，人们于是从别处输入本地所缺的货物，而抵偿这些输入，他们也得输出自己多余的产品：于是［作为中间媒介的］"钱币"就应运而生了。［钱币制度的来历是这样的：］凡生活必需品往往是笨重而难于运输的，大家因此都希望有某种本身既属有用而又便于携带的货物作为交售余物及购取所缺货物的中介货物。于是人们发现铁、银以及类似的金属合乎这种要求。起初这些金属就凭大小轻重来计值；最后为减轻分别称重的烦劳，也在金属上盖印章；因为印章是作为价值象征（sēmeion）加上去的。[①]（Aristotle, *Pol.* 1257a）

这段话是亚里士多德对正义（《尼各马可伦理学》）和政治（《政治学》）的论述中关于钱币的文字之一。亚里士多德的货币思想反

[①] 该译文引自《政治学》，吴寿彭译，商务印书馆 1983 年版，第 26 页，最后一句稍有改动。

映了公元前 4 世纪受过教育的希腊富人的观点和焦虑，而重要的是，他把货币的发明归因于日益增长的海外交换或超区域性群体的交易。自此以后，从"以物易物"向"货币"演进的故事在无数关于货币"发明"的描述中被不断重复，以至于亚里士多德的文字可能在今天看来几乎是陈词滥调。我们应该记住，作为一个曾经教导过亚历山大大帝，又见证了他的征服的人，亚里士多德所写文字正值（希腊）转型，希腊与遥远世界的联结日益紧密时期。货币在那个时代占有重要地位，它为亚历山大的战役提供了资金，大量货币的转移也促进了财富的流动。古代的"议题"很难一概而论，但可以从逐渐加强的（文化）互联及其结果（征服、贸易网、殖民主义、战争和冲突、文化变革）中找到一条主线。因此，本章的焦点是货币促进的互联和货币的使用。

互联和文化接触

据希罗多德记载，吕底亚人是最早使用金银币的古人（Herodotus,1.94）。考古证据表明，铸币确实出现在这个地区（今土耳其），在该地区发现了称过重量的琥珀金（一种天然存在于该地区的金银合金），同时还发现了同样材料的盖有印章的金属片。这些物品已知最早的情境是以弗所的阿耳忒弥斯神庙的地基置藏，年代为公元前 7 世纪上半叶（Thompson, 2003: 68）。但铸币是由更早的利用其他物品作为货币的系统演变而来的：青铜时代城市化进程的加快和因此造成的物质文化变化导致人们更需要原材料和更发达的贸易网络。早期的交换依赖于一种关于哪些物品具有价值的共同文化规范或共识。金属最终主宰了这些交换，因为它们既不太稀有，也不太常见；既可以用于流通，也可以熔化并转换成适合不同地方文化的物品。

这种发展意味着在更广的地中海贸易网中，不同地区间的交易不再依赖于共同的文化规范，金属作为一种"原始货币"形式开始发挥作用（Sherratt, 1993）。对青铜时代的铜器的科学分析显示出了共同的同位素特征，这表明随着金属在不同地区内反复移动、熔化和循环使用，发生了一系列强烈和动态的地区间交换（Knapp, 2000）。金属的交换既是互联增强的产物，也促进了互联。金属有了固定的形式和重量。在古代近东地区发现了公元前 12 世纪用陶印封住的亚麻布包裹里的银块。这被视为朝"铸币"发明方向的适当发展，因为钱币本质上是一种预先称重并有印章保证的金属（Thompson, 2003）。

再往东，其他物质材料也在交换中发挥了作用，而我们再次发现了引人注目的互联。在中国和印度，贝壳可能是贸易路线上的一种交换媒介。事实上，处于交换领域的贝壳也被称为"货贝"，这是对其货币功能的承认（时至今日，许多含象形"贝"的汉字，其意义仍与价值和货币相关；Peng, 1994: xxii）。与金属一样，贝壳也具有适合作为交易形式的特性：它们耐用、便于携带，既不太稀有也不太常见。贝壳何时在中国拥有了货币的某些功能，现在仍然是一个争论不休的话题（因为对于"货币"的定义还在讨论中）；但从公元前 12 世纪开始，大量贝壳就被使用，而它们可能是从印度洋经中亚被带到中国的（Yang, 2011）。青铜贝和铸造青铜贝的铸模在东周时期（约公元前 770—前 221 年）的楚国地区被发现，这些青铜贝上有铭文，且具有明显的货币的功能。

我们能辩识出的"铸币"出现在公元前 7 世纪的吕底亚。到公元前 480 年，希腊、意大利、西西里和土耳其的 100 多个希腊城市也都在铸造自己的银币（Osborne, 2009: 239–41）。最初，这些钱币与金银锭一起流通，这表明在早期阶段，预先称重的金属锭和铸币之间是可以互换的。希腊城市在地中海各地使用银质钱币作为货币形式的速度一定程度上反映了当时的贸易网络和互联，它们所使用的钱币类型进一步说明了这一点。地中海西部的希腊城市经常采用的钱币，其重量和（或）外观与它们在地中海东部有联系的城市的钱币相似。例如，希腊殖民地马萨利亚采用的铸币面额和图案让人想起它们的"母城"佛凯亚（位于安纳托利亚西部）[①]。因此，现有的文化网络对人们是否使用铸币及采用何种铸币形式起到了作用（Rowan, 2013a: 112-13）。然而，其他因素也影响了铸币的采用形式，这一点可以从那些能接触到铸币却没有采用这种媒介的城市看出。例如，罗马直到公元前 3 世纪才铸造了自己的钱币；在此之前，罗马一直使用粗铜作为交换媒介。在地中海以外的定居点、部落和民族（不列颠、日耳曼、西班牙内陆）采用铸币作为货币形式的速度也较慢。

从公元前 4 世纪开始，文化交流进一步增多。亚历山大大帝及其继任者的军事行动把希腊殖民者、希腊文化连同希腊银币带到了印度；在后来的各文化间的交流中，印度-希腊国王的钱币出现在今阿富汗和巴基斯坦地区，这些钱币一面是希腊文，另一面是佉卢文（见图 7.1）。在阿伊哈努姆（Ai-Khanum）的希腊-巴克特里亚人（Graeco-Bactrian）定居点的一处公元前 2 世纪窖藏中，发现了印度

---

① 马萨利亚在钱币上与其母城佛凯亚在重量、面额、甚至图案上都有相当大的重叠，比如马萨利亚的奥波勒斯与佛凯亚的相似，马萨利亚和佛凯亚钱币上都铸有韦利安狮子（Velian lion）。

式冲压银币（punch-marked）[①]，也有当地印度-希腊统治者阿伽托克勒斯（Agathocles）发行的钱币，这些都体现了文化和货币体系的交融。阿伽托克勒斯国王（约公元前185—前170年）按照希腊重量制式铸造钱币，上面有希腊铭文和图案，包括纪念该地区希腊统治者"世系"的系列，同时还发行了符合印度重量制式（方形）、带有印度教和佛教信仰图案及希腊文和婆罗米文的钱币（Narain, 1973; Hoover, 2013: 25–31）。阿伽托克勒斯和其他巴克特里亚国王也是最早发行铜镍合金钱币的君王，在这个时期，除此地之外这种合金只见于中国，直到19世纪铜镍合金才再度在铸币中被使用。

图 7.1　印度-希腊巴克特里亚国王米南德（Menander）时期的铜币，约公元前160—前145年铸造，重2.44克。正面：戴头盔的人物半身肖像和一行希腊文，文字的意思是"拯救者——米南德国王"（King Menander, Saviour）。背面：雅典娜女神和佉卢文，文字也称米南德是国王和拯救者
来源：耶鲁大学美术馆 2001.87.14562

[①] 印度式冲压钱币制式与希腊罗马世界的钱币不同，在制作工艺上采用的是单模打造，钱币图案只有一面，常见钱币形状为方形。印度体系的钱币有着深厚的宗教意味，早期印度钱币上的图案往往是动植物、宗教象征物、日用器具、宗教神明等。关于印度钱币更多的介绍，可参考丁骋骋教授的《古印度货币体系的宗教印记》，《上海证券报》，2018年8月15日第7版。

首批印度货币（冲压的方形银币）的发行时间极具争议（从公元前 7 世纪到公元前 5 世纪，众说纷纭）。然而，考古证据表明，印度的原始货币（弯曲的银条）可能通过波斯阿契美尼德王国受到希腊钱币的影响（Cribb, 2005a: 8–19）。罗马金币的到来催生了印度贵霜（Kushan）金币的铸造，后者的设计有时会模仿罗马前人的钱币（Cribb, 2005a: 10）。同样，不同文化之间的互联也是货币形式中遵循的总主题。亚历山大大帝的银币以赫拉克勒斯神的头像和坐着的宙斯为图案，受到了大帝东行时经过的基里基亚〔Cilicia，今土耳其的楚库罗瓦（Çukurova）〕的波斯总督发行钱币的影响（de Callataÿ, 2012b: 178）。罗马的扩张和由此形成的罗马帝国进一步加强了其统治下广大地区之间的联系（Versluys, 2014），这促进了货币的采用和区域内货币化程度的提高。同时，不列颠对铸币的使用表明，货币可能承载了更多的价值：例如，大约公元前 1 世纪铁器时代不列颠诸王铸造的钱币是该地区采用文字的最早证据（Williams, 2001）。

民主与帝国主义

在古代，无论是古典时期雅典的民主制度，还是古代中国或罗马帝国这种帝国政治，货币在不同政体的形成过程中都扮演了关键角色。在公元前 6 世纪庇西特拉图（Peisistratus）僭主政治时期采用铸币之前，雅典曾使用碎银作为货币（van Alfen, 2012: 88–9）。在经历了一系列多种多样的钱币设计（纹章钱）之后，雅典确定了雅典钱币的标准图像：正面是城市守护神雅典娜的头像，背面是一只猫头鹰（一种与雅典娜有关的动物）和橄榄枝，并附有刻字，称钱币属于雅典：A Θ E①（见图 7.2）。钱币使雅典的公民民主政治制度得以运作，它为公民参加城邦集会、陪审法庭、担任官员等活动提供补偿。根据亚里士多德的记载，在引入报酬之前，集会的出席率一直很低〔《雅典政制》（*Athenaion politeia* 41.3）〕。钱币也使城市文化得以发展，政府官员可以向诗人支付报酬，并为音乐和文学节日提供奖励，这一发展与希腊悲剧的兴起密切相关（Seaford, 2008）。

图 7.2 雅典四德拉克马银币，公元前 5 世纪铸造，重 16.71 克
来源：耶鲁大学美术馆 2007.182.271

雅典银币的生产一直持续到公元前 1 世纪，成为雅典和雅典民主的象征（后者是男性精英公民的特权）。在这个意义上，货币充当了交换和支付的媒介，同时也是一个人可以"与之思考"的身份媒介。雅典铸币上的图像为雅典人民的身份认同提供了一个物质焦点，而金属（银）的质量也是如此：雅典银币的纯度与雅典公民的纯度画上了等号。事实上，雅典人抵制铸造像其他希腊城市中逐渐

---

① 这是希腊文 Ἀθηναίων（雅典人的）的缩写。此时的字母 E 可以代表长音 H。——校者注

出现的便捷的小面额铜币，这表明雅典货币的意识形态作用有时会压倒其功能属性。雅典银币与民主之间的联系在两者都受到威胁的伯罗奔尼撒战争（公元前 431—前 404 年）期间最为明显。公元前406/405 年，斯巴达人切断了雅典人的银矿，于是雅典人发行了两种紧急铸币：镀银的铜币以及用雅典卫城上的胜利女神黄金雕像熔铸的小面额金币（van Alfen, 2012: 95）。当时的剧作家阿里斯托芬把这种铸币的不纯等同于雅典本身的堕落，因为雅典正见证着大量外邦人的涌入：

> 在我看来，我们的城邦曾多次遇到过好人和高尚的公民，我们旧日的和新铸的钱币也有这样的经历；早先的钱币不是伪造的，人们也那么认真地去计算它，好像那是最好的东西一样：切割得正确、清脆透响儿；不论是希腊人，还是外邦人，都不胡乱地去用它；这些昨天和前天还在通行的、肮脏的、毫无艺术造型的铜币，是一种时尚。对于市民，也是一样，那些我们知道，是出自好的家庭的、高尚的、有名声的、讲道理、又有道德的人，那些在音乐、舞蹈和体育的熏陶下长大的人，我们不去尊重他们；而对那些刚移居到这儿的、满身铜臭的、外乡的、红头发的、和那些自以为聪明的聪明人，我们却提供给了他们一切；而以前呢，这城邦是连垃圾都不曾轻意接受的。[①]
> 〔Aristophanes, *Ranae* 718–33 (= Melville-Jones, 1993: no. 86)〕

阿里斯托芬在这里将他眼中"真正的"雅典人等同于雅典铸造

[①] 该译文引自阿里斯托芬《地母节妇女·蛙》，罗念生译，上海人民出版社 2006 版，第 169—170 页。

的精良、质量上乘的银币，而外邦人的涌入相当于这个城市使用了劣质的铜币。我们在今天的希腊语中还能再次看到这种联系：试金员（*dokimastēs*）是检验雅典铸币真伪的，而资格审查程序（*dokimasia*）则是指测验公民身份真实性的程序；这两个词的词根都来自希腊语动词"测试"或"评估"（δοκιμάζω）。希腊语中的"印章"或"印模"是 *charaktēr*，这个词演化成了"character"一词，在古代，它也可以指代人的特征或性格。在整个古代希腊语文献中随处可以找到这两个词的文字游戏。例如，哲学家爱比克泰德说，人们应该拒绝使用尼禄皇帝的钱币而多多使用图拉真发行的钱币，因为尼禄的铸币是"腐朽的"。一个温柔、慷慨、耐心和深情的人会被爱比克泰德接受并成为公民，"只要看到他身上没有尼禄的印记"（Arrian, *Epicteti dissertationes* 4.5.16–18）。爱比克泰德展现了钱币是如何为古代哲学思想提供隐喻的。西福德甚至认为，雅典采用铸币（一种同质、不带个人色彩的、普遍的媒介，它既是抽象的价值单位，又是具体的物质对象）是前苏格拉底哲学转向形而上学以及其他哲学思考的一个先决条件，"在形而上学中，宇宙力量属于一种抽象的物质，它像货币一样，可以转化为其他一切事物，也可以从其他一切事物转化而来"（Seaford, 2004）。

　　雅典在其实力最强盛的时候，铸造了大量的钱币，以至于"把猫头鹰送到雅典"成了一句谚语，用来形容毫无意义的行为（相当于英语中的"把煤送到纽卡斯尔"①，到现在这句话在德语的俗语里仍以本来的表述方式存在：*Eule nach Athen tragen*（Melville-Jones,

---

① 纽卡斯尔是英国的产煤中心和输出港口，因此"把煤送到纽卡斯尔"可引申为多此一举、徒劳无功的行为。

1993: no.56）。雅典铸币的数目之多，纯度之高，使其成为当时可以被称作"国际"货币的货币，它在东地中海和（有时）西地中海的许多地区被接受，甚至还在其他地区被铸造，这导致最后雅典人不得不在公元前375/374年出台一项法律，详细规定了哪些"雅典"钱币可以在城邦内被接受："可以接受雅典样式的纯银钱币（无论来自哪家铸币厂），镀银币或其他伪币则取消流通"（Melville-Jones, 1993: no. 91; van Alfen, 2005）。

随着雅典影响力的提高和发行货币数量的增加，其他希腊城市减少或停止了铸币生产。而这究竟是因为雅典钱币供应充足，还是因为雅典坚持要求盟邦只能使用它的货币，仍存在争议（van Alfen, 2005: 94）。公元前5世纪后半叶颁行的一项法令（"制式"或"铸币"法令，保存在不同地区发现的残石上）记载了每年向雅典进贡的盟邦都要使用雅典的铸币、量制和衡制；白银可以被带到雅典，有偿兑换合适的货币（Melville-Jones, 1993: no. 78）。尽管学术上很多方面仍存在争议，但毫无疑问，雅典在达到权力顶峰时，要求其盟邦使用雅典货币支付盟金。货币在将民主具象化方面发挥了作用，同时也成就了雅典帝国。中国周代的铸币中也发现了类似例子：钱币上的铭文指向了不同的地点，但铸币只在周朝皇权控制的区域内被发现。很可能的解释是，这些铭文指的是资助钱币生产的贡品来源地（Cribb, 2005b: 434）。

钱币，尤其是铸币，对罗马帝国的形成发挥了一定的作用。罗马帝国的北境与铁器时代已经货币化的地区大致对应，这说明拥有货币的社会更容易被征服（Howgego, 2013）。货币作为一种通约的媒介，能使不同的价值和文化体系趋同，因此在联系、征服和殖民活动中扮演着关键角色（Comaroff and Comaroff, 2006）。货币的存在可能意味着不同的价值体系可以更容易地融合，而铸币的使用折射出一种精英社会等级制，这种等级制使征战变得更容易且往往伴随着对其他罗马文化的借鉴，如图案和文字的采用（如不列颠），无论从哪方面来说，铸币的使用地域和罗马扩张之间的地理一致性都表明了货币和帝国主义之间的联系（Howgego，2013）。

　　生活在公元前 2 世纪，罗马强势扩张时期的希腊历史学家波利比乌斯（Polybius）似乎也意识到了这种联系。他在其著作《历史》（Histories）中比较了罗马和斯巴达的政治制度，并指出斯巴达人缓慢的货币化进程限制了斯巴达势力的进一步扩张。波利比乌斯认为，斯巴达人在征服邻邦时，用铁钎充当货币以及物物交换就可以满足日常交易需要，但是一旦他们试图扩张到伯罗奔尼撒半岛之外，原有的交换系统远不能满足人们的交易需求，"因为这些业务需要一种普遍流通的货币以及来自海外的物资供应"（Polybius，6.49.8—10）。波利比乌斯写作之时，罗马的银币——第纳里乌斯，正成为这样一种"通用"货币。它于公元前 211 年即第二次布匿战争期间被引入，当时罗马已崛起成为一个地中海大国。罗马的第纳里乌斯最初是通过熔化其他贵金属货币来铸造的，这一帝国主义行为确保了在其控制下的地区（当时为西西里、意大利和西班牙）只使用罗马的贵金属货币及传播其所承载的信息（Burnett，1995）。

　　公元前 221 年秦统一中国，也带来了标准化的货币（见图 7.3）。铜制秦半两（圆形方孔钱币）作为公认的货币流通，这种制式一直沿用到中国帝制王朝的结束（Yang，2011: 9），而最初金锭也是货币形式之一（Scheidel，2008）。（统一后）中国存在的其他类型的货币（如，货贝、青铜货贝和其他器形的货币）都受到了压制（Scheidel，2008）。古代帝国的形成经常伴随着对货币形式的控制，这种例子

图 7.3 半两钱，公元前 400—前 100 年铸造
来源：耶鲁大学美术馆 2001.87.45339

在古埃及托勒密王朝也可以找到。有证据表明，当时的埃及引入了
一种"封闭货币"制度，在这种制度下，流入的货币必须兑换成重
量较轻的本地托勒密钱币；每兑换一枚金币或银币，政府就可赚得 3
克银或 1.5 克金，兑换还会收取兑换费用（von Reden, 2010: 43–7）。
托勒密二世时期引入了货币人头税，并经常以铜币支付，这促进了
整个埃及乡村的货币化发展。

　　货币就这样被用来建构和巩固政府体系，但货币在反抗既定的
等级制度方面也发挥了作用。事实上，罗马人在意识形态上特别重
视铸币（他们将铸币视为"微型纪念物"），这意味着货币在反对
罗马权威的不同群体中扮演着象征性角色。作为一种与国家体制相
关以及在罗马帝国时期与皇帝本人相关的物品，货币牵引人们去表
达不满的情绪。在公元前 91—前 88 年的同盟者战争中，罗马的意
大利盟友叛乱，他们铸造了自己的钱币，钱币上的图案传达了自己
的意识形态，上面还铭刻着当地奥斯坎文字（Campana, 1987；这
些钱币仍具有一些"罗马"特征，如采用了罗马重量制式）。这一
系列货币中最激进的是一种第纳里乌斯银币的设计，其背面图案是

一头公牛（代表意大利）在用角顶撞一只狼（代表罗马）（Rutter,
2001: no. 427）。

公元 66—70 年和公元 132—135 年，犹太人相继发动了反抗罗
马控制的起义，也发行了宣布独立于罗马霸权的铸币。在第一次犹
太战争期间，以色列人铸造了谢克尔（shekels）和半谢克尔银币，
钱币的一面是俄梅珥杯（Omer）①，另一面是石榴，上面刻有古希伯
来文，意思为"以色列的谢克尔"和"神圣的耶路撒冷"。货币上
还采用了不同于罗马的新纪年方式（Meshorer, 2001: 115–34；也铸有
铜币）。新的重量制式、文字（刻意使用已不再使用的古文字）和
新的图案都是独立身份的证明。到了第二次犹太战争，反抗罗马控
制的起义者又发行了一种新形式的地方货币，这一次是由流通中的
罗马钱币盖打（overstrike）而成的。新钱币的铸造起到了宣扬和培
养犹太人身份认同和独立意识效果。同时，也破坏了他们所反对的
政府的图像（Gitler, 2012: 491）。第二次犹太战争结束后，罗马人夺
回了耶路撒冷，他们将反抗军的钱币熔化并重新铸造（见图 7.4），
还有一些小面额的铜币被切割，以防继续使用。罗马人的反应在《耶
路撒冷塔木德》（Jerusalem Talmud）②中可见一斑，上面记录了反
抗罗马分子发行的钱币不被接受的情况（Meshorer, 2001: 161–2）。

罗马帝国的地方铸币上，那些死后遭受谴责〔学术上称为"除

---

① 俄梅珥是古代以色列人专用于计量谷物和其他固体干物的计量单位。一俄梅珥约相
  当于 22 升。《利未记》23 章 9–21 节以及《民数记》16 章 9–12 节都规定了，以
  色列人在收获谷物时向神敬献收成的"数算俄梅珥"（S' firat HaOmer）节庆。
② 《耶路撒冷塔木德》包含以色列的《密释纳》和《革马拉》的宗教文献，其来源是
  口头代代相传的口传妥拉（律法），由耶路撒冷的拉比（犹太哲人）整理成《密释纳》，
  对《密释纳》的讨论、诠释、注解是为《革马拉》。

图7.4 第二次犹太起义时期的第纳里乌斯银币，公元134/135年铸造，3.3克。盖打于一枚韦斯巴芗皇帝的第纳里乌斯上，正反两面都有古希伯来文，背面为一条棕榈枝；两面都可以看到韦斯巴芗钱币上的拉丁文残留印记
来源：耶鲁大学美术馆 2002.121.42

名毁忆"（*damnatio memoriae*①）〕的皇帝的钱币肖像偶尔也会出现被消除或损毁的情况。有时，这些行为看起来像是某个地方政府的协调行动，但还有一些情况是个人行为（Harl, 1987: 35）。在德国卡尔克里泽（Kalkriese）战场遗址发现的罗马钱币有明显的损坏迹象（切割和穿孔）。这些最初被解释为在该地区服役的罗马士兵希望幻灭的表现，但也可能是获胜的日耳曼人在胜利后"肢解"了这些罗马政府的物品（Kemmers and Myrberg, 2011: 98）。这些例子表明了铸币的意识形态作用，以及它与皇帝个人（和肖像）的联系。

① 这是一个拉丁语短语，字面的意思是"记忆的谴责或惩罚"，表示要把一个人从官方的名录中剔除以抹消他存在的痕迹。在古罗马有许多途径，如销毁肖像，或从碑文和文档中删除名字，甚至通过大规模地改写历史来达到诅咒的目的，通常用于叛国者或行为不端的皇帝。

战争与危机

货币使古代地中海地区的战争发生了革命性的变化。亚历山大大帝的征战得益于他的父亲腓力二世对马其顿军队的职业化改造，而这场革命的资金来源于潘盖翁山丰富的矿产资源。有了这些矿山所生产的钱币，腓力二世就可以利用雇佣兵和其他希腊人，建立一支训练有素、可以常年作战的职业部队。这与古代希腊以公民为基础的军事力量有很大区别（Diodorus Siculus, 16.7.6）。腓力二世铸造了第一枚"希腊"金币〔希腊人之前使用的是波斯金币，即达里克（daric）①〕，并以发行者的名字命名为腓力铸币（*philippeioi*，这个词后来扩展为金币的意思；de Callataÿ, 2012b: 176–7）。腓力二世银币的发行量也比以往任何一位马其顿国王要多。这些钱币的发行数量和流通广度应当是北欧凯尔特部落会进行仿制的其中一个原因。

货币也促进了军事装备的购买和革新，最显著的是雅典和其他城邦大力发展了海军力量（Herodotus, 7.144; Trundle, 2010: 237）。使用货币雇佣雇佣兵意味着战争规模的扩大，随之而来的是人口流动性的增加，因为士兵不得不远离自己的家园。从公元前4世纪开始，雇佣兵的流动成了地中海地区的一个重要问题（Trundle, 2010: 229）。西西里岛的恩特拉（Entella）就是一个很有说服力的例子：在西西里岛服役的坎帕尼亚雇佣兵退伍后，来到了这座城市。他们最初作为同胞公民被恩特拉人所接纳，但后来这些雇佣兵杀死了城里所有适合当兵的年轻男性，掳走了所有女人，然后将该城据为己有，

---

① 达里克，也被称为大流士金币，正面是大流士皇帝手持弓箭的图像。

并以一种新的"属于坎帕尼亚人"的钱币设计，打造了很可能成为他们薪酬的钱币（Diodorus Siculus, 14.8–9；Lee, 2000）。

如果说货币有助于建立更大规模的职业军队，那么这些军队的存在反过来又需要政府继续发行货币来维持军费开支；我们看到这种循环在整个古代地中海地区不断发生。例如，尽管钱币也会因其他支出的需要而铸造，但军费支出在罗马总开支中占比最高。铸币本金通过租金、罚金、税收以及矿场来获得，还可能通过战争赔款和战利品来填补——事实上，军费开支可能导致更野蛮的战争和掠夺（Rowan, 2013b）。战争带来的财富在罗马世界中引发了一场文化变革，除其他支出外，这种财富还资助了罗马的建筑项目，改变了罗马的城市面貌（Wallace-Hadrill, 2008: 356）。但是，战争并不总是成功的，也并不总是有利可图的。维持一支军队似乎永远需要成本，这很可能是罗马银币在公元 3 世纪持续贬值的原因之一。这一时期密集的战事和罗马军队的持续战败，以及罗马矿场生产力的下降，导致银币中的铅含量越来越高，到最后铸币的纯度下降到了 5% 左右（Estiot, 2012: 543）。这种贬值带来的经济影响还需要进一步研究，但罗马帝国当时的经济压力在罗马货币体系的反复改革中可见一斑。最终，罗马帝国建立了一个不依赖于银币的纯金币体系，即索利多体系，直到公元 10 世纪，索利多仍在流通。

战争也影响了罗马的信贷。公元前 88 年，本都国王密特拉达梯六世（Mithridates VI）入侵亚细亚，并煽动了对该地区的罗马人和意大利人的屠杀行动，由此造成的经济损失导致了罗马信用体系的崩溃。西塞罗写道，罗马中央广场上的货币与亚细亚省的货币卷在一块，系在一起："那边倒下，这边焉想挺住！"（Cicero, *De imperio Cn.Pompeii* 19; Kay, 2014: 245）同样，凯撒在公元前 49

年越过卢比孔河（Rubicon），掠夺罗马国库，随后的内战导致贷款人催收债务时有类似不安。由此产生的经济危机需要官方采取一些应对措施（Cassius Dio, 41.37.2；Verboven, 2003）。

战争的破坏作用在中国也很明显，特别是楚汉战争（公元前206—前202年）期间。这场战争造成了数百万人的伤亡，破坏了农业生产。解决物资匮乏的方法似乎很简单：铸造更多的钱币，让更多人能够买到东西（Peng, 1994: 148）。汉朝在实施该计划时减轻了金币和铜币的重量，而统治者并未意识到这会导致通货膨胀（实际上，他们将价格上涨归咎于商人囤积居奇）。信贷的证据在中国更难找到，尽管《周礼》记录了政府的"泉府"①会提供赊贷，但其放款规模和赊借期限由赊贷的目的决定（Peng, 1994: 98）。因此，钱币既引发了古代军事冲突，也受到了这种冲突的影响。

身份认同与殖民主义

民族志对于古代世界的描述中，反复提到的一个话题是某个民族是否使用货币，以及他们使用的货币类型。例如，斯特拉博（公元前64/63年—公元24年）的《地理学》中就有许多相关记载：波斯人使用铸币，但大多数的金银被做成器物而不是钱币（Strabo, 15.3.21）；伊比利亚半岛上的一些人通过以物易物或者使用碎银来交易，而不使用货币（Strabo, 3.3.7）；阿尔巴尼亚人不使用铸币，也不使用精确的度量衡，也不对"战争、政府或农业"做规划（Strabo, 11.4.4）。某种钱币或某种货币形式可能会成为一个特定民族的特

---

① 泉府，官名，在《周礼》中为司徒的属官，掌管国家税收、收购市场上的滞销物资等。亦指储备钱财的府库。

征，斯巴达的货币就被人们反复提及：传说中，吕库古（Lycurgus）在城市中禁止使用金银币，而更愿意使用"祖先的"铁钎（obols）。据称吕库古还让货币贬值到一文不值，以至于"十迈纳①的钱需要一个大仓库存放或者一匹牲畜来运输"（Plutarch, *Vitae Parallelae Lycurgus,* 9.1–4）②。古代史料中说，在城市里，非法的和邪恶的行为就这样被阻止了，因为避免了金钱的诱惑，毕竟谁会试图偷窃或拿走"不能藏起来的、无法安心持有的，甚至无法切成块而牟利"的东西呢？

　　这种货币、身份和特征之间的联系，在古典世界比在古代的其他地方更为明显。比如，中国古代的钱币虽然形状各异，但上面只有文字，没有图案。古典世界货币发展的特殊走向，也许可以用钱币的起源来解释。已知最早的钱币之一是一枚刻有雄鹿和希腊文字的琥珀金，上面写着"我是法涅斯（Phanes）③的徽章（或符号，sēma）"（大英博物馆，no. BNK, G.950）。琥珀金是一种金银比例不定的合金，这使每枚钱币的内在价值都不同。学者们认为，"加

---

① 古代希腊、埃及等地的重量及货币单位。

② 普鲁塔克这段含混的记载引发了诸多争议。古代记载中，波吕丢刻斯提及货币起源于斯巴达的"铁钎"（obelos），并演化成了后来用来指称货币的"奥波勒斯"（obolos）；考古发掘也确实出土了一些铁钎。在伯罗奔尼撒半岛多地，铁钎被用作财富的象征或被敬奉给神祇。但传世和碑铭文献均不足以证明，这些铁钎曾被斯巴达人用作钱币。此外，这些铁钎也不像普鲁塔克记载的那样又大又重。另外，最早在斯巴达发现的铸币工作坊定代于约公元前 280 年。但普鲁塔克《吕库古传》第 12 节中就提到，斯巴达人会在公共餐饮中贡献出"非常少量的钱"。或许存在过用铁钎作为货币的社会和时段，但我们无法证实或证伪斯巴达在"传说中的"吕库古时代是否有此政策，也无法确定普鲁塔克是否将数个时代或城邦的传说整合在一起，形成了一段自相矛盾的叙述（参见 H.Michell, "The Iron Money of Sparta", *Phoenix,* 1947: 42—4; Seaford, 2004, 104—5）。——校者注

③ 法涅斯是希腊的俄耳甫斯秘仪中代表孕育、繁殖的神。

上烙印"是解决这一问题的权宜之计。因此，一枚钱币的价值是由
国家（或在上述案例中是法涅斯）所决定的，而非靠物体的金属含
量（Wallace, 1987；Kroll, 2012）。尽管琥珀金很快被金银铸币取代，
但"徽章"或"印章"的实际用途已经得到证明，而这种做法在整
个古典世界一直存在。也许正是这种物质性的转变，才让古典世界
中货币与发行者的身份相关联，从此走上了不同的货币发展轨迹。

　　铸币及其设计不仅反映了其在古典时代的特定身份，还积极影
响了这种特定身份的形成。正如19世纪的政治家们将货币的设计视
为一种可以促进集体传统和身份认同的媒介一样（Helleiner, 2003），
古代地中海地区的新兴城市和定居点也经常有意选择某些铸币类型
来铸造。在意大利南部和西西里的希腊定居点经常有这种耐人寻味
的研究案例。尽管古代文献以及后来的近代殖民时期的学术研究将
这些聚落描述为一个特定希腊"母邦"的"殖民地"，但这些城镇
的考古研究显示，其身份认同比最初学者们认为的更多样化。这些
城镇定居者的身份观念是，他们自己与希腊大陆和小亚细亚存在着
联系（Osborne, 1998; Malkin, 2003）。

　　在意大利南部的希腊定居点（被称为"大希腊"）的铸币上，
可以发现一个独特但不失希腊阿凯亚式的表达①。公元前7世纪，该
地区建立了一系列希腊城市。公元前6世纪，其中几个城市开始使
用钱币。虽然这些钱币的造型独特，但是该地区几个城市的铸币都
有相同之处，即钱币的背面是对正面图案的阴铸模仿。这类钱币的
设计整体给人一种用压花（repoussé）技术印在钱币上的错觉，尽管

———————

① 阿凯亚人为希腊人的一支，在对意大利南部的殖民活动中发挥了积极作用，殖民以
　后其铸币表达了希腊阿凯亚身份，同时也加入了一些自身特色。

实际上铸造是由正反两片印模完成的（见图 7.5）。这类钱币对技术和劳动量的要求很高。学者们对这些城市为什么采用这种特殊设计的意见不一，但该设计在该地区诸多希腊城市的使用很可能会增强区域认同感。考古证据表明，虽然这些钱币并没有在大希腊之外流通，但至少在公元前 480 年以前，不同城市的钱币可以放在一起窖藏（因此可以推测它们是一起流通的）。该地区第一批铸币所采用的图案反映了古风时期希腊在铸币出现之前传统的价值贮藏物〔例如，锡巴里斯铸币上的公牛、克罗顿（Kroton）铸币上的三足器（tripod）[①]、梅塔庞图姆（Metapontum）铸币上的谷物等〕。因此，这些图像促进了一些观念，如这些城市与一个"母邦"以及一段希腊英雄时代有联系的想法和"身为阿凯亚人"的意识（Papadopoulos, 2002）。在中国古代，铲、刀、纺轮等生产工具在发展为布币、刀币和圜钱

图 7.5 意大利南部克罗顿的银制斯塔特，公元前 500—前 480 年铸造，重 7.98 克。三足器正面为浮雕，背面为阴铸，体现了压花技术的效果
来源：耶鲁大学美术馆 2001.87.2344

---

① 三足器，在功能上可以作为奖品颁给赛会的胜者，还可以作为德尔菲（Delphi）女祭司传递阿波罗神谕的礼品。传说女祭司皮娅（Pythia）坐在三足器上，命令克罗顿的创立者密斯刻罗斯（Myskellos）遵循德尔斐神谕的指示，带领一群阿凯亚人定居到克罗顿。三足器是克罗顿公民理想的象征和标志。

等钱币之前，持续作为价值尺度和流通手段存在（Peng, 1994: xxiii）。

意大利南部和西西里其他希腊城市的钱币图案都是以当地景观为主，其中河流和泉水出现的频率很高。现代殖民研究已经证明了货币中当地景观在塑造新殖民社区方面的重要性，并呈现出河流是如何表达一个聚落与另一个聚落的联结的（Frisone, 2012）。例如，那波利和西西里的杰拉古城等地都出现了代表河流的人脸公牛图案钱币。在殖民点建立之初发行货币，可以表达定居者（大概率是精英）对他们城市的愿景。公元前 1 世纪，当罗马人开始在意大利以外的地方建立殖民地时，殖民活动的基础工作往往包括铸造"地方"钱币（有时是该地唯一一次发行的地方钱币），其图案通常反映了殖民地的"理念"和身份。这种钱币的采用有助于在原本混杂的定居者群体中形成一种共同的信念和传统（Rowan, 2014）。无论是当地的风景还是铸币，都为外来定居者提供了一种自我定义的方式。

与现代世界一样，这些"殖民货币"可能反映的是征服者对一个地区的凝视或看法，而不基于任何现实情况，这可以从在西班牙的老兵聚落埃梅里塔〔Emerita，今梅里达（Mérida）〕铸造的钱币中反映出。该殖民地建立于约公元前 25 年，由第十军团和第五军团的退伍军人建成（Cassius Dio, 53.26.1）。他们发行的银币正面是皇帝的肖像，背面是埃梅里塔城的城墙（Sutherland, 1984: no. 9）。该城市在建立殖民点的几十年后还在建设中，但钱币上却已经出现了"最终"或"落成"的城市形象。这种图案有助于构建定居者对家园的想象和认同。最早以埃梅里塔名义铸造的铜币描绘了这座罗马城市的奠基仪式（让人们认为埃梅里塔和其他殖民地一样，是一个"小罗马"）、表现了当地河流（描绘的是嘴里吐水的女神）以及军团旗帜（Burnett, Amandry, and Ripolles, 1992: 5–11）。这些钱币的使用以及上面的图案有助于增强新城市的凝聚力。罗马帝国的前 300 年历史中均能看到铸币与城市身份认同之间的联系，这在东地中海地区尤为明显（Howgego, Heuchert, and Burnett, 2005）。

货币和个人身份之间也有很强的联系。格雷伯指出，在不同时代的文化中，个人装饰品和作为货币的物品之间存在着奇怪的平行关系：珠子、贝壳、贵金属和其他物品都既可以作为首饰佩戴，也可以作为货币使用（Graeber, 1996），因为珠宝本身有价值储存的功能。然而，尽管有时个人装饰物可能具有特定的货币功能，但它们不能被定义为通用货币。例如，德国境内凯尔特地区的一些金属颈环（torc）①的重量与当地 100 枚钱币的重量完全相同，这暗示这两者之间存在某种联系。颈环有时也会被置藏于可辨识的宗教情境中，这表明颈环作为传达个人声望的物品，可能还有一种间接作用（Hunter, 2015: 103–5）。格雷伯将个人以货币材料做的装饰品和这种材料所关联的潜在力量联系起来——钱币可以公开展示一个人的（购买）能力，这也可以说是对钱币本身的展示。随着贵金属钱币在古代晚期越过罗马帝国北部边界到达"蛮族"地区（Barbaricum）②，金币和勋章被改造成了嵌金宝石。它们经常被精心设计，以便展现罗马皇帝的肖像（Bursche, 2001; Eremić, 2014）。在一个没有肖像画传统的社会里，皇帝的肖像可能拥有和黄金本身一样的力量和威望。

皇帝肖像无疑在罗马帝国内拥有力量，它赋予货币类似君王的

---

① 金属颈环是一种大型的金属颈环，可以是单件，也可以是绞在一起的。对于铁器时代的凯尔特人来说，金属颈环似乎是一件重要的物品，一般只有地位高的人才可以佩戴。

② 位于今莱茵河右岸、多瑙河以北等地区。

权力：公元 5 世纪的法律文本《提奥多西法典》记录了，所有印有国王肖像的索利多（金币）都具有同等价值。该法律显然是为了回应人们认为的印有"大"肖像的钱币比"小"肖像的钱币更有价值的想法（*Codex Theodosianus* 9.22.1）。我们不应该表面地看待现存的文字证据，但由于罗马帝国的钱币上有皇帝的头像，流传至今的记载称携带钱币进入妓院、厕所或其他可能有损皇帝颜面的地方是违法的。显然，金钱的力量与皇帝的力量是相辅相成的（Wolters, 1999: 308–18）。肖像的力量或"魅力"解释了罗马钱币以及仿罗马钱币作为垂饰物出现在东南亚的现象。这些钱币极有可能与其他货物一起通过印度运抵，而皇帝肖像似乎又是这件物品的重要价值的体现（Borrell, 2014）。（仿）罗马皇帝肖像在世界上这个地区的出现再次证明了古代的互联。

宗教

美国纸币上写着"我们信仰上帝"，这是美国的官方宣言，在这种语境下，这句宣言无意中体现了信仰在信用货币中的重要性。类似的是，古典世界的许多希腊钱币都带有神祇的意象，人们不禁要问，这种意象是否有助于人们对其价值的信任。在亚历山大大帝之后，当强大的国王像神一样被崇拜时，地中海地区的钱币上，才开始出现了活着的统治者肖像（国王比王后更多，但女性也确实出现了）。正是文艺复兴时期罗马钱币的重新发现导致了钱币肖像画的复兴，这一传统一直持续到今天；Stahl, 2013）。在一些古典城市的神庙中发现了制造钱币用的印模、钱币坯饼和其他铸造材料〔例如，西西里岛的希墨腊（Himera）、希腊的阿耳戈斯（Argos）和苏尼翁

（Sounion）〕，尽管我们并不总能判断出这是否意味着铸造过程是在这些空间中进行的，还是这些物品只是在使用过后存放在那里的（Cutroni Tusa, 1982; Kalligas, 1997）。

在神庙中贮存铸币材料，和取走神庙所有物用作货币这两者间具有相似之处。最著名的例子也许就是前文中提到的雅典铸金币的故事。伯罗奔尼撒战争期间，雅典铸造的金币是由帕台农神庙中的胜利女神黄金雕像制成的。之后，用来制作这些钱币的印模作为敬献物被存放在雅典娜神庙中（Melville-Jones, 1993: no. 170）。一些神庙还提供投资或借贷服务，神庙基于铸币而谋利，敬献物可以是（或可以转换为）铸币，也可能在之后作为商品来增加神庙的财富。当宗教敬献物是谷物、肉或其他物品时，这种投资就不会发生。一般用途的金属货币在这里引发了变革。这种变革不是普遍的，但是铸币的发明打破了古希腊宗教崇拜、政府管理和战争之间的界限。戴维斯已经证明，许多利用神庙资产的城市都是依靠昂贵的海军力量的城市，这或许使城市更务实地对待自己的崇拜性财富（Davies, 2001）。

鉴于货币、身份认同和政府之间的紧密联系，在整个古代，宗教影响了货币的装饰（有时也影响了货币的使用）也就不足为奇了。犹太人反抗罗马统治时所铸货币的案例于前文已提及；哈斯蒙尼王朝（约公元前140—前116年的犹太地半自治统治者）在很大程度上避免在其钱币上再现人像，以遵从禁止雕刻偶像的戒律（Gitler, 2012）。萨珊王朝从公元224年统治伊朗，直到651年伊斯兰教传入，他们的银币都以宗教图案为主，许多钱币上都带有琐罗亚斯德教火坛图案（Schindel, 2005）。这种宗教意象可能对货币的"信用"有所贡献，因为它强调了波斯"诸王之王（*shahanshah*）"的宗教统治权。

相比之下，基督教的兴起对货币的影响却很小，这可能是因为基督教在相当长的一段时间里一直是一种"私人"信仰而非政府宗教。在公元 3 世纪，弗里吉亚的阿帕米亚（Apamea）将诺亚故事的图案刻绘在了当地钱币上，因为当地的亚拉腊山（Ararat）被认定为圣经中的"亚拉腊山"，诺亚方舟最后就停泊在那里。这一传统很可能源于当地弗里吉亚一个关于洪水的传说（Spoerri Butcher, 2006: 250-60）。君士坦丁皈依并没有使货币图案发生变革：公开的基督教符号仅限于凯乐符号（chi-rho）和拉布兰旗（labarum，一种上有凯乐符号的军旗；Abdy, 2012）。虽然公开的基督教图案对钱币外观上的影响是缓慢且微妙的，但即使在罗马帝国的基督教居民不能立即识别的地方也存在着基督教意象[①]。基督教作家尤西比乌斯（Eusebius）把君士坦丁大帝的钱币肖像解释为皇帝在祈祷时向上凝视（Eusebius, *Vita Constantini* 4.15）。无论这是否是刻意的解释（更有可能是君士坦丁把自己比为亚历山大），对于尤西比乌斯来说，货币作为由皇帝担保并与皇帝相关的物品，显然都应该反映皇帝的宗教世界观。

在古代晚期，货币及其设计也未能摆脱"异教徒"和基督徒之间的紧张关系。当"异教"皇帝尤利安（公元 361—363 年）的钱币发行时，背面印有一头公牛（见图 7.6）的设计立刻成了当时争论的焦点（这无意中揭示了罗马帝国居民认为，皇帝对以其名义铸造的钱币负有重大责任）。索克拉蒂斯（Socrates, 3.17.4–5）写道：安条克的基督教公民说，"印在他的钱币上的公牛，象征着他已经荒芜

---

① 早期基督教处于弱势地位，基督徒常用异教主题来表达基督教主题，因此这种基督教艺术无法被立即识别出来。

了世界"，并将其与尤利安的"异教"动物献祭活动联系起来。另一位教会历史学家沙卓门（Sozomen, 5.19.2）说，这些无礼的文字是尤利安在安条克备战从而导致物价上涨的背景下出现的。当尤利安试图降低物价时，据说商人们纷纷逃离城市，从而导致物资匮乏。皇帝的胡须和钱币设计就成了宣泄情绪的焦点。尤利安以讽刺作品《厌胡者》（Misopogon）报复安条克的市民，其中提到他不仅因为自己的胡子，还因为他的钱币设计而受到侮辱（355D）。在《反尤利安赞美诗》（Hymns against Julian）中，叙利亚人以法莲（Ephrem）把公牛认定为犹太人的金牛犊："镌刻在他（尤利安）心上的异教公牛压印在了热爱它的人的（钱币）图案上"。因此，钱币意象可以根据文化和背景引发不同解释。

图 7.6　尤利安二世时期的含银努姆斯铜币，公元 361—363 年铸造，重 8.45 克。正面：尤利安二世戴着头冠，留着胡须的肖像；背面：一头公牛，并刻有有关帝国安全的文字（res publica①）
来源：耶鲁大学艺术馆 2001.87.17834

————————————

① 意为"公共事务"。

伪币、私人货币和代币

基思·哈特注意到，钱币的两面，即"头"和"尾"，反映了货币本身的双重属性。货币（及其价值）同时是"自上而下"（"头"）和"自下而上"（"尾"）的社会组织的产物（Hart, 1986）。虽然货币可以由国家承保，但其核心还是一种商品，其价值是由两个或两个以上的人约定的。虽然本章重点讨论的是政府货币，但在古代，货币也存在于中央政府之外，在地方层面进行交换和连结。在罗马帝国和中华帝国，许多货币铸造是地方性的——要么是罗马帝国各个城市自己铸造的小面额钱币，即行省钱币；要么是中国的私人在当地制造的钱币。例如，西汉王朝时允许私铸钱币（Peng, 1994: 151）。

汉代时汉文帝允许私人铸币，这种不干涉的政策符合皇帝的儒家观念，而皇帝对铸币权力的放任引起了官员们的担忧。贾谊的《谏铸钱疏》是中国最早的关于钱币问题的专著之一，他观察到人们放弃农事，转向从事钱币铸造（Peng, 1994: 175–6）。公元前 175 年，另一位官员贾山向汉文帝进言：

> 钱者，亡用器也，而可以易富贵。富贵者，人主之操柄也，令民为之，是与人主共操柄，不可长也。
> ——《汉书·贾邹枚路传》[1]

他们都对"政府之外"铸造的货币感到焦虑，这也呼应了现代

---

[1] 引自班固《汉书·卷五十一·贾邹枚路传·第二十一》，文渊阁四库全书本。

人对"代币"的焦虑。在中国，民间制造货币有时是被限制或禁止的。据《汉书》记载，如果个人铸造的钱币成色不好，就要在人脸上施以墨刑（24B, 3b in Swan, 1950: 234）。在古典地中海地区，也有政府以外的个人铸币的情况，但目前我们只有考古学上的证据。

在罗马世界中，我们发现了模仿政府货币的私人制造的钱币（其"合法性"或"接受度"仍然是一个尚无定论的话题），也有模仿其他城市钱币的地方性货币以供当地使用的案例。其中研究成果最丰富的是公元前 1 世纪意大利中部的工作坊生产的钱币，这些工作坊被称为"伪币厂"（Stannard and Frey-Kupper, 2008）。其中一座"伪币厂"可能位于庞贝，它铸造的钱币上没有任何文字，钱币图案仿制了西班牙埃布苏斯和法国马萨利亚钱币的造型。在庞贝的考古发掘发现，该城的小面额钱币中，有相当一部分是这些"伪"钱币（例如，在最近美国学者的发掘中，45% 的钱币都是这些样式，Hobbs, 2013: 32）。另一座"伪币厂"很可能位于古明图纳〔Minturnae，今意大利的明图诺（Minturno）〕，这里的钱币采用了帕埃斯图姆（Paestum）和其他地方钱币的设计；这些钱币在意大利和西西里岛均有发现（Stannard and Frey-Kupper, 2008）。这些"非官方的仿制品"和"伪"钱币的铸造与公元前 1 世纪意大利地区货币化程度的提高有关，货币化程度的提高意味着小额零钱需求的增加。然而，由于未知的原因，罗马发行机构并没有满足这一需求，而是于公元前 82—前 46 年停止了小面额钱币的生产（Hollander, 2007: 24; Stannard and Frey-Kupper, 2008: 376–8）。不过很显然，在这一时期，非官方货币或伪币在该地区的日常交易中发挥了关键作用，而且其图案有助于形成地区认同和社区建设。

上述作用也可以从公元 3 世纪古埃及部分地区出现的大量铅制

代币中看出。这些代币的生产又是发生于"官方"生产小额零钱的真空期——亚历山大里亚的政府铸币厂停止生产任何数目的青铜币（Milne, 1971: xvii）。因此，当地人开始生产铅币以供不同城市使用（Milne, 1930）。这些代币可能反映和塑造了当地人的身份认同，这一点从不同城市之间铸币图案的差异中可以看出。孟斐斯城（Memphite）的代币上有尼罗河和埃及神灵（女神伊西斯-赫卡忒、圣牛阿匹斯）的图案，而奥克西林克斯（Oxyrhynchus）的代币则更多的是希腊式的设计，有雅典娜、宙斯和胜利女神的图案（Milne, 1971: 276–319）。在奥克西林克斯的发掘中，考古工作者发现了 37 种不同样式的代币，其中 184 件带有 12 种本地奥克西林克斯图案（Milne, 1930: 301）。因此，这些钱币很可能为当地的日常交易提供了便利，并可能是布里克斯顿镑这样的社区货币[①]的历史雏形。

有些旧的或被淘汰的钱币中也可以在本地环境内构建和发挥价值。例如，罗马的竞争对手迦太基的铜币在迦太基亡后的 100 多年里还在罗马阿非利加（Africa）[②]流通。托勒密铸币在公元前 30 年被罗马人征服后也持续流通了数百年（一些钱币在最晚至公元 3 世纪的考古地层中被发现；Buttrey, 1987: 165）。在印度，公元前 4 世纪孔雀王朝的钱币一直流通到公元 3 世纪（Hoover, 2013: lxiii）。这些当地约定俗成的货币形式（在罗马帝国，特别是小额零钱）在地方上也可以再次投入使用：罗马钱币在 19 世纪的非洲还被用作小额零

---

① 社区货币的发行主要是为了促进消费，增加货币的流通，属于代币，现在主要流行于欧洲和北美。英国布里克斯顿镑就是这样的例子，其于 2009 年开始流通。社区货币对构建社区意识有着良好的作用，社区货币的价值由社区信用保证。

② 阿非利加行省，即今北非突尼斯、阿尔及利亚东北部与西利比亚海岸地区，不包括同属非洲的埃及、阿尔及利亚中西部和摩洛哥海岸。

钱（Greenhalgh, 2014: 89）。这表明古代可能存在多样的货币形式，以及它们对近代货币实践仍有贡献。虽然本章追溯了笔者（诚然是专攻希腊罗马的专家）认为的这个时代的关键问题，但古代和货币实践活动的多样性，不可能在一本书的一个章节中完全体现出来。货币揭示了这一时期的互联性，也展现了自身的多样性。

表　格

参 考 文 献
Bibliography

Aarts, Joris (2005), "Coins, Money and Exchange in the Roman World. A Cultural–Economic Perspective," *Archaeological Dialogues* 12(1): 1–44.

Abdy, Richard (2012), "Earliest Christian Symbols on Roman Coins," in William E. Metcalf (ed.), *The Oxford Handbook of Greek and Roman Coinage*, Oxford: Oxford University Press, 663–6.

Agut-Labordère, Damien (2014), "L'orge et l'argent. Les usages monétaires à 'Ayn Manâwir à l'époque perse," *Annales. Histoire, Sciences Sociales* 69 (1): 75–90.

Alföldy-Găzdac, Agnes and Cristian Găzdac (2013), "Who pays the Ferryman? The Testimony of Ancient Sources on the Myth of Charon," *Klio* 95 (2): 285–314.

Allason-Jones, Lindsay and Bruce McKay (1985), *Coventina's Well*. The Trustees of the Clayton Collection. Oxford: Chester Museum.

Amandry, Michel (1993), "Manipulations, innovations monétaires et techniques financières dans le monde grec," in Tony Hackens and Ghislane Moucharte (eds.), *Actes du XIe Congrès International de Numismatique*, Louvain-la-Neuve: Séminaire de Numismatique M. Hoc, 1–7.

Andreau, Jean (1987), *La vie financière dans le monde romain. Les métiers de manieurs d'argent (IVe siècle av. J.-C.–IIIe siècle ap. J.-C.)*, Rome: École française de Rome.

Andreau, Jean (1999), *Banking and Business in the Roman World*, Cambridge: Cambridge University Press.

Andreau, Jean (2008), "The Use and Survival of Coins and of Gold and Silver in the Vesuvian Cities," in William V. Harris (ed.), *The Monetary Systems of the Greeks and Romans*. Oxford: Oxford University Press, 208–25.

Antonaccio, Carla (2005), "Dedications and the Character of Cult," in Robin Hägg and Brita Alroth (eds.), *Greek Sacrificial Ritual, Olympian and Chthonian. Proceedings of the Sixth International Seminar on Ancient Greek Cult. Organized by the Department of Classical Archaeology and Ancient History.*

Göteborg University. April 25–27, 1997, Acta Instituti Atheniensis Regni Sueciae 18. Stockholm: Svenska Institutet i Athen, 99–112.

Appadurai, Arjun (1986), "Introduction: Commodities and the Politics of Value," in Arjun Appadurai (ed.), *The Social Life of Things*, Cambridge: Cambridge University Press, 3–63.

Arnold-Biucchi, Carmen and Caccamo Caltabiano, Maria, eds. (2015), *Survey of Numismatic Research 2008–2013,* International Association of Professional Numismatists Special Publication 16. Rome: Arbor Sapientiae.

Asolati, Michele (2005), *Il tesoro di* Falerii Novi. *Nuovi contributi sulla monetazione italica in bronzo degli anni di Ricimero, 457–472 d. C.* Padova: Esedra.

Asolati, Michele (2012), *Praestantia nummorum. Temi e note di numismatica tardo antica e alto medievale.* Padova: Esedra.

Aubert, Jean-Jacques (2014), "For Swap or Sale? The Roman Law of Barter," in Catherine Apicella, Marie-Laurence Haack, and François Lerouxel (eds.), *Les affaires de Monsieur Andreau. Économie et société du monde romain.* Bordeaux: Ausonius, 109–21.

Baldus, Hans Roland (1969), *Mon(eta) urb(is)—Antioxia: Rom und Antiochia als Prägestätten syrischer Tetradrachmen des Philippus Arabs*. Frankfurt: Dr. Busso Peus.

Beckmann, Martin (2009), "The Significance of Roman Imperial Coin Types," *Klio* 91: 144–61.

Beckmann, Martin (2016), "Trajan's Column and Mars Ultor," *Journal of Roman Studies* 106: 124–46.

Beilke-Voigt, Ines (2007), *Das "Opfer" im archäologischen Befund. Studien zu den sog. Bauopfern, kultischen Niederlegungen und Bestattungen in ur- und frühgeschichtlichen Siedlungen Norddeutschlands und Dänemarks.* Berliner Archäologische Forschungen 4. Rahden/Westf.: Leidorf.

Bell, Harold W. (1916), *Coins, Part 1: 1910–1914.* Sardis 11. Leiden: Brill.

Bennett, Robert (2014), *Local Elites and Local Coinage: Elite Self-Representation on the Provincial Coinage of Asia, 31 BC to AD 275.* Royal Numismatic Society Special Publication 51. London: Royal Numismatic Society.

Bérard, François, Denis Feissel, Nicolas Laubry, Pierre Auteur Petitmengin, Denis Rousset and Michel Sève (2010), *Guide de l'épigraphiste. Bibliographie choisie des épigraphies antiques et médiévales.* 4th edn, Paris: Éditions Rue d'Ulm.

Bergmann, Bettina (2008), "Pictorial Narratives of the Roman Circus," in Jocelyne Nelis-Clément and Jean-Michel Roddaz (eds.), *Le cirque romain et son image*. Bordeaux: Ausonius, 359–89.

Bernholz, Peter and Roland Vaubel, eds. (2014), *Explaining Monetary and Financial Innovation. A Historical Analysis*. Cham: Springer.

Berthold, Angela (2013), *Entwurf und Ausführung in den artes minores: Münz- und Gemmenkünstler des 6.–4. Jahrhunderts v. Chr.* Schriftenreihe Antiquitates 61. Hamburg: Verlag Dr. Kovac.

Bland, Roger (2013), "Hoarding in Britain: An Overview," *British Numismatic Journal* 83: 214–38.

Bloch, Marc (1939), "Économie-nature ou économie-argent: Un pseudo-dilemme," *Annales d'histoire sociale* 1(1): 7–16.

Bloch, Marc (1967), *Land and Work in Medieval Europe. Selected Papers*. Translated by J. E. Anderson. London: Routledge.

Bloch, Maurice and Jonathan Parry (1989), "Introduction: Money and the Morality of Exchange," in Jonathan Parry and Maurice Bloch (eds.), *Money and the Morality of Exchange*. Cambridge and New York: Cambridge University Press, 1–32. Bodenstedt, Friedrich (1981), *Die Elektronmünzen von Phokaia und Mytilene*. Tübingen: Wasmuth.

Bogaert, Raymond (1968), *Banques et banquiers dans les cités grecques*. Leiden:A.W. Sijthoff.

Bogaert, Raymond (1976), "L'essai des monnaies dans l'Antiquité," *Revue Belge de Numismatique et de Sigillographie* 122: 5–34.

Bohannan, Paul (1955), "Some Principles of Exchange and Investment among the Tiv," *American Anthropologist. New Series* 57(1): 60–70.

Bohannan, Paul (1959), "The Impact of Money on an African Subsistence Economy," *Journal of Economic History* 19(4): 491–503.

Bolin, Sture (1958), *State and Currency in the Roman Empire to 300 AD*. Stockholm: Almquist & Wiksell.

Borrell, Brigitte (2014), "The Power of Images—Coin Portraits of Roman Emperors on Jewellery Pendants in Early Southeast Asia," *Zeitschrift für Archäologie außereuropäischer Kulturen* 6: 7–44.

Bowes, Kimberly (2015), "At Home," in Rubina Raja and Jörg Rüpke (eds.), *A Companion to the Archaeology of Religion in the Ancient World*. Malden, MA: Wiley-Blackwell, 209–19.

Bowman, Alan K., J. David Thomas, and Roger S. O. Tomlin (2010), "The

Vindolanda Writing-Tablets (*Tabulae Vindolandenses* IV, Part 1)," *Britannia* 41: 187–224.

Bowman, Alan K., J. David Thomas, and Roger S. O. Tomlin (2011), "The Vindolanda Writing-Tablets (*Tabulae Vindolandenses* IV, Part 2)," *Britannia* 42: 113–44.

Bradley, Richard (2003), "A Life Less Ordinary: The Ritualization of the Domestic Sphere in Later Prehistoric Europe," *Cambridge Archaeological Journal* 13(1): 5–23.

Bradley, Richard (2005), *Ritual and Domestic Life in Prehistoric Europe*. London: Routledge.

Bresson, Alain (2005), "Coinage and Money Supply in the Hellenistic Age," in Zofia H. Archibald, John K. Davies, and Vincent Gabrielsen (eds.), *Making, Moving and Managing: The New World of Ancient Economies, 323–31 BC*. Oxford: Oxbow Books, 44–72.

Bresson, Alain (2016), *The Making of the Ancient Greek Economy. Institutions, Markets, and Growth in the City-States*. Translated by Steven Rendall. Princeton: Princeton University Press.

Bringmann, Klaus (2011), *Kleine Kulturgeschichte der Antike*. Munich: Verlag C.H. Beck.

Burgon, Thomas (1837), "An Inquiry into the Motives which Influenced the Ancients, in their Choice of the Various Representations which we Find Stamped on Their Money," *The Numismatic Journal* 1: 97–131.

Burnett, Andrew (1977), "The Authority to Coin in the Late Republic and Early Empire," *Numismatic Chronicle* 137: 37–63.

Burnett, Andrew (1987a), "Africa," in Andrew Burnett and Michael Crawford (eds.), *The Coinage of the Roman World in the Late Republic*. Oxford: British Archaeological Reports, 175–85.

Burnett, Andrew (1987b), *Coinage in the Roman World*. London: Seaby.

Burnett, Andrew (1995), "The Unification of the Monetary Systems of the Roman West: Accident or Design?" in Judith Swaddling, Susan Walker, and Paul Roberts (eds.), *Italy in Europe: Economic Relations 700 BC–AD 50*. London: The British Museum, 313–20.

Burnett, Andrew (1999), "Buildings and Monuments on Roman Coins," in George M. Paul and Michael Ierardi (eds.), *Roman Coins and Public Life under the Empire*. Ann Arbor: The University of Michigan Press, 137–64.

Burnett, Andrew (2001), "The Invisibility of Roman Imperial Mints," in Rina La

Guardia (ed.), *I luoghi della moneta. Le sedi delle zecche dall'antichità all'età moderna. Atti del convegno internazionale, ottobre 22–23 (1999)*, Milan: Comune di Milano, 41–8.

Burnett, Andrew (2002), "Latin on Coins of the Western Empire," in Alison Cooley (ed.), *Becoming Roman, Writing Latin? Literacy and Epigraphy in the Roman West*. Porstmouth, RI: Journal of Roman Archaeology, 33–40.

Burnett, Andrew (2012), "Early Roman Coinage and its Italian Context," in William E. Metcalf (ed.), *The Oxford Handbook of Greek and Roman Coinage*. Oxford: Oxford University Press, 297–314.

Burnett, Andrew and Michel Amandry, eds. (1992–), *Roman Provincial Coinage. Vols. 1–3, 9*. London and Paris: The British Museum and the Bibliothèque Nationale de France.

Burnett, Andrew, Michel Amandry, and Pere Pau Ripolles (1992), *Roman Provincial Coinage Vol 1*. London: British Museum Press.

Burrell, Barbara (2004), *Neokoroi: Greek Cities and Roman Emperors*. Leiden: Brill. Bursche, Alexander (2001), "Roman Gold Medallions as Power Symbols of the Germanic Élite," in Bente Magnus (ed.), *Roman Gold and the Development of the Early Germanic Kingdoms*. Stockholm: Kungl. Vitterhets, historie och antikvitets akademien, 83–102.

Butcher, Kevin (1988), *Roman Provincial Coins: An Introduction to the Greek Imperials*. London: Seaby.

Butcher, Kevin (2003), *Small Change in Ancient Beirut. Coins from BEY 006 and 045*. Beirut: American University.

Butcher, Kevin (2004), *Coinage in Roman Syria: Northern Syria, 64 BC–AD 253*. Royal Numismatic Society Special Publication 34. London: Royal Numismatic Society.

Butcher, Kevin and Matthew Ponting (2014), *The Metallurgy of Roman Silver Coinage: From the Reform of Nero to the Reform of Trajan*. Cambridge: Cambridge University Press.

Butler, Howard C. (1911), "Second Preliminary Report on the American Excavations at Sardes in Asia Minor," *American Journal of Archaeology* 15: 445–58.

Butler, Howard C. (1922), *The Excavations, Part 1: 1910–1914*. Sardis 1. Leiden: Brill.

Buttrey, Theodore V. (1987), "Crete and Cyrenaica," in Andrew Burnett and Michael Crawford (eds.), *The Coinage of the Roman World in the Late*

Republic. Oxford: British Archaeological Reports, 165–74.

Buttrey, Theodore V. (1993), "Calculating Ancient Coin Production: Facts and Fantasies," *Numismatic Chronicle* 153: 335–51.

Buttrey, Theodore V. (1994), "Calculating Ancient Coin Production: Why It Cannot be Done," *Numismatic Chronicle* 154: 341–52.

Buttrey, Theodore V. (2007), "Domitian, the Rhinoceros, and the Date of Martial's '*Liber de Spectaculis*'," *Journal of Roman Studies* 97: 101–12.

Buttrey, Theodore V. and Samuel E. Buttrey (1997), "Review Article: Calculating Ancient Coin Production, Again," *American Journal of Numismatics* 9, 113–35.

Buttrey, Theodore V., Kenan T. Erim, Thomas D. Groves, and R. Ross Holoway (1989), *Morgantina Studies II. The Coins*. Princeton, NJ: Princeton University Press.

Callegarin, Laurent and Vincent Geneviève (2007), "Une *tegula* portant des empreintes monétaires du IVe siècle découverte à *Iluro*—Oloron-Sainte-Marie (Pyrénées-Atlantiques, France)," *Aquitania* 23: 137–50.

Camp, John McKesson and John H. Kroll (2001), "The Agora Mint and Athenian Bronze Coinage," *Hesperia* 70 (2): 127–62.

Campana, Alberto (1987), *La monetazione degli insorti italici durante la guerra sociale*. Soliera: Apparuti Edizioni.

Carlà, Filippo (2007a), "Il sistema monetario in età tardoantica: spunti per una revisione," *Annali. Istituto Italiano di Numismatica* 53: 155–218.

Carlà, Filippo (2007b), "Usi ed abusi della terminologia monetale nell'*Historia Augusta*," *Hormos. Ricerche di Storia Antica* 9: 399–424.

Carlà, Filippo (2010), "The End of Roman Gold Coinage and the Disintegration of a Monetary Area," *Annali. Istituto Italiano di Numismatica* 56: 103–72.

Carlson, Carl W.A. (1969), "The 'Laetitia Temporum' Reverses of the Severan Dynasty," *Journal of the Society for Ancient Numismatics* 3: 9–11.

Carradice, Ian and Martin J. Price (1988), *Coinage in the Greek World*. London: Seaby.

Carter, Giles F. (1983), "A Simplified Method for Calculating the Original Number of Dies from Die Link Statistics," *American Numismatic Society Museum Notes* 28, 195–206.

Chankowski, Véronique (2001), "Divine Financiers: Cults as Consumers and Generators of Value," in Zozia H. Archibald, John K. Davies, and Vincent Gabrielsen (eds.), *The Economies of Hellenistic Societies, Third to First*

Centuries BC. Oxford: Oxford University Press, 142–65.

Chankowski, Véronique (ed.) (2005), "Les dieux manieurs d'argent: activités bancaires et formes de gestion dans les sanctuaires," *Topoi. Orient–Occident* 12–13(1): 9–132.

Chankowski, Véronique (2013), "Richesse et patrimoine dans les cités grecques: de la thésaurisation à la croissance," in Catherine Baroin and Cécile Michel (eds.), *Richesses et sociétés*. Paris: De Boccard, 66–83.

Chaves, Francisca (1998), "The Iberian and Early Roman Coinage of Hispania Ulterior Baetica," in Simon Keay (ed.), *The Archaeology of Early Roman Baetica*. Portsmouth, RI: Journal of Roman Archaeology, 145–70.

Chaves, Francisca (1999), "El papel de los 'itálicos' en la amonedación hispana," *Gerión* 17: 295–315.

Cheung, Ada (1998–9), "The Political Significance of Roman Imperial Coin Types," *Schweizer Münzblätter* 48–9: 53–61.

CIL = *Corpus Inscriptionum Latinarum*. Multiple vols.

Cʼižmár, Miloš, Eva Kolníková, and Hans-Christoph Noeske (2008), "Neˇmcˇice-Vícemeˇˇrice, ein neues Handels- und Industriezentrum der Latènezeit in Mähren," *Germania* 86: 655–700.

Coarelli, Filippo (1994), "Moneta. Le officine della zecca di Roma tra Repubblica e Impero," *Annali dell'Istituto Italiano di Numismatica* 38–41, 23–66.

Cohen, Ed E. (1992), *Athenian Economy and Society: A Banking Perspective*. Princeton: Princeton University Press.

Cohen, Ed E. (2008), "The Elasticity of the Money Supply at Athens," in William V. Harris (ed.), *The Monetary Systems of the Greeks and Romans*. Oxford: Oxford University Press, 112–36.

Colbert de Beaulieu, Jean-Baptiste (1973), *Traité de numismatique celtique I. Méthodologie des ensembles*. Paris: Les Belles Lettres.

Coleman, Kathleen M. (2006), *Martial: Liber Spectaculorum*. Oxford and New York: Oxford University Press.

Comaroff, Jean and John Comaroff (2005), "Beasts, Banknotes and the Colour of Money in Colonial South Africa," *Archaeological Dialogues* 12: 107–32.

Condominas, Georges (1972), "Aspects of Economics among the Mnong Gar of Vietnam: Multiple Money and the Middleman," *Ethnology* 11(3): 202–19.

Condominas, Georges (1989), "De la monnaie multiple," *Communications* 50: 95–119.

Conophagos, Constantin. E (1980), *Le Laurium antique et la technique grecque de la production de l'argent*, Athens: Ekdotike Hellados.

Conzett, Jürg (2005), "Einleitung," in Urusla Kampmann (ed.), *Geld und Macht in der Antike*. Zürich: Sunflower Foundation, 7–13.

Cook, John Manuel and William Hugh Plommer (eds.), (1966), *The Sanctuary of Hemithea at Kastabos*. Cambridge: Cambridge University Press.

Corpus Inscriptionum Latinarum. Available online at: http://arachne.uni–koeln.de/drupal/node/291 (accessed March 30, 2016).

Crawford, Michael H. (1968), "Plated Coins—False Coins," *Numismatic Chronicle* 8, 55–9.

Crawford, Michael H. (1970), "Money and Exchange in the Roman World," *Journal of Roman Studies* 60, 40–8.

Crawford, Michael H. (1971), "Le problème des liquidités dans l'Antiquité classique," *Annales. Économies, Sociétés, Civilisations* 26: 1228–33.

Crawford, Michael H. (1974), *Roman Republican Coinage*. 2 volumes. Cambridge: Cambridge University Press.

Crawford, Michael H. (1982), "Unofficial Imitations and Small Change under the Roman Republic," *Annali dell'Istituto Italiano di Numismatica* 29, 139–64.

Crawford, Michael H. (1985), "Review Hasler," *Journal of Roman Studies* 75, 320–1 Crawford, Michael H. (2003), "Thesauri, Hoards and Votive Deposits," in Olivier De Cazanove and John Scheid (eds.), *Sancutuaires et sources dans l'antiquité. Les sources documentaires et leurs limites dans la description des lieux de culte. Actes de la table ronde organisée par le Collège de France, l'UMR 8585 Centre Gustave– Glotz, l'Ecole française de Rome et le Centre Jean Bérand*. Naples: Publications du Centre Jean Bérard, 69–84.

Creighton, John (2000), *Coins and Power in Late Iron Age Britain*. Cambridge: Cambridge University Press.

Cribb, Joe (2005a), "The President's Address: Money as Metaphor," *Numismatic Chronicle* 165: 417–38.

Cribb, Joe (2005b), *The Indian Coinage Tradition: Origins, Continuity and Change*. Anjaneri, India: IIRNS Publications.

Crummy, Nina (2010), "Bears and Coins: The Iconography of Protection in Late Roman Infant Burials," *Britannia* 41: 37–93.

Cunliffe, Barry, ed. (1988), *The Temple of Sulis Minerva at Bath, 2. The Finds From the Sacred Spring*. Oxford: Oxford University Committee for Archaeology.

Cunliffe, Barry and Cynthia Poole (2008), *The Danebury Environs Roman*

Programme. *A Wessex Landscape during the Roman Era. Vol. 2—Part 7. Dunkirt Barn, Abbotts Ann, Hants, 2005 and (2006),* Oxford University School of Archaeology Monograph 71. Oxford: University of Oxford School of Archaeology.

Curteis, Mark (2005), "Ritual Coin Deposition on Iron Age Settlements in the South Midlands," in Colin Haselgrove and David Wigg-Wolf (eds.), *Iron Age Coinage and Ritual Practices.* Studien zu Fundmünzen der Antike 20. Mainz: Zabern, 207–25.

Curtius, Ernst (1870), "On the Religious Character of Greek Coins," *Numismatic Chronicle* n. Ser. 10: 91–111.

Cutroni Tusa, Aldina (1982), "Una officina monetale a Himera? Il problemo cronologico," *Secondo Quaderno Imerese* 3: 167–74.

Dahmen, Karsten (2007), *The Legend of Alexander the Great on Greek and Roman Coins.* New York: Routledge.

Davies, John K. (2001), "Temples, Credit and the Circulation of Money," in Andrew Meadows and Kirsty Shipton (eds.), *Money and its Uses in the Ancient Greek World.* Oxford: Oxford University Press, 117–28.

Debord, Jean (1989), "L'atelier monétaire gaulois de Villeneuve-Saint-Germain (Aisne) et sa Production," *Revue Numismatique* 6 (31): 7–24.

de Callataÿ, François (1989), "Les trésors achéménides et les monnayages d'Alexandre: espèces immobilisées et espèces circulantes?" *Revue des Etudes Anciennes* 91(1–2): 259–76.

de Callataÿ, François (1995), "Calculating Ancient Coin Production: Seeking Balance," *Numismatic Chronicle* 145: 289–312.

de Callataÿ, François (1997a), *Les monnaies grecques et l'orientation des axes, Glaux.* Collana di Studi e Ricerche di Numismatica 12, Milan: Ennerre.

de Callataÿ, François (1997b), *L'histoire des guerres mithridatiques vue par les monnaies.* Louvain-la-Neuve: Numismatica Lovaniensia.

de Callataÿ, François (1997c), *Recueil quantitatif des émissions monétaires hellénistiques.* Wetteren: Ed. Numismatique Romaine.

de Callataÿ, François (1999a), "Fiscalité et monnayage dans l'œuvre de Georges Le Rider," in Michel Amandry and Silvia Hurter (eds.), *Travaux de numismatique grecque offerts à Georges Le Rider.* London: Spink, 109–21.

de Callataÿ, François (1999b), "Guerres et monnayages à l'époque hellénistique," *Dossiers d'Archéologie* 248: 28–35.

de Callataÿ, François (2000a), "Guerre et monnayage à l'époque hellénistique.

Essai de mise en perspective suivi d'une annexe sur le monnayage de Mithridate VI Eupator," in Jean Andreau, Pierre Briant, and Raymond Descat (eds.), *Économie antique. La guerre dans les économies antiques*. Entretiens d'Archéologie et d'Histoire 5. Saint-Bertrand-de-Comminges: Conseil général de Haute Garonne, 337–64.

de Callataÿ, François (2000b), "Le taux de survie des émissions monétaires antiques, médiévales et modernes. Essai de mise en perspective et conséquences quant à la productivité des coins dans l'Antiquité," *Revue Numismatique* 155: 87–109.

de Callataÿ, François (2003), *Recueil quantitatif des émissions monétaires archaïques et classiques*. Wetteren: Ed. Numismatique Romaine.

de Callataÿ, Francois (2005), "A Quantitative Survey of Hellenistic Coinages. Recent Achievements," in Zofia H. Archibald, John K. Davies, and Vincent Gabrielsen (eds.), *Making, Moving and Managing: The New World of Ancient Economies, 323–31 BC*. Oxford: Oxbow Books, 73–91.

de Callataÿ, François (2006a) "Les applications restreintes de la « loi de Gresham » au monde hellénistique," in Michele Asolati and Giovanni Gorini (eds.), *I ritrovamenti monetali e la legge di Gresham. Atti del III Congresso Internzionale di Numismatica e di Storia Monetaria, Padova, ottobre 28–29 (2005)*, Padova: Esedra editrice, 21–33.

de Callataÿ, François (2006b), *Quantifications et numismatique antique: Choix d'articles (1984–2004)*. Collection Moneta 52. Wetteren: Moneta.

de Callataÿ, François (2006c), "Le transport des monnaies dans le monde grec," *Revue belge de Numismatique et Sigillographie* 152, 5–14.

de Callataÿ, François (2006d), "Réflexions quantitatives sur l'or et l'argent non monnayés à l'époque hellénistique (pompes, triomphes, réquisitions, fortunes des temples, orfèvrerie et masses métalliques disponibles)," in Raymond Descat (ed.), *Approches de l'économie hellénistique*. Entretiens d'Archéologie et d'Histoire 7. Saint-Bertrand-de-Comminges. Conseil général de Haute Garonne, 37–84.

de Callataÿ, François (2009), "Armies Poorly Paid in Coins (the Anabasis of the Ten-Thousands) and Coins for Soldiers Poorly Transformed by the Markets (the Hellenistic Thasian-Type Tetradrachms) in Ancient Greece," *Revue belge de Numismatique* 155: 51–70.

de Callataÿ, François (2010), "Les plombs à types monétaires en Grèce ancienne: monnaies (officielles, votives ou contrefaites), jetons, sceaux, poids, épreuves ou fantaisies?" *Revue numismatique* 166: 219–55.

de Callataÿ, François, ed. (2011a), *Quantifying Monetary Supplies in Greco–Roman Times*. Pragmateiai 19. Bari: Edipuglia.

de Callataÿ, François (2011b), "Quantifying Monetary Production in Greco–Roman Times: A General Frame," in François de Callataÿ (ed.), *Quantifying Monetary Supplies in Greco–Roman Times*. Bari: Edipuglia, 7–29.

de Callataÿ, François (2011c), "More than it Would Seem: The Use of Coinage by the Romans in Late Hellenistic Asia Minor (133–63 BC)," *American Journal of Numismatics* 23: 55–86.

de Callataÿ, François (2012a), "Control Marks on Hellenistic Royal Coinages: Use, and Evolution Towards Simplification?" *Revue Belge de Numismatique et de Sigillographie* 158, 39–62.

de Callataÿ, François (2012b), "Royal Hellenistic Coinages: From Alexander to Mithradates," in William E. Metcalf (ed.), *The Oxford Handbook of Greek and Roman Coinage*. Oxford: Oxford University Press, 175–90.

de Callataÿ, François (2014), "Revisiting a Numismatic Corpus. The Case of Eupator, Last King of Pontus," in Kayan Dörtlük, O˘guz Tekin, and Remziye Boyraz Seyhan (eds.), *Proceedings of the First International Congress of the Anatolian Monetary History and Numismatics, February 25–28, 2013 Antalya*. Antalya: Suna & Inan Kiraç Research Institute: 117–37.

de Callataÿ, François (2015), "Comedies of Plautus and Terence: An Unusual Opportunity to Look into the Use of Money in Hellenistic Time," *Revue belge de Numismatique* 161: 17–53.

de Callataÿ, François (2016a), "Greek Coin Types in Context: A Short State of the Art," *Pharos* 21(2). Forthcoming.

de Callataÿ, François (2016b), "The Coinages Struck for the Romans in Hellenistic Greece: A Quantified Overview (Mid 2nd–Mid 1st c. BCE)," in Florian Haymann and Wilhelm Hollstein (eds.), *New Research in Roman Republican Coinage*. Bonn: Habelt Verlag.

de Callataÿ, François (2016c), "Apparition, utilisation et disparition de l'or monnayé au nom d'Alexandre le Grand: une monétisation massive sans croissance économique?" in Sofia Kremydi and Marie-Christine Marcellesi (eds.), *Les alexandres après Alexandre: histoire d'une monnaie commune*. Athens: Meletemata (2019).

de Callataÿ, François, Georges Depeyrot, and Leandre Villaronga (1993), *L'argent monnayé d'Alexandre le Grand à Auguste*. Bruxelles: Cercle d'Etudes

Numismatiques.

de Callataÿ, François and Johan van Heesch, eds. (2006), "The Transport of Coins through the Ages," *Revue Belge de Numismatique et de Sigillographie* 152: 1–94.

Deichmann, Friedrich Wilhelm and Arnold Tschira (1957), "Das Mausoleum der Kaiserin Helena und die Basilika der heiligen Marcellinus und Petrus an der Via Labicana vor Rom," *Jahrbuch des Deutschen Archäologischen Instituts* 72: 44–110.

de Jersey, Philip (2005), "Deliberate Defacement of British Iron Age Coinage," in Colin Haselgrove and David Wigg-Wolf (eds.), *Iron Age Coinage and Ritual Practices*. Studien zu Fundmünzen der Antike 20. Mainz: Zabern, 85–113.

Delamare, François (1994), *Le frai et ses lois ou de l'évolution des espèces*. Paris: Centre national de la recherche scientifique.

Dembski, Günther, Heinz Winter, and Bernhard Woytek (2007), "Regalianus und Dryantilla. Historischer Hintergrund, numismatische Evidenz, Forschungsgeschichte (Moneta imperii Romani 43—Neubearbeitung)," in Michael Alram and Franziska Schmidt-Dick (eds.), *Numismata Carnuntina. Forschungen und Material*. Die Fundmünzen der römischen Zeit in Österreich III/2. Vienna: Verlag der Österreichischen Akademie der Wissenschaften, 523–96.

Dickey, Eleanor (2012), *The colloquia of the Hermeneumata Pseudodositheana, volume I. Colloquia Monacensia-Einsidlensia, Leidense-Stephani, and Stephani*. Cambridge: Cambridge University Press.

Dickey, Eleanor (2015), *The colloquia of the Hermeneumata Pseudodositheana, volume II. Colloquium Harleianum, colloquium Montepessulanum, colloquium Celtis, and fragments*. Cambridge: Cambridge University Press.

Dickey, Eleanor (2016), *Learning Latin the Ancient Way. Latin Textbooks from the Ancient World*. Cambridge: Cambridge University Press.

Donderer, Michael (1984), "Münzen als Bauopfer in römischen Privathäusern," *Bonner Jahrbücher* 184: 177–88.

Doppler, Hugo (2007), "Die Münzfunde aus der Quelle 'Grosser Heisser Stein' in Baden AG," *Schweizerische Numismatische Rundschau* 86: 91–115.

Down, Alec (1979), *Chichester Excavations IV*. Chichester: Phillimore.

Ducros, Hippolyte (1908), "Étude sur les balances égyptiennes," *Annales des Services de l'Antiquité de l'Égypte* 9: 32–53.

Dumas, Françoise (2008), "Nécrologie de Jean Lafaurie," *Bulletin de la Société française de numismatique* 63(5): 152–4.

Duncan-Jones, Richard (1990), *Structure and Scale in the Roman Economy.* Cambridge and New York: Cambridge University Press.

Duncan-Jones, Richard (1994), *Money and Government in the Roman Empire.* Cambridge: Cambridge University Press.

Duncan-Jones, Richard (1999), "Die Productivity and Wastage in Roman Republican Coinage," *Numismatic Chronicle* 159: 245–54.

Duncan-Jones, Richard (2005), "Implications of Roman Coinage: Debates and Differences," *Klio* 87: 459–87.

Eagleton, Catherine and Jonathan Williams (2007), *Money: A History.* London: British Museum.

Edlund-Berry, Ingrid (2006), "Hot, Cold, or Smelly: The Power of Sacred Water in Roman Religion, 400–100 BCE," in Celia Schultz and Paul Harvey Jr (eds.), *Religion in Republican Italy.* Cambridge: Cambridge University Press, 162–80.

Egger, Rudolf (1961), *Die Stadt auf dem Magdalensberg. Ein Großhandelsplatz.* Denkschriften der Österreichischen Akademie der Wissenschaften, philosophisch– historische Klasse 79. Wien: Verlag der Österreichischen Akademie der Wissenschaften.

Ehling, Kay (2005/6), "'Wer wird jetzt noch an Schicksalserforschung und Horoskop glauben?' (Ephraim d. Syrer 4, 26). Bemerkungen zu Julians Stiermünzen und dem Geburtsdatum des Kaisers," *Jahrbuch für Numismatik und Geldgeschichte* 55–56, 111–32.

Einzig, Paul (1948), *Primitive Money and its Ethnological, Historical and Economic Aspects.* London: Eyre and Spottiswoode.

Elkins, Nathan T. (2009a), "Coins, Contexts, and an Iconographic Approach for the 21st Century," in Hans-Markus von Kaenel and Fleur Kemmers (eds.), *Coins in Context I: New Perspectives for the Interpretation of Coin Finds. Studien zu Fundmünzen der Antike 23. Mainz: Verlag Philipp von Zabern, 25–46.*

Elkins, Nathan T. (2009b), "What are They Doing Here? Flavian Colosseum *Sestertii* from Archaeological Contexts in Hessen and the Taunus–Wetterau *Limes* (with an Addendum to *NC* 2006)," *Numismatic Chronicle* 169: 199–204.

Elkins, Nathan T. (2011), "Monuments on the Move: Architectural Coin Types and Audience Targeting in the Flavian and Trajanic Periods," in Nicholas Holmes (ed.), *Proceedings of the XIVth International Numismatic Congress, Glasgow (2009),* Glasgow 2011: The University of Glasgow. 645–55.

Elkins, Nathan T. (2013), "A Note on Late Roman Art: The Provincial Origins of Camp Gate and Baldachin Iconography on the Late Imperial Coinage," *American Journal of Numismatics* 25, Second Series: 283–302.

Elkins, Nathan T. (2015), *Monuments in Miniature: Architecture on Roman Coinage*. Numismatic Studies 29. New York: American Numismatic Society.

Erdman, Katherine (2014), "Votives and Values: Communicating with the Supernatural," in Annabel Bokern and Clare Rowan (eds.), *Embodying Value? The Transformation of Objects in and from the Ancient World*, British Archaeological Reports International Series 2592. Oxford: Archaeopress, 89–99.

Eremic′, Dragana (2014), "Coin Finds Beyond the Danube: Functions of Fourth Century Gold Coins within Barbarian Societies," in Annabel Bokern and Clare Rowan (eds.), *Embodying Value? The Transformation of Objects in and from the Roman World*. Oxford: British Archaeological Reports, 121–30.

Estiot, Sylviane (2012), "The Later Third Century," in William E. Metcalf (ed.), *The Oxford Handbook of Greek and Roman Coinage*. Oxford: Oxford University Press, 538–60.

Esty, Warren W. (1986), "Estimation of the Size of a Coinage: A Survey and Comparison of Methods," *Numismatic Chronicle* 146, 185–215.

Facchinetti, Grazia (2003), "Iactae stipes. L'offerta di monete nelle acque nella penisola italiana," *Rivista Italiana di Numismatica* 104: 13–55.

Facchinetti, Grazia (2010), "Offrire nelle acque: bacini e altre strutture artificiali," in Helga Di Giuseppe and Mirella Serlorenzi (eds.), *I riti del costruire nelle acque violate. Atti del convegno, Roma, 12–14 giugno (2008)*, Rome: Scienze e Lettere, 43–67.

Faucher, Thomas and Bérengère Redon (2014), "Le prix de l'entrée au bain en Égypte hellénistique et romaine d'après les données textuelles et numismatiques," in Marie-Françoise Boussac, Sylvie Denoix, Thibaud Fournet, and Bérengère Redon (eds.), *25 siècles de bains collectifs en Orient. Actes du colloque de Damas, (2009)*, Cairo: Institut français d'archéologie orientale du Caire, 835–56.

Faucher, Thomas, Laurent Coulon, Elsa Frangin, Cyril Giorgio, Soline Delcros, and Laurent Vallières (2011), "Un atelier monétaire à Karnak au IIe s. av. J.–C," *Bulletin de l'Institut Français d'Archéologie Orientale* 111: 143–66.

Filges, Axel (2015), *Münzbild und Gemeinschaft. Die Prägungen der römischen Kolonien in Kleinasien*. Frankfurter Archäologische Schriften 29. Bonn: Habelt Verlag.

Finley, Moses I (1970), "Aristotle and Economic Analysis," *Past and Present* 47: 3–25.

Finley, Moses I (1985), *The Ancient Economy*, 2nd edn, London: Hogarth.

Fischer, Thomas, ed. (2012), *Die Krise des 3. Jahrhunderts n. Chr. und das Gallische Sonderreich. Akten des Interdisziplinären Kolloquiums Xanten 26. bis 28. Februar (2009)*, Wiesbaden: Reichert Verlag.

Fischer-Bossert, Wolfgang (1999), *Chronologie der Didrachmenprägung von Tarent, 510–280 v. Chr.* Antike Münzen und geschnittene Steine 14. Berlin: de Gruyter.

Fischer-Bossert, Wolfgang (2012), "The Coinage of Sicily," in William E. Metcalf (ed.), *The Oxford Handbook of Greek and Roman Coinage*. Oxford: Oxford University Press, 142–56.

Fischer-Bossert, Wolfgang (2015), "Kyzikener Falzschrötlinge," *Mitteilungen der Österreichischen Numismatischen Gesellschaft* 55(2), 79–92.

Flament, Christophe (2007), *Le monnayage en argent d'Athènes. De l'époque archaïque à l'époque hellénistique, c. 550–c. 40 av. J.-C.* Etudes numismatiques 1. Louvain-la- Neuve: Association Numismatique Hoc.

FMRD = *Fundmünzen der römischen Zeit in Deutschland*. Multiple vols.

Fogelin, Lars (2007), "The Archaeology of Religious Ritual," *Annual Review of Anthropology* 36: 55–71.

Foraboschi, Daniele (2006), "Free Coinage e scarsezza di moneta," in Elio Lo Cascio (ed.), *Credito e moneta nel mondo romano. Atti degli Incontri capresi di storia dell'economia antica (Capri ottobre 12–14 2000)*. Bari: Edipuglia, 231–44.

Franke, Peter R. and Max Hirmer (1964), *Die griechische Münze*. Munich: Hirmer Verlag.

Frascone, Daniel (2013), *Zeugma IV. Les monnaies*. Lyon: Maison de l'Orient et de la Méditerranée-Jean Pouilloux.

Frey-Kupper, Suzanne (2013), "*Die antiken Fundmünzen vom Monte Iato 1971–(1990). Ein Beitrag zur Geldgeschichte Westsiziliens.*" 2 vols. Lausanne: Éditions du Zèbre.

Frey-Kupper, Susanne and Clive Stannard (2019). "Evidence for the Importation and Monetary Use of Blocks of Foreign and Obsolete Bronze Coins in the Ancient World," in Bernhard Woytek (ed.), *Infrastructure and Distribution in Ancient Economies. The Flow of Money, Goods and Services. Proceedings of an International Conference held at the Austrian Academy of Sciences,*

October 28–31, 2014, Vienna.

Frisone, Flavia (2012), "Rivers, Land Organization, and Identity in Greek Western *apoikiai*," *Mediterranean Historical Review* 27: 87–115.

Furtwängler, Andreas (1982), "Griechische Vieltypenprägung und Münzbeamte," *Schweizerische Numismatische Rundschau* 61, 5–25.

Gabrielsen, Vincent (1986), "*Phanera* and *Aphanes Ousia* in Classical Athens," *Classica et Mediaevalia* 36: 99–114.

Gilles, Karl-Josef (2001), "Zeit im Strom. Römerzeitliche und nachrömerzeitliche Funde von der Römerbrücke in Trier," in Hans-Peter Kuhnen (ed.), *Abgetaucht, aufgetaucht. Flussfundstücke*. Trier: Rheinisches Landesmuseum, 87–92.

Gilliard, Frank D. (1964), "Notes on the Coinage of Julian the Apostate," *Journal of Roman Studies* 54, 135–41.

Gitler, Haim (2012), "Roman Coinages of Palestine," in William E. Metcalf (ed.), *The Oxford Handbook of Greek and Roman Coinage*. Oxford: Oxford University Press, 485–98.

Glasbergen, Willem, Karl Schlabow, Annie N. Zadoks–Josephus Jitta, and Wilhem van Zeist. (1956), "Der römische Münzschatz von Bargercompascuum (Drenthe)," *Palaeohistoria* 5: 77–99.

Göbl, Robert (1967), "Der Bericht des Religionsstifters Mani über die Münzherstellung. Versuch einer Analyse," *Anzeiger philosophisch–historischen Klasse der Österreichischen Akademie der Wissenschaften* 104, no. 17, 113–32.

Göbl, Robert (1978), *Antike Numismatik*. München: Battenberg.

Gorecki, Joachim (1975), "Studien zur Sitte der Münzbeigabe in römerzeitlichen Körpergräbern zwischen Rhein, Mosel und Somme," *Bericht der Römisch–Germanischen Kommission* 56: 179–467.

Gorini, Giovanni (2011), "L'offerta della moneta agli dei: forma di religiosità privata nel mondo antico," in Maddalena Bassani and Francesca Ghedini (eds.), *Religionem significare. Aspetti storico–religiosi, strutturali, iconografici e materiali dei sacra privata, Atti dell'incontro di studi Padova 8–9 giugno (2009)*, Rome: Edizioni Quasar, 245–56.

Görlich, Walter (1950), "Das Felsheiligtum," in Rudolf Egger (ed.), *Die Ausgrabungen auf dem Magdalensberg 1949*. Magdalensberg–Grabungsbericht 2. Klagenfurt: Verlag des Landesmuseums Klagenfurt, 451–6.

Gozalbes, Manuel and Pere Pau Ripollès (2002), "La fabricacion de moneda en la antigüedad," in Antonio Beltrán Martínez (ed.), *Actas del XI Congreso*

Nacional de Numismática: [16 a 19 de octubre de 2002 (Zaragoza)]. Madrid: Real Casa de la Moneda y Timbre, 11–33.

Graeber, David (1996), "Beads and Money: Notes toward a Theory of Wealth and Power," *American Ethnologist* 23: 4–24.

Graeber, David (2014), *Debt: The first 5,000 years*. 2nd edn [1st edn: 2011]. Brooklyn: Melville House.

Graeven, Hans (1901), "Die thönerne Sparbüchse im Altertum," *Jahrbuch des Kaiserlichen Deutschen Archäologischen Instituts* 16: 169–89.

Greenhalgh, Michael (2014), *The Military and Colonial Destruction of the Roman Landscape of North Africa*, 1830–1900. Leiden: Brill.

Grierson, Philip (1956), "The Roman Law of Counterfeiting," in Robert A.G. Carson and Carol Humphrey Vivian Sutherland (eds.), *Essays in Roman Coinage Presented to Harold Mattingly*. Oxford: Oxford University Press, 240–61.

Gruel, Katherine, ed. (1995), "Les potins gaulois : typologie, diffusion, chronologie. État de la question à partir de plusieurs contributions," *Gallia* 52: 1–144.

Grüner, Andreas (2014), "Antike Reproduktionsmedien. Münze, Siegel und Stempel zwischen Serialität und Authentizität," in Walter Cupperi (ed.), *Multiples in Pre-Modern Art*. Zürich: Diphanes, 59–93.

Guest, Peter (2005), "The Clipping of Siliquae in Late Roman Britain," in Peter Guest (ed.), *The Late Roman Gold and Silver Coins from the Hoxne Hoard*. London: British Museum: 110–15.

Guide de l'épigraphiste. Supplements available online at: http://129.199.13.51/ressources/publications–aux–p–e–n–s/guide–de–l–epigraphiste/article/overview (accessed April 30, 2016).

Guidobaldi, Federico (1992), *San Clemente. Gli edifici romani, la basilica paleocristiana e le fasi altomedievali*. Rome: Collegio San Clemente.

Guiraud, Hélène (1996), *Intailles et camées romains*. Paris: Picard.

Hackens, Tony (1970), "Les monnaies," in Philippe Bruneau Claude Vatin, Ulpiano Bezerra de Meneses, and Guy Donnay (eds.), *L'îlot de la Maison des Comédiens*. Exploration archéologique de Délos Vol. 27. Paris: E. De Boccard, 387–419.

Hanfmann, George M.A. and Barbara Burell (1981), "Notes on Some Archaeological Contexts," in Theodore Buttrey (ed.), *Greek, Roman and Islamic Coins from Sardis*. Archaeological Exploration of Sardis Monograph

Cambridge, MA: Harvard University Press, xx–xxiv.

Hanfmann, George M.A. and Kenneth J. Frazer (1975), "The Temple of Artemis: New Soundings," in George M.A. Hanfmann and Jane C. Waldbaum (eds.), *A Survey of Sardis and the Major Monuments Outside the City Walls*. Archaeological Exploration of Sardis 1. Cambridge, MA: Harvard University Press, 74–87.

Hänsel, Alix and Bernhard Hänsel, eds. (1997), *Gaben an die Götter. Schätze der Bronzezeit Europas. Ausstellung der Freien Universität Berlin in Verbindung mit dem Museum für Vor- und Frühgeschichte, Staatliche Museen zu Berlin— Preußischer Kulturbesitz*. Berlin: Staatl. Museen zu Berlin.

Harl, Kenneth W. (1987), *Civic Coins and Civic Politics in the Roman East AD 180–275*. Berkeley: University of California Press.

Harris, William V. (2006), "A Revisionist View of Roman Money," *Journal of Roman Studies* 96: 1–24.

Harris, William V. (2010), "Introduction," in William V. Harris (ed.), *The Monetary Systems of the Greeks and Romans*. Oxford: Oxford University Press: 1–11.

Hart, Keith (1986), "Heads or Tails? Two Sides of a Coin," *Man* 21: 637–56. Hart, Keith (2001), *Money in an Unequal World*. London: Textere.

Haselgrove, Colin (2005), "A new approach to analysing the circulation of Iron Age coinage," *Numismatic Chronicle* 165: 1–45.

Haselgrove, Colin and Stefan Krmnicek (2012), "Archaeology of Money," *Annual Review of Anthropology* 41: 235–50.

Haselgrove, Colin and Stefan Krmnicek (2016a), "Archaeology of Money: From Electrum Rings to Mobile Money," in Colin Haselgrove and Stefan Krmnicek (eds.), *The Archaeology of Money. Proceedings of the Workshop 'Archaeology of Money', University of Tübingen, October (2013)*, Leicester: School of Archaeology and Ancient History, 1–18.

Haselgrove, Colin and Stefan Krmnicek, eds. (2016b), *The Archaeology of Money. Proceedings of the Workshop 'Archaeology of Money', University of Tübingen, October (2013)*, Leicester Archaeology Monograph 24. Leicester: School of Archaeology and Ancient History.

Haselgrove, Colin and Leo Webley (2016), "Lost Purses and Loose Change? Coin Deposition on Settlements in Iron Age Europe," in Colin Haselgrove and Stefan Krmnicek (eds.), *The Archaeology of Money. Proceedings of the Workshop 'Archaeology of Money', University of Tübingen, October (2013)*,

Leicester Archaeology Monograph 24. Leicester: School of Archaeology and Ancient History, 85–113.

Haselgrove, Colin and David Wigg-Wolf, eds. (2005), *Iron Age Coinage and Ritual Practices.* Studien zu Fundmünzen der Antike 20. Mainz: Philipp von Zabern.

Hekster, Olivier (2003), "Coins and Messages. Audience Targeting on Coins of Different Denominations?" in Lukas de Blois, Paul Erdkamp, Olivier Hekster, Gerda de Kleijn, and Stephan Mols (eds.), *The Representation and Perception of Roman Imperial Power.* Amsterdam: J.C. Gieben, 20–35.

Held, Winfried (2015), "Hemithea von Kastabos. Eine karische Heilgöttin, ihr Kultbild und ihre Schwestern," in Barabara Beck–Brandt, Sabine Ladstätter, and Banu Yener–Marksteiner (eds.), *Turm und Tor. Siedlungsstrukturen in Lykien und benachbarten Kulturlandschaften, Akten des Gedenkkolloquiums für Thomas Marksteiner, Wien (2012),* Forschungen in Limyra 7. Vienna: Österreichisches Archäologisches Institut, 179–94.

Helleiner, Eric (2003), *The Making of National Money. Territorial Currencies in Historical Perspective.* Ithaca: Cornell University Press.

Hellmann, Marie-Christine (1987), "Monnaies et lampes romaines: de l'intérêt des études comparatives," *Revue numismatique* 6ème série (29): 25–37.

Hensler, Martin (2014), "Der Wert des Kupfers—Über die Entstehung und den Wandel von Wert vor 4000 Jahren," in Annabel Bokern and Clare Rowan (eds.), *Embodying Value? The Transformation of Objects in and from the Ancient World.* British Archaeological Reports International Series 2592. Oxford: Archaeopress, 53–64.

Heres, Gerald (1972), "Römische Neujahrsgeschenke," *Forschungen und Berichte* 14: 182–93.

Herz, Peter (2003), "Die Arbeitsweise der staatlichen Finanzverwaltung in der Kaiserzeit," in Gianpaolo Russo (ed.), *Moneta mercanti banchieri. I precedenti greci e romani dell'Euro. Atti del convegno internazionale Cividale del Friuli, 26–28 settembre 2002,* Pisa: Edizioni ETS, 167–86.

Heseltine, Michael (1956), *Petronius. With an English Translation by Michael Heseltine.* Cambridge, MA: Harvard University Press.

Higginson, Thomas Wentworth (1890), *The Works of Epictetus: His Discourses, in Four Books, the Enchiridion, and Fragments. Translated from the Greek by Thomas Wentworth Higginson.* New York: Thomas Nelson and Sons.

Hill, George F. (1906), *Historical Greek Coins.* London: Archibald Constable. Hill, George F. (1922), "Ancient Methods of Coining," *Numismatic Chronicle* 2,

1–42.

Hingley, Richard (2011), "Rome: Imperial and Local Religions," in Timothy Insoll (ed.), *The Oxford Handbook of the Archaeology of Ritual and Religion*. Oxford: Oxford University Press, 745–57.

Hingley, Richard and Steven Willis, eds. (2007), *Roman Finds: Context and Theory*. Oxford: Oxbow.

Hobbs, Richard (2006), *Late Roman Precious Metal Deposits*. Oxford: British Archaeological Reports.

Hobbs, Richard (2013), *Currency and Exchange in Ancient Pompeii. Coins from the AAPP Excavations at Regio VI, Insula I*. London: Institute of Classical Studies.

Hollander, David B. (2007), *Money in the Late Roman Republic*. Leiden: Brill.

Hollander, David B. (2008), "The Demand for Money in the late Roman Republic," in William V. Harris (ed.), *The Monetary Systems of the Greeks and Romans*. Oxford: Oxford University Press, 112–36.

Holloway, Robert Ross (2000), "Remarks on the Taranto Hoard of 1911," *Revue Belge de Numismatique* 146: 1–8.

Hölscher, Tonio (1984), *Staatsdenkmal und Publikum. Vom Untergang der Republik bis zur Festigung des Kaisertums in Rom*. Konstanz: Universitätsverlag Konstanz.

Hölscher, Tonio (2014), "Historical Representations of the Roman Republic: The Repertory of Coinage in Comparison with Other Art Media," in Nathan T. Elkins and Stefan Krmnicek (eds.), *"Art in the Round": New Approaches to Ancient Coin Iconography*. Tübinger Archäologische Forschungen 16. Rahden: Verlag Marie Leidorf, 23–37.

Hommel, Hildebrecht (1965), "Ein antiker Bericht über die Arbeitsgänge der Münzherstellung," *Schweizer Münzblätter* 59, 111–21.

Hommel, Hildbrecht (1966), "Der Religionsstifter Mani über die Arbeitsgänge der Münzherstellung: eine Nachlese," *Schweizer Münzblätter* 61, 33–8.

Hoover, Oliver D. (2013), *Handbook of the Coins of Bactria and Ancient India*. London: Classical Numismatic Group.

Hopkins, Keith (1980), "Taxes and Trade in the Roman Empire, 200 BC–AD 400," *Journal of Roman Studies* 70: 101–25.

Horsnaes, Helle W. (2011), "Coinages of Indigenous Communities in Archaic Southern Italy—The Mint as a means of Promoting Identity?" in Margarita Gleba and Helle W. Horsnaes (eds.), *Communicating Identity in Italic Iron Age*

Communities. Oxford: Oxbow Books, 197–209.

Howgego, Christopher (1990), "Why did Ancient States Strike Coins?" *Numismatic Chronicle* 150: 1–25.

Howgego, Christopher (1992), "The Supply and Use of Money in the Roman World 200 B.C. to A.D. 300," *Journal of Roman Studies* 82: 1–31.

Howgego, Christopher (1994), "Coin Circulation and the Integration of the Roman Economy," *Journal of Roman Archaeology* 7: 5–21.

Howgego, Christopher (1995), *Ancient History from Coins.* London and New York: Routledge.

Howgego, Christopher (2005), "Coinage and Identity in the Roman Provinces," in Christopher Howgego, Volker Heuchert, and Andrew Burnett (eds.), *Coinage and Identity in the Roman Provinces.* Oxford and New York: Oxford University Press, 1–17.

Howgego, Christopher (2013), "The Monetization of Temperate Europe," *Journal of Roman Studies* 103: 16–45.

Howgego, Christopher (2014), "Questions of Coin Circulation in the Roman World," in Kayhan Dörtlük, Oˇguz Tekin, and Remziye Boyraz Seyhan (eds.), *First International Congress of the Anatolian Monetary History and Numismatics— Proceedings.* Vienna: Phoibos Verlag, 307–17.

Howgego, Christopher, Volker Heuchert, and Andrew Burnett, eds. (2005), *Coinage and Identity in the Roman Provinces.* Oxford: Oxford University Press.

Hultgård, Anders (2003), "Religion," in Heinrich Beck, Dieter Geuenich, and Heiko Steuer (eds.), *Reallexikon der Germanischen Altertumskunde* 24. Berlin: de Gruyter, 429–57.

Hunt, Arthur Surridge and Campbell Cowan Edgar (1933), *Select Papyri II. Non-literary Papyri. Public Documents.* London: Heinemann.

Hunter, Fraser (2015), "Powerful Objects: The Uses of Art in the Iron Age," in Julia Farley and Fraser Hunter (eds.), *Celts: Art and Identity.* London: The British Museum, 81–107.

IG = *Inscriptiones Graecae.* Multiple vols.

ILS = *Inscriptiones Latinae Selectae.* Multiple vols.

Insoll, Timothy (2005), "Archaeology of Cult and Religion," in Colin Renfrew and Paul Bahn (eds.), *Archaeology. Key Concepts.* London: Routledge, 45–9.

Insoll, Timothy (2011), "Introduction: Ritual and Religion in Archaeological Perspective," in Timothy Insoll (ed.), *The Oxford Handbook of the Archaeology of Ritual and Religion.* Oxford: Oxford University Press, 1–5.

Instinsky, Hans Ulrich (1962), *Die Siegel des Kaisers Augustus. Ein Kapitel zur Geschichte und Symbolik des antiken Herrschersiegels.* Baden-Baden: Verlag für Kunst und Wissenschaft.

IOSPE = *Inscriptiones Orae Septentrionalis Ponti Euxini Graecae et Latinae.* Multiple vols.

Jenkins, Kenneth (1970), *The Coinage of Gela.* Antike Münzen und geschnittene Steine 2. Berlin: de Gruyter.

Jones, Arnold H.M. (1956), "Numismatics and History," in Robert A.G. Carson and Carol Humphrey Vivian Sutherland (eds.), *Essays in Roman Coinage Presented to Harold Mattingly.* Oxford: Oxford University Press, 13–33.

Jones, William Henry Samuel and Henry Ardene Omerod (1933), *Pausanias. Description of Greece. Vol. 3. Translated by W. H. S. Jones and H. A. Omerod.* Cambridge, MA: Harvard University Press.

Jucker, Hans (1982), "Die Bildnistrafen gegen den toten Caligula," in Bettina von Freytag gen. Löringhoff, Dietrich Mannsperger, and Friedhelm Prayon (eds.), *Praestant Interna. Festschrift für Ulrich Hausmann.* Tübingen: Verlag Ernst Wasmuth, 110–18.

Kalligas, Peter G. (1997), "A Bronze Die from Sounion," in Kenneth A. Sheedy and Charikleia Papageorgiadou-Banis (eds.), *Numismatic Archaeology, Archaeological Numismatics.* Oxford: Oxbow Books, 141–7.

Kaminski, G. (1991), "Thesauros. Untersuchungen zum Antiken Opferstock," *Jahrbuch des Deutschen Archäologischen Instituts* 106: 63–181.

Kay, Philip (2014), *Rome's Economic Revolution.* Oxford: Oxford University Press. Kemmers, Fleur (2003), "Quadrantes from Nijmegen: Small Change in a Frontier Province," *Schweizerische Numismatische Rundschau* 82, 17–35.

Kemmers, Fleur (2006), *Coins for a Legion: An Analysis of the Coin Finds from Augustan Legionary Fortress and Flavian canabae legionis at Nijmegen.* Studien zu Fundmünzen der Antike 21. Mainz: von Zabern.

Kemmers, Fleur (2009), "Sender or Receiver? Contexts of Coin Supply and Coin Use," in Hans-Markus von Kaenel and Fleur Kemmers (eds.), *Coins in Context 1. New Perspectives for the Interpretation of Coin Finds. Studien zu Fundmünzen der Antike* 23. Mainz: Philipp von Zabern, 137–56.

Kemmers, Fleur (2014), "Buying Loyalty: Targeted Iconography and the Distribution of Cash to the Legions," in Michel Redde (ed.), *De l'or pour les braves! Soldes, armées et circulation monétaire dans le monde romain.*

Actes de la table ronde INHA Paris, septembre (2013), Scripta Antiqua 69. Bordeaux: Éditions Ausonius, 229–41.

Kemmers, Fleur and Nanouschka Myrberg (2011), "Rethinking Numismatics. The Archaeology of Coins," *Archaeological Dialogues* 18: 87–108.

Kerschner, Michael (2015), "Der Ursprung des Artemisions von Ephesos als Naturheiligtum: Naturmale als kultische Bezugspunkte in den grossen Heiligtümern Ioniens," in Katja Sporn, Sabine Ladstätter, and Michael Kerschner (eds.), *Natur, Kult, Raum: Akten des internationalen Kolloquiums Paris–Lodron–Universität Salzburg, 20.–22. Jänner*. Vienna: Österreichisches Archäologisches Institut, 187–243.

Kerschner, Michael and Koray Konuk (2020), "Electrum Coins Found and Their Archaeological Context. The Case of the Artemision of Ephesus," in Haim Gitler, Koray Konuk, and Ute Wartenberg (eds.), *White Gold. Proceedings of the International Congress at The Israel Museum, Jerusalem*. New York: American Numismatic Society.

Kerschner, Michael and Walter Prochaska (2011), "Die Tempel und Altäre der Artemis und ihre Baumaterialien," *Jahreshefte des Österreichischen Archäologischen Institutes* 80: 73–153.

Kiernan, Philip (2001), "The Ritual Mutilation of Coins on Romano–British Sites," *British Numismatic Journal* 71:18–33.

Kim, Henry (2001), "Archaic Coinage as Evidence for the Use of Money," in Andrew Meadows and Kirsty Shipton (eds.), *Money and its Uses in the Ancient Greek World*. Oxford: Oxford University Press, 7–22.

Kinns, Philip (1983), "The Amphictionic Coinage Reconsidered," *Numismatic Chronicle* 143, 1–22.

Knapp, A. Bernard (2000), "Archaeology, Science-Based Archaeology and the Mediterranean Bronze Age Metals Trade," *European Journal of Archaeology* 3: 31–56.

Knapp, Georg Friedrich (1905), *Die staatliche Theorie des Geldes*. Leipzig: Duncker & Humblot.

Koenig, Franz E. (1999), "Les monnaies," in Daniel Castella, Chantal Martin Pruvot, Heidi Amrein, Anika Duvanchelle, and Frabz E. Koenig (eds.), *La nécropole gallo-romaine d'Avenches "En Chaplix," Fouilles 1987– (1992)*, Volume 2. *Étude du mobilier. Lausanne: Cahiers d'archéologie romande de la Bibliothèque Historique Vaudoise, 427–62.*

Konuk, Koray (2012), "Asia Minor to the Ionian Revolt," in William E. Metcalf (ed.), *The Oxford Handbook of Greek and Roman Coinage*. Oxford: Oxford University Press, 43–60

Kopytoff, Igor (1986), "The Cultural Biography of Things. Commoditization as Process," in Arjun Appadurai (ed.), *The Social Life of Things*. Cambridge: Cambridge University Press, 64–91.

Kortüm, Klaus (2014), "Topographie und Stadtentwicklung von Neuenstadt am Kocher," in Marcus Reuter (ed.), *Ein Traum von Rom*. Darmstadt: Wissenschaftliche Buchgesellschaft, 257–71.

Kortüm, Klaus and Andrea Neth (2004), "Markt und Mithras—Neues vom römischen vicus in Güglingen, Kreis Heilbronn," *Archäologische Ausgrabungen in Baden- Württemberg* 2003: 113–7.

Kos, Peter and David G. Wigg (2002), "Keltisches Münzwesen," *Reallexikon der Altertumskunde* 20: 364–72.

Kraay, Colin M. (1976), *Archaic and Classical Greek Coins*. Berkeley: University of California Press.

Kraay, Colin M. (1985), "Greek Coinage at War," in Waldemar Heckel and Richard Sullivan (eds.), *Ancient Coins of the Graeco–Roman World. The Nickle Numismatic Papers*. Waterloo: Nickle Museum: 3–18.

Krist, Pam (2015), *A Fountain for Memory: The Trevi Flow of Power and Transcultural Performance*. Ph.D thesis, Royal Holloway, University of London. Available at: https://pure.royalholloway.ac.uk/portal/files/24383674/2015kristpphd.pdf (accessed May 11, 2016).

Krmnicek, Stefan (2009), "Das Konzept der Objektbiographie in der antiken Numismatik," in Hans–Markus von Kaenel and Fleur Kemmers (eds.), *Coins in Context I. New Perspectives for the Interpretation of Coin Finds*. Mainz: Philipp von Zabern, 47–59.

Krmnicek, Stefan (2010), *Münze und Geld im frührömischen Ostalpenraum: Studien zum Münzumlauf und zur Funktion von Münzgeld anhand der Funde und Befunde vom Magdalensberg*. Klagenfurt: Verlag des Landesmuseums Kärnten.

Krmnicek, Stefan and Nathan T. Elkins (2014), "Dinosaurs, Cocks, and Coins: An Introduction to 'Art in the Round'," in Nathan T. Elkins and Stefan Krmnicek (eds.), *"Art in the Round": New Approaches to Ancient Coin Iconography*. Tübinger Archäologische Forschungen 16. Rahden: Verlag Marie Leidorf, 7–22.

Krmnicek, Stefan and Klaus Kortüm (2016), "Der numismatische Fingerabdruck.

Fallstudien und Vorüberlegungen zum obergermanisch–rätischen Limes," *Uppsala University Coin Cabinet Working Papers* 19: 1–53. Available online at: urn:nbn:se:uu:diva–278018 (accessed July 11, 2016)

Kroll, John H. (1993), *The Greek Coins*. The Athenian Agora Vol. 26. Princeton: Princeton University Press.

Kroll, John H. (2007), "The Emergence of Ruler Portraiture on Early Hellenistic Coins," in Peter Schultz and Ralf von den Hoff (eds.), *Early Hellenistic Portraiture: Image, Style, Context*. Cambridge: Cambridge University Press, 113–22.

Kroll, John H. (2008), "The Monetary Uses of Weighted Bullion in Archaic Greece," in William V. Harris (ed.), *The Monetary Systems of the Greeks and Romans*. Oxford: Oxford University Press, 12–37.

Kroll, John H. (2011), "*The Reminting of Athenian Silver Coinage, 353 B.C*," *Hesperia* 80, 229–59.

Kroll, John H. (2012), "The Monetary Background of Early Coinage," in William E. Metcalf (ed.), *The Oxford Handbook of Greek and Roman Coinage*. Oxford: Oxford University Press, 33–42.

Kroll, John H. (2013), "Hacksilber," in Roger S. Bagnall, Kai Brodersen, Craige B. Champion, Andrew Erskine, and Sabine R. Huebner (eds.), *The Encyclopedia of Ancient History* Vol. 6. Chichester: Wiley-Blackwell, 3016–7.

Lamp, Kathleen S. (2013), *A City of Marble: The Rhetoric of Augustan Rome*. Columbia, SC: University of South Carolina.

Lanciani, Rodolfo (1892), "Gambling and Cheating in Ancient Rome," *The North American Review* 155 (428): 97–105.

Lang, Mabel (1976), *The Athenian Agora XXI. Graffiti and Dipinti*. Princeton: The American School of Classical Studies at Athens.

Lavan, Luke (2012), "The Agorai of Sagalassos in Late Antiquity: An Interpretive Study," in Luke Lavan and Michael Mulryan (eds.), *Field Methods and Post-Excavation Techniques in Late Antique Archaeology*. Leiden: Brill, 289–353.

Le Rider, Georges (1965), *Suse sous les Séleucides et les Parthes. Les trouvailles monétaires et l'histoire de la ville*. Mémoires de la mission archéologique en Iran Vol. 38. Paris: P. Geuthner.

Le Rider, Georges (1998), *Séleucie du Tigre. Les monnaies séleucides et parthes*. Firenze: Le Lettere.

Le Rider, Georges (2001), *La naissance de la monnaie. Pratiques monétaires de l'Orient ancien*. Paris: Presses Universitaires de France.

Le Rider, Georges and François de Callataÿ (2006), *Les Séleucides et les Ptolémées. L'héritage monétaire et financier d'Alexandre*. Paris: Ed. du Rocher.

Lee, Ian (2000), "Entella: The Silver Coinage of the Campanian Mercenaries and the Site of the First Carthaginian Mint 410–409 BC," *Numismatic Chronicle* 160: 1–66.

Lerouxel, François (2012), "Le marché du crédit privé, la bibliothèque des acquêts et les tâches publiques en Égypte romaine," *Annales. Histoire, Sciences sociales* 67(4): 943–76.

Lerouxel, François (2015), "Bronze pesé, dette et travail contraint (*nexum*) dans la Rome archaïque (VIe s.–IVe s. a. C.)," in Julien Zurbach (ed.), *La main-d'oeuvre agricole en Méditerranée archaïque. Statuts et dynamiques économiques*. Bordeaux: Ausonius/École française d'Athènes, 109–52.

Lerouxel, François (2016), *Le marché du crédit privé dans le monde romain (Égypte et Campanie)*. Rome: Bibliothèque des Écoles françaises d'Athènes et de Rome.

Levick, Barbara (1982), "Propaganda and Imperial Coinage," *Antichthon* 16: 104–16. Levick, Barbara (1999a), "Messages on the Roman Coinage: Types and Inscriptions," In George M. Paul and Michael Ierardi (eds.), *Roman Coins and Public Life under the Empire*. Ann Arbor: The University of Michigan Press, 41–60.

Levick, Barbara (1999b), *Tiberius the Politician* (Revised Edition). London: Routledge. Lichtenberger, Achim, Kataharina Martin, H.-Helge Nieswandt, and Dieter Salzmann, eds. (2014), BildWert. *Nominalspezifische Kommunikationsstrategien in der Münzprägung hellenistischer Herrscher*. Bonn: Rudolf Habelt.

Liver, Alfred and Jürg Rageth (2001), "Neue Beiträge zur spätrömischen Kulthöhle von Zillis. Die Grabungen von 1994/95," *Zeitschrift für schweizerische Archäologie und Kunstgeschichte* 58: 111–26.

Lo Cascio, Elio (1981), "State and Coinage in the Late Republic and Early Empire," *Journal of Roman Studies* 71: 76–86.

Lo Cascio, Elio (1996), "How Did the Romans View their Coinage and its Function," in Cathy E. King and David G. Wigg (eds.), *Coin Finds and Coin Use in the RomanWorld. The Thirteenth Oxford Symposium on Coinage and Monetary History March 25–27 (1993)*, Studien zu Fundmünzen der Antike 10. Berlin: Gebr. Mann, 273–87.

Lo Cascio, Elio (2011), "La quantificazione dell'offerta di moneta a Roma: il ruolo del credito," in François de Callataÿ (ed.), *Quantifying Monetary Supplies in Greco-Roman Times*. Bari: Edipuglia, 31–42.

Lockyear, Kris (1999), "Hoard Structure and Coin Production in Antiquity—an Empirical Investigation," *The Numismatic Chronicle* 159: 215–43.

Luley, Benjamin P. (2008), "Coinage at Lattara. Using Archaeological Context to Understand Ancient Coins," *Archaeological Dialogues* 15(2): 174–95.

Luzón, José María (1982), "Bericht über zwei kürzlich bei Italica ausgegrabene Wohnhäuser," in Dietrich Papenfuss and Volker Michael Strocka (eds.), *Palast und Hütte: Beiträge zum Bauen und Wohnen im Altertum von Archäologen, Vor- und Frühgeschichtlern*. Mainz: Zabern, 447–59.

Malkin, Irad (2003), "Networks and the Emergence of Greek Identity," *Mediterranean Historical Review* 18: 56–74.

Malkmus, William (2007), "Ancient and Medieval Coin Dies: Catalogue and Notes," in Lucia Travaini and Alessia Bolis (eds.), *Conii e scene di coniazione*. Rome: Edizioni Quasar, 75–240.

Marchetti, Patrick (1999), "Autour de la frappe du nouvel Amphictionique," *Revue Belge de Numismatique et de Sigillographie* 145, 99–113.

Martin, Katharina (2013), *Demos. Boule. Gerousia. Personifikationen städtischer Institutionen auf kaiserzeitlichen Münzen aus Kleinasien*. Bonn: Rudolf Habelt.

Martin, Stéphane (2015), *Du statère au sesterce. Monnaie et romanisation dans la Gaule du Nord et de l'Est (IIIe s. a.C.—Ier s. p.C.)*. Bordeaux: Ausonius Éditions.

Martin, Thomas R. (1985), *Sovereignty and Coinage in Classical Greece*. Princeton: Princeton University Press.

Mattingly, H. (1962), *Roman Coins: From the Earliest Times to the Fall of the Western Empire* (Corrected edition). London: Methuen.

Maué, Hermann and Ludwig Veit, eds. (1982), *Münzen in Brauch und Aberglauben: Schmuck und Dekor, Votiv und Amulett, politische und religiöse Selbstdarstellung*. Mainz: von Zabern.

Maurer, Bill (2005), "Does Money Matter? Abstraction and Substitution in Alternative Financial Forms," in Daniel Miller (ed.), *Materiality*. Durham, NC: Duke University Press, 140–64.

Mayer, Emanuel (2010), "Propaganda, Staged Applause, or Local Politics? Public Monuments from Augustus to Septimius Severus," in Björn C. Ewald and

Carlos F. Noreña (eds.), *The Emperor and Rome: Space, Representation, and Ritual*. Yale Classical Studies 35. Cambridge: Cambridge University Press, 111–34.

Meadows, Andrew (2014), "The Spread of Coins in the Hellenistic World," in Peter Bernholz and Roland Vaubel (eds.), *Explaining Monetary and Financial Innovation. A Historical Analysis*. Cham: Springer, 169–95.

Meadows, Andrew and Kirsty Shipton, eds. (2001), *Money and its Uses in the Ancient Greek world*. Oxford: Oxford University Press.

Meadows, Andrew and Jonathan Williams (2001), "Moneta and the Monuments: Coinage and Politics in Republican Rome," *Journal of Roman Studies* 91: 27–49.

Melmoth, William (1963), *Pliny Letters. With an English Translation by William Melmoth. Revised by W. M. L. Hutchinson, in two volumes*. Vol. 2. Cambridge, MA: Harvard University Press.

Melville-Jones, John R. (1993), *Testimonia numaria. Greek and Latin Texts Concerning Ancient Greek Coinage*. London: Spink.

Melville-Jones, John R. (2006), "Why Did the Ancient Greeks Strike Coins?" *Journal of the Numismatic Association of Australia* 17, 21–30.

Menger, Carl (1892), "On the Origins of Money," *Economic Journal* 2: 239–55.

Menu, Bernadette (2001), "La monnaie des Égyptiens de l'époque pharaonique (de l'Ancien Empire à la Ière domination perse)," in Alain Testart (ed.), *Aux origines de la monnaie*. Paris: Errance, 73–108.

Mermet, Christian (1993), "Le sanctuaire gallo-romain de Châteauneuf (Savoie)," *Gallia* 50: 95–138.

Meshorer, Ya'akov (2001), *A Treasury of Jewish Coins*. New York: Amphora.

Metcalf, William E. (1993), "Whose Liberalitas? Propaganda and Audience in the Early Roman Empire," *Rivista Italiana di Numismatica* 95: 337–46.

MGH AA = *Monumenta Germaniae Historica. Auctores Antiquissimi*. Multiple vols. Michailidou, Anna (2010), "Measuring by Weight in the Late Bronze Age Aegean: The People behind the Measuring Tools," in Iain Morley and Colin Renfrew (eds.), *The Archaeology of Measurement. Comprehending Heaven, Earth and Time in Ancient Societies*. Cambridge: Cambridge University Press, 71–87.

Militký, Jiˇrí (2015), *Oppidum Hradišteˇ u Stradonic: Komentovaný katalog mincovních nález u a doklad u mincovní výroby = Das Oppidum Hradišteˇ bei Stradonice kommentierter Katalog der Münzfunde und Belege der*

Münzproduktion. Prague: Abalon.

Millar, Fergus (1981), "The World of the Golden Ass," *Journal of Roman Studies* 71: 63–75.

Milne, Joseph G. (1922), "Two Notes on Greek Dies," *Numismatic Chronicle* 2, 43–8. Milne, Joseph G. (1930), "Egyptian Lead Tokens," *Numismatic Chronicle* 10: 300–15. Milne, Joseph G. (1971), *Catalogue of Alexandrian Coins*. Oxford: Oxford University Press.

Moens, Jan (2014), "The Problem of the Estimation of the Total Number of Dies Revisited," *Revue Belge de Numismatique et de Sigillographie* 160, 185–202.

Moesta, Hasso and Peter Robert Franke (1995), *Antike Metallurgie und Münzprägung. Ein Beitrag zur Technikgeschichte*. Basel: Birkhäuser Verlag.

Moorhead, Sam, Anna Booth, and Roger Bland (2010), *The Frome Hoard*. London: British Museum Press.

Mørkholm, Otto (1983), "The Life of Obverse Dies in the Hellenistic Period", in Christopher Nugent Lawrence Brooke (ed.), *Studies in Numismatic Method Presented to Philip Grierson*. Cambridge: Cambridge University Press, 11–21.

Morrisson, Cécile (1993), "Les usages monétaires du plus vil des métaux: le plomb," *Rivista Italiana di Numismatica* 95: 79–101.

Narain, Awadh K. (1973), "The Two Hindu Divinities on the Coins of Agathocles, from Ai–Khanum," *Journal of the Numismatic Society of India* 35: 73–6.

Nash, Daphne (1978), "Plus ça change . . . Currency in Central Gaul from Julius Caesar to Nero," in Robert A.G. Carson and Colin Kraay (eds.), *Scripta nummaria Romana. Essays presented to Humphrey Sutherland*. London: Spink and Son, 12–31.

Newton, Douglas P. (2006), "Found Coins as Indicators of Coins in Circulation: Testing Some Assumptions," *European Journal of Archaeology* 9(2–3): 211–26.

Nicolet, Claude (1971), "Les variations de prix et la 'théorie quantitative de la monnaie' à Rome, de Cicéron à Pline l'Ancien," *Annales. Économies, Sociétés, Civilisations* 26: 1203–27.

Nicolet, Claude (1984), "Pline, Paul et la théorie de la monnaie," *Athenaeum* 62 (1–2): 105–35.

Noreña, Carlos F. (2001), "The Communication of the Emperor's Virtues," *Journal of Roman Studies* 91: 146–68.

Noreña, Carlos F. (2011a), "Coins and Communication," in Michael Peachin (ed.), *The Oxford Handbook of Social Relations in the Roman World*. Oxford and

New York: Oxford University Press, 248–68.

Noreña, Carlos F. (2011b), *Imperial Ideals in the Roman West. Representation, Circulation, Power.* Cambridge: Cambridge University Press.

Nouvel, Pierre (2013), "L'utilisation de la monnaie dans les sanctuaires gallo–romains," in Thierry Luginbühl, Cédric Cramatte, and Jana Hoznour (eds.), *Le sanctuaire gallo-romain du Chasseron. Découvertes anciennes et fouilles récentes.* Lausanne: Cahiers d'archéologie romande, 362–84.

Nouvel, Pierre and Matthieu Thivet (2011), "L'évolution architecturale du sanctuaire du Champ des Fougères à Mandeure," in Michel Reddé, Philippe Barral, François Favory, Jean-Paul Guillaumet, Martine Joly, Jean-Yves Marc, Pierre Nouvel, Laure Nunninger, and Christophe Petit (eds.), *Aspects de la romanisation dans l'est de la Gaule.* Glux-en-Glenne: Bibracte, 560–7.

Numismatic Literature. Some volumes available online at: http://numismatics.org/ Numlit/Numlit (accessed April 14, 2016).

Michael, Nüsse (2013), *Archäologische, numismatische und archäometrische Untersuchungen zu den Fundmünzen vom Martberg bei Pommern im Moseltal (Lkr. Cochem–Zell).* Ph.D. thesis, Goethe-Universität, Frankfurt am Main. Available online: urn:nbn:de:hebis:30:3–301294 (accessed July 11, 2016).

OGIS = *Orientis Graeci Inscriptiones Selectae.* Multiple vols.

Ollman, Bertell (1971), *Alienation: Marx's Conception of Man in Capitalist Society.*

Cambridge: Cambridge University Press.

Osborne, Robin (1998), "Early Greek Colonization? The Nature of Greek Settlement in the West," in Nick Fisher and Hans van Wees (eds.), *Archaic Greece: New Approaches and New Evidence.* London: Duckworth, 251–69.

Osborne, Robin (2009), *Greece in the Making, 1200–469 BC.* London: Routledge.

Painter, Kenneth (2001), *The Insula of the Menander at Pompeii. Volume IV: The Silver*

Treasure. Oxford: Clarendon Press.

Papadopoulos, John K. (2002), "Minting Identity: Coinage, Ideology and the Economics of Colonization in Akhaian Magna Graecia," *Cambridge Archaeological Journal* 12: 21–55.

Pare, Christopher (2013), "Weighing, Commodification and Money," in Harry Fokkens and Anthony F. Harding (eds.), *The Oxford Handbook of the European Bronze Age.* Oxford: Oxford University Press.

Paret, Oscar (1932), *Die Römer in Württemberg III. Die Siedlungen des römischen*

Württembergs. Stuttgart: Kohlhammer.

Patterson, Clair C. (1972), "Silver Stocks and Losses in Ancient and Medieval Times," *The Economic History Review* 25(2): 205–33.

Peachin, Michael (1986), "The *Procurator Monetae*," *Numismatic Chronicle* 146: 94–106.

Peake, Rebecca and Valérie Delattre (2004), "L'apport des analyses 14C à l'étude de la nécropole de l'âge du Bronze de 'La Croix de la Mission' à Marolles-sur-Seine," *Revue archéologique du Centre de la France* 44: 5–25.

Perassi, Claudia (2011), "Monete amuleo e monete talismano. Fonti scritte, indizi, realia per l'età romana," *Quaderni Ticinesi. Numismatica e Antichità Classiche* 40: 223–74.

Perec, Georges (1973), "Approches de quoi?" *Cause commune* 5: 3–4.

Peter, Markus (1990), *Eine Werkstätte zur Herstellung von subaeraten Denaren in Augusta Raurica*. Studien zu Fundmünzen der Antike 7. Mainz: Gebr. Mann.

Peter, Markus (1996a), "Bemerkungen zur Kleingeldversorgung der westlichen Provinzen im 2. Jahrhundert," in Cathy E. King and David G. Wigg (eds.), *Coin Finds and Coin Use in the Roman World. The Thirteenth Oxford Symposium on Coinage and Monetary History March 25–27 (1993)*, Studien zu Fundmünzen der Antike 10. Berlin: Verlag Philipp von Zabern, 309–18.

Peter, Markus (1996b), *Untersuchungen zu den Fundmünzen aus Augst und Kaiseraugst*. Studien zu Fundmünzen der Antike 17. Berlin: Verlag Gebr. Mann.

Peter, Markus (2011), "Von Betrug bis Ersatzkleingeld—Falschmünzerei in römischer Zeit," in Marcus Reuter and Romina Schiavone (eds.), *Gefährliches Pflaster. Kriminalität im Römischen Reich*. Mainz: Philipp von Zabern, 106–19.

Pfisterer, Matthias (2007), "Limesfalsa und Eisenmünzen: Römisches Ersatzkleingeld am Donaulimes," in Michael Alram and Franziska Schmidt-Dick (eds.), *Numismata Carnuntina. Forschungen und Material* 2, 643–875.

Pflaum, Hans-Georg (1960–1), *Les carrières procuratoriennes èquestres sous le Haut- Empire romain*. Paris: Librairie orientaliste P. Geuthner.

Philp, Brian (1989), *The Roman House with Bacchic murals at Dover*. Kent Monograph Series. Research Report 5. Dover: Kent Archaeological Rescue Unit.

Picard, Olivier (1989), "Innovations monétaires dans la Grèce du IVe siècle," *Comptes rendus de l'Academie des Inscriptions et Belles-Lettre* 133(3): 673–

87.

Piccottini, Gernot and Hermann Vetters (2003), *Führer durch die Ausgrabungen auf dem Magdalensberg.* 6th edition. Klagenfurt: Verlag des Landesmuseums Kärnten.

Pilon, Fabien (2004), "Unofficial Cast Coinage in 3rd c. Gaul: The Evidence from Châteaubleau," *Journal of Roman Archaeology* 17: 385–396.

Pilon, Fabien (2005), "Four Coin Production Techniques Used in the Three Officinae of Châteaubleau (ca 260–280 AD)," in Carmen Alfaro, Carmen Marcos, and Paloma Otero (eds.), *XIII Congreso Internacional de Numismática, Madrid, (2003), Actas, Proceedings, Actes.* Madrid: Ministerio de Cultura, 793–801.

Powell, Marvin A. (1996), "Money in Mesopotamia," *Journal of the Economic and Social History of the Orient* 39 (3): 224–42.

Prices and Other Monetary Valuations in Roman History: Ancient Literary Evidence, database compiled by Walter Scheidel. Available online at: http://web.stanford. edu/scheidel/NumIntro.htm (accessed March 30, 2016).

Pritchard, David (2015), *Public Spending and Democracy in Classical Athens.* Austin: University of Texas Press.

Psoma, Selene (2009), "Tas sitarchias kai tous misthous ([Arist.], Oec. 1351b). Bronze currencies and cash-allowances in mainland Greece, Thrace and the Kingdom of Macedonia," *Revue Belge de Numismatique* 145: 3–38.

Putzeys, Toon (2007), "Contextual Analysis at Sagalassos. Developing a Methodology for Classical Archaeology," Ph.D. thesis, Katholieke Universiteit Leuven, Leuven.

Py, Michel (2006), *Les monnaies préaugustéennes de Lattes et la circulation monétaire protohistoriqueen Gaule méridionale.* 2 vols. Lattes: Édition de l'Association pour le Développement de l'Archéologie en Languedoc-Roussillon.

R.-Alföldi, Maria. (1958/9), "Epigraphische Beiträge zur römischen Münztechnik bis auf Konstantin den Grossen," *Schweizerische Numismatische Rundschau* 39, 35–48.

R.-Alföldi, Maria (1996), "Münze im Grab, Münze am Grab. Ein ausgefallenes Beispiel aus Rom," in Cathy E. King and David G. Wigg (eds.), *Coin Finds and Coin Use in the Roman World. The Thirteenth Oxford Symposium on Coinage and Monetary History March 25–27 (1993)*, Studien zu Fundmünzen der Antike10. Berlin: Verlag Philipp von Zabern, 33–9.

Rageth, Jürg (1994), "Ein spätrömischer Kultplatz in einer Höhle bei Zillis GR," *Zeitschrift für schweizerische Archäologie und Kunstgeschichte* 51: 141–71.

Rahmstorf, Lorenz (2016), "From 'Value Ascription' to Coinage: A Sketch of Monetary Developments in Western Eurasia from the Stone to the Iron Age," in Colin Haselgrove and Stefan Krmnicek (eds.), *The Archaeology of Money. Proceedings of the Workshop 'Archaeology of Money', University of Tübingen, October (2013),* Leicester Archaeology Monograph 24. Leicester: School of Archaeology and Ancient History, 19–42.

Ramage, Andrew and Paul Craddock (2000), *King Croesus' Gold. Excavations at Sardis and the History of Gold Refining.* Cambridge, MA: Harvard University Art Museums.

Ramos dos Santos, António (2008), "What Pays What? Cashless Payment in Ancient Mesopotamia (626–331 BC)," in Sushil Chaudhuri and Markus A. Denzel (eds.), *Cashless Payments and Transactions from the Antiquity to 1914.* Stuttgart: Franz Steiner Verlag.

Ranucci, Samuele (2010), "Il thesaurus di Campo della Fiera, Orvieto (Volsinii)," *Annali dell'Istituto Italiano di Numismatica* 55: 103–39.

Rathbone, Dominic (1996), "Monetization, not price-inflation in third-century A.D. Egypt," in Cathy E. King and David G. Wigg (eds.), *Coin Finds and Coin Use in the Roman World. The Thirteenth Oxford Symposium on Coinage and Monetary History March 25–27 (1993),* Studien zu Fundmünzen der Antike 10. Berlin: Verlag Philipp von Zabern, 321–39.

Reece, Richard (2003), *Roman Coins and Archaeology. Collected Papers.* Wetteren: Moneta.

Rémy, Bernard (1999), "Religion populaire et culte impérial dans le sanctuaire indigène de Châteauneuf (Savoie)," *Revue Archéologique de Narbonnaise* 32: 31–8.

Renfrew, Colin (1985), *The Archaeology of Cult: The Sanctuary at Phylakopi.* London: Thames and Hudson.

Renfrew, Colin (1994), "The Archaeology of Religion," in Colin Renfrew and Ezra B.W. Zubrow (eds.), *The Ancient Mond. Elements of Cognitive Archaeology.* Cambridge: Cambridge University Press, 47–54.

Renfrew, Colin (2000), *Loot, legitimacy, and Ownership: The Ethical Crisis in Archaeology.* London: Duckworth.

Reusch, Wilhelm (1956), "Die kaiserliche Palastaula (Basilika). Archäologisch-historischer Beitrag," in Wilhelm Reusch (ed.), *Die Basilika in Trier:*

Festschrift zur Wiederherstellung 9. Dezember, 1956. Trier: Paulinus, 11–39.

RIC II, etc. = Mattingly, Harold and Edward A. Syndenham *et al.* (1926–1994), *The Roman Imperial Coinage.* 9 vols. London: Spink & Son.

*RIC*2 I = Sutherland, Carol Humphrey Vivian and Robert A.G. Carson (1984), *The Roman Imperial Coinage* I: *From 31 BC to AD 69* (Revised edition). London: Spink & Son.

*RIC*2 II.1 = Carradice, Ian A. and Theodore V. Buttrey (2007), *The Roman Imperial Coinage* II.1: *From AD 69–96, Vespasian to Domitian.* London: Spink & Son.

Rich, John W. (1998), "Augustus's Parthian Honors, the Temple of Mars Ultor and the Arch in the Forum Romanum," *Papers of the British School at Rome* 53: 71–128.

Richter, Gisela M.A. (1959), "Calenian Pottery and Classical Greek Metalware," *American Journal of Archaeology* 63(3): 241–9.

Ritter, Stefan (2002), *Bildkontakte. Götter und Heroen in der Bildsprache griechischer Münzen des 4. Jahrhunderts v. Chr.* Berlin: Reimer Verlag.

Robertson, A.S. (1962), *Roman Imperial Coins in the Hunter Coin Cabinet University of Glasgow. Augustus to Nerva.* London: Oxford University Press.

Robinson, Edward Stanley Gotch (1930), "Sinope," *Numismatic Chronicle* 10, 1–15. Roth, Jonathan (1999), *The Logistics of the Roman Army (264 BC–AD 235).* Leiden: Brill.

Roth, Martha Tobi (1997), *Law Collections from Mesopotamia and Asia Minor.* 2nd edn. Atlanta: Society of Biblical Literature.

Rowan, Clare (2010), "Slipping out of circulation: the after-life of coins in the Roman world," *Journal of the Numismatic Association of Australia* 20: 3–14.

Rowan, Clare (2011), *Under Divine Auspices: Divine Ideology and the Visualisation of Imperial Power in the Severan Period.* Cambridge: Cambridge University Press.

Rowan, Clare (2013a), "Coinage as Commodity and Bullion in the Western Mediterranean c. 550–100 BC," *Mediterranean Historical Review* 28: 105–27.

Rowan, Clare (2013b), "The Profits of War and Cultural Capital: Silver and Society in Republican Rome," *Historia* 61: 361–86.

Rowan, Clare (2014), "Iconography in Colonial Contexts. The Provincial Coinage of the Late Republic in Corinth and Dyme," in Nathan T. Elkins and Stefan Krmnicek (eds.), *"Art in the Round": New Approaches to Coin Iconography.* Tübinger Archäologische Forschungen 16. Rahden: Verlag Marie Leidorf, 147–58.

Roymans, Nico (1990), *Tribal Societies in Gaul: An Anthropological Perspective*. Amsterdam: Albert Egges van Giffen Instituut voor Prae-en Protohistorie.

Roymans, Nico and Joris Aarts (2005), "Coins, Soldiers and the Batavian Hercules Cult. Coin Deposition in the Sanctuary of Empel in the Lower Rhine Region," in Colin Haselgrove and David Wigg-Wolf (eds), *Iron Age Coinage and Ritual Practices*. Mainz: Philipp von Zabern, 337–60.

RPC I = Burnett, Andrew, Michel Amandry and Pere Pau Ripollès (2006), *Roman Provincial Coinage* I: *From the Death of Caesar to the Death of Vitellius* (Reprint of the 1998 corrected edition). London and Paris: The British Museum and the Bibliothèque Nationale de France.

RPC II = Burnett, Andrew, Michel Amandry and Ian Carradice (1999), *The Roman Provincial Coinage* II: *From Vespasian to Domitian (AD 69–96)*. London and Paris: The British Museum and the Bibliothèque Nationale de France.

RPC III = Amandry, Michel and Andrew Burnett (2015), *Roman Provincial Coinage* III: *Nerva, Trajan, and Hadrian (AD 96–138)*. London and Paris: The British Museum and the Bibliothèque Nationale de France.

RPC VII.1 = Spoerri Butcher, Marguerite (2006), *Roman Provincial Coinage* VII: *de Gordien Ier à Gordien III (238–244) après J.–C.). 1. Province d'Asie*. London and Paris: The British Museum and the Bibliothèque Nationale de France.

RPC IX = Hostein, Anthony and Jerome Mairat (2016), *Roman Provincial Coinage* IX: *From Trajan Decius to Uranius Antoninus (AD 249–254)*. London and Paris: The British Museum and the Bibliothèque Nationale de France.

Rutter, N. Keith (1979), *Campanian Coinages: 475–380 B.C.* Edinburgh: Edinburgh University Press.

Rutter, N. Keith (1993), "The Myth of the Demareteion," *Chiron* 23, 171–88.

Rutter, N. Keith (2001), *Historia Numorum Italy*. London: The British Museum Press.

Sauer, Eberhard (2004), "Not Just Small Change: Coins in Mithraea," in Marleen Martens and Guy De Boe (eds.), *Roman Mithraism: The Evidence of the Small Finds. Papers of the international conference/Bijdragen van het internationaal congres, Tienen 7/8 November (2001)* Brussels: Institute for the Archaeological Heritage, 327–53.

Sauer, Eberhard (2005), *Coins, Cult and Cultural Identity: Augustan Coins, Hot Springs and the Early Roman Baths at Bourbonne-les-Bains*. Leicester Archaeology Monographs 10. Leicester: School of Archaeology and Ancient

History.

Sauer, Eberhard (2011), "Religious Rituals at Springs in the Late Antique and Early Medieval World," in Luke Lavan and Michael Mulryan (eds.), *The Archaeology of Late Antique "Paganism."* Brill: Leiden, 505–50.

Schäfer, Alfred (2013), "Gruben als rituelle Räume," in Alfred Schäfer and Marion Witteyer (eds.), *Rituelle Deponierungen in Heiligtümern der griechisch-römischen Welt.* Mainzer Archäologische Schriften 10. Mainz: Generaldirektion Kulturelles Erbe, 237–52.

Schaps, David (2008), "What was Money in Ancient Greece?" in William Harris (ed.), *The Monetary Systems of the Greeks and Romans.* Oxford: Oxford University Press, 38–48.

Schaps, David (2014), "War and Peace, Imitation and Innovation, Backwardness and Development: The Beginnings of Coinage in Ancient Greece," in Peter Bernholz and Roland Vaubel (eds.), *Explaining Monetary and Financial Innovation. A Historical Analysis.* Cham: Springer, 31–51.

Scheidel, Walter (2008), "The Divergent Evolution of Coinage in Eastern and Western Eurasia," in William V. Harris (ed.), *The Monetary Systems of the Greeks and Romans.* Oxford: Oxford University Press, 267–86.

Scheidel, Walter (2010), "Real Wages in Early Economies: Evidence for Living Standards from 1800 BCE to 1300 CE," *Journal of the Economic and Social History of the Orient* 53(3): 425–62.

Scheidel, Walter (2014), "Benford's Law and Numerical Stylization of Monetary Valuations in Ancient Literature," SSRN Scholarly Paper ID 2541608. Rochester, NY: Social Science Research Network. Available online at: http://papers.ssrn.com/ abstract=2541608 (accessed May 1, 2016).

Scheidel, Walter, Ian Morris, and Richard P. Saller, eds. (2007), *The Cambridge Economic History of the Greco-Roman World.* Cambridge: Cambridge University Press.

Schindel, Nikolaus (2005), "Sasanian Coinage," in Ehsan Yarshater (ed.), *Encyclopaedia Iranica, online edition.* Available online at:www.iranicaonline. org/ articles/sasanian-coinage (accessed June 3, 2016).

Seaford, Richard (2004), *Money and the Early Greek Mind: Homer, Philosophy, Tragedy.* Cambridge: Cambridge University Press.

Seaford, Richard (2008), "Money and Tragedy," in William V. Harris (ed.), *The Monetary Systems of the Greeks and Romans.* Oxford: Oxford University Press, 49–65.

SEG = *Supplementum Epigraphicum Graecum*. Multiple vols.

Sheedy, Kenneth, Paul Munroe, Floriana Salvemini, Vladimir Luzin, Ulf Garbe, and Scott Olsen (2015), "An Incuse Stater from the Series 'Sirinos/Pyxoes'," *Journal of the Numismatic Association of Australia* 26: 36–52.

Sherratt, Andrew (1993), "What would a Bronze-Age World System Look Like? Relations between Temperate Europe and the Mediterranean in Later Prehistory," *Journal of European Archaeology* 1(2): 1–57.

SIG = *Sylloge Inscriptionum Graecarum*. Multiple vols.

Simmel, Georg (1900 [2004]), *The Philosophy of Money*. London and New York: Routledge.

Smithin, John (2000), "What is Money? Introduction," in John Smithin (ed.), *What is Money*. London and New York: Routledge: 1–15.

Sosin, Josiah (2000), *Perpetual Endowment in the Hellenistic World: A Case Study in Economic Rationalism*. Durham, NC: Duke University (unpublished Ph.D. thesis) .

Sosin, Josiah (2001), "Accounting and Endowments," *Tyche. Beiträge zur Alten Geschichte, Papyrologie und Epigraphik* 16: 161–75.

Spoerri Butcher, Marguerite (2006), *Roman Provincial Coinage VII.1*. London: The British Museum Press.

Stahl, Alan (2000), *Zecca: The Mint of Venice in the Middle Ages*. Baltimore: Johns Hopkins University Press.

Stahl, Alan M. (2013), "Roman Imperial Coins as An Inspiration for Renaissance Numismatic Imagery," in Ulrike Peter and Bernhard Weisser (eds.), *Translatio Nummorum. Römische Kaiser in der Renaissance*. Berlin: Verlag Franz Philipp Rutzen, 201–6.

Stannard, Clive (2005), "The Monetary Stock at Pompei at the Turn of the Second and First Centuries B.C.: Pseudo-Ebusus and Pseudo-Massalia," in Pietro Giovanni Guzzo and Maria Paola Guidobaldi (eds.), *Nuove ricerche archeologiche a Pompei ed Ercolano*. Naples: Electa, 120–43.

Stannard, Clive (2011), "Evaluating the Monetary Supply: Were Dies Reproduced Mechanically in Anquity?" in François de Callataÿ (ed.), *Quantifying Monetary Supplies in Greco-Roman Times*. Bari: Edipuglia, 59–79.

Stannard, Clive (2013), "Are Ebusan Coins at Pompeii, and the Pompeian Pseudo-mint, A Sign of Intensive Contacts with the Island of Ebusus?" in Alicia Arévalo, Darío Bernal, and Daniela Cottica (eds.), *Ebusus y Pompeya, ciudades marítimas: testimonies monetales de una relación*. Cádiz:

Universidad de Cádiz, 125–55.

Stannard, Clive and Suzanne Frey-Kupper (2008), "'Pseudomints' and small change in Italy and Sicily in the late Republic," *American Journal of Numismatics* Second series, 20: 351–404.

Starr, Chester R. (1976), "A Sixth-century Athenian Tetradrachm Used to Seal a Clay Tablet from Persepolis," *The Numismatic Chronicle* 136: 219–22.

Steinbock, Bernd (2014), "Coin Types and Latin Panegyrics as a Means of Imperial Communication," in Nathan T. Elkins and Stefan Krmnicek (eds.), *"Art in the Round": New Approaches to Ancient Coin Iconography*. Tübinger Archäologische Forschungen 16. Rahden: Verlag Marie Leidorf, 51–67.

Stevens, Susan T. (1991), "Charon's Obol and Other Coins in Ancient Funerary Practice," *Phoenix* 45(3): 215–29.

Stewart, Peter (2008), *The Social History of Roman Art*. Cambridge: Cambridge University Press.

Stolper, Matthew W. (1985), *Entrepreneurs and Empire. The Murašû Archive, the Murašû Firm, and Persian Rule in Babylonia*. Istanbul: Nederlands historisch–archaeologisch instituut.

Straumann, Sven (2011), *Die Nordwestecke der Insula 50 von Augusta Raurica. Die Entwicklung eines multifunktional genutzten Handwerkerquartiers*. Augst: Augusta Raurica.

Stroobants, Fran and Jeroen Poblome (2015), "Buying and Selling in Late Roman Pisidia: A Hypothetical Framework of Coin Use in Sagalassos and its Countryside," *Revue Belge de Numismatique et de Sigillographie* 161: 73–104.

Sundqvist, Olof (2003), "Rituale," in Heinrich Beck, Dieter Geuenich, and Heiko Steuer (eds.), *Reallexikon der Germanischen Altertumskunde* 25. Berlin: de Gruyter, 32–47.

Surveys of Numismatic Research. The *Survey* for 2002–7 is available online at: http:// inc–cin.org/survey.html (accessed April 14, 2016).

Sutherland, Carol Humphrey Vivian (1959), "The Intelligibility of Roman Imperial Coin Types," *Journal of Roman Studies* 49: 46–55.

Sutherland, Carol Humphrey Vivian (1976), *The Emperor and the Coinage. Julio–Claudian Studies*. London: Spink.

Sutherland, Carol Humphrey Vivian (1984), *The Roman Imperial Coinage I: From 31 BC to AD 69*. London: Spink.

Swan, Nancy Lee (1950), *Food and Money in Ancient China: The Earliest Economic History of China to A.D. 25* [Han Shu 24]. Princeton: Princeton

University Press.

Sydenham, Edward A. (1920), *The Coinage of Nero*. London: Spink & Son.

Szaivert, Wolfgang and Reinhard Wolters (2005), *Löhne, Preise, Werte. Quellen zur römischen Geldwirtschaft*. Darmstadt: Wissenschaftliche Buchgesellschaft.

Szidat, Joachim (1981), "Zur Wirkung und Aufnahme der Münzpropaganda (Iul. Misop. 355d)," *Museum Helveticum* 38, 22–33.

Taborelli, Luigi (1982), "Vasi di vetro con bollo monetale (note sulla produzione, la tassazione e il commercio degli unguenti aromatici nella prima età imperiale)," *Opus* 1: 315–40.

Taborelli, Luigi (1992), "Vasi di vetro con bollo monetale. Addenda I," *Opus* 11: 93–104.

Teegen, Wolf-Rüdiger (2003), "Quellheiligtümer und Quellkult," in Heinrich Beck, Dieter Geuenich, and Heiko Steuer (eds.), *Reallexikon der Germanischen Altertumskunde* 24. Berlin: de Gruyter, 15–26.

Temin, Peter (2013), *The Roman Market Economy*. Princeton: Princeton University Press.

Thompson, Christine M. (2003), "Sealed Silver in Iron Age Cisjordan and the 'Invention' of Coinage," *Oxford Journal of Archaeology* 22(1): 67–107.

Thompson, Margaret (1979), "Paying the Mercenaries," in Leo Mildenberg, Arthur Houghton, Silvia Hurter, and Patricia Erhart–Mottahedeh (eds.), *Studies in Honor of Leo Mildenberg. Numismatics, Art History, Archaeology*, Wetteren: Editions NR, 241–7.

Thonemann, Peter (2015), *The Hellenistic World: Using Coins as Sources*. Guides to the Coinage of the Ancient World. Cambridge: Cambridge University Press.

Thüry, Günther (2006), "Bauopfer–Pilgeropfer–Passageopfer: drei Kategorien numismatischer Weihefunde," *MoneyTrend* 10: 134–7.

Toledo i Mur, Assumpció and Michel Pernot, eds. (2008), "Un atelier monétaire gaulois près de Poitiers, Les Rocheraux à Migné–Auxances (Vienne)," *Gallia* 65: 231–72.

Traimond, Bernard (1994), "La fausse monnaie au village. Les Landes aux XVIIIe et XIXe siècles," *Terrain* 23: 27–44.

Travaini, Lucia (2000), "Le monete a Fontana di Trevi: storia di un rito," *Rivista Italiana di Numismatica* 101: 251–9.

Treister, Michail J. (1996), *The Role of Metals in Ancient Greek History*. Leiden: Brill.

Trillmich, Walter (2003), "Überfremdung einheimischer Thematik durch

römisch-imperiale Ikonographie in der Münzprägung hispanischer Städte,"
in Peter Noelke, Friederike Naumann–Steckner, and Beate Schneider (eds.),
*Romanisation und Resistenz in Plastik, Architektur und Inschriften der
Provinzen des Imperium Romanum*. Mainz: Philipp von Zabern, 619–33.

Trundle, Matthew (2010), "Coinage and the Transformation of Greek Warfare,"
in Garett G. Fagan and Matthew Trundle (eds.), *New Perspectives on Ancient
Warfare*. Leiden: Brill, 227–52.

Trundle, Matthew (2013), "The Business of War Mercenaries," in Brian Campbell
and Lawrence A. Tritle (eds.), *The Oxford Handbook of Warfare in the
Classical World*. Oxford: Oxford University Press, 330–50.

van Alfen, Peter G. (2005), "Problems in Ancient Imitative and Counterfeit
Coinage," in Zofia H. Archibald, John K. Davies, and Vincent Gabrielsen
(eds.), *Making, Moving and Managing: The New World of Ancient Economies,
323–31 BC*. Oxford: Oxbow Books, 322–54.

van Alfen, Peter (2012), "The Coinage of Athens, Sixth to First Century BC," in
William E. Metcalf (ed.), *The Oxford Handbook of Greek and Roman Coinage*.
Oxford: Oxford University Press, 88–104.

van Heesch, Johan (2009), "Providing Markets with Small Change in the
Early Roman Empire: Italy and Gaul," *Revue belge de Numismatique et
Sigillographie* 155, 125–42.

van Heesch, Johan (2012), "Control Marks and Mint Administration in the Fourth
Century AD," *Revue Belge de Numismatique et de Sigillographie* 158, 161–78.

Van Hoof, Catherine (1991), "Un aspect du rituel funéraire dans les tombes
franques et mérovingiennes en Belgique: la présence des monnaies," *Analecta
Archaeologica Lovaniensa* 30: 95–115.

Varner, Eric R. (2004), *Mutilation and Transformation: Damnatio Memoriae and
Roman Imperial Portraiture*. Monumenta Graeca et Romana 10. Leiden: Brill.

Verboven, Koenraad (1997), "*Caritas nummorum*: Deflation in the Late Roman
Republic?" *Münstersche Beiträge zur antiken Handelsgeschichte* 16(2): 40–78.

Verboven, Koenraad (2003), "54–44 BCE: Financial or Monetary Crisis?" in
Elio Lo Cascio (ed.), *Credito e moneta nel mondo romano. Incontri Capresi
di storia dell'economia antica. Convegno internazionale*, Capri (2000) Bari:
Edipuglia, 49–68.

Verboven, Koenraad (2015), "The Knights who say NIE: Can Neo-institutional
Economics Live Up to its Expectation in Ancient History Research?" in Paul
Erdkamp and Koenraad Verboven (eds.), *Structure And Performance In The*

Roman Economy: Models, Methods and Case Studies. Brussels: Latomus, 33–57.

Vermeule, Cornelius C. (1954), *Some Notes on Ancient Dies and Coining Methods.* London: Spink.

Vermeule, Cornelius C. (1975), "Numismatics in Antiquity. The Preservation and Display of Coins in Ancient Greece and Rome," *Schweizerische Numismatische Rundschau* 54: 5–31.

Versluys, Miguel John (2014), "Understanding Objects in Motion. An *Archaeological* Dialogue on Romanization," *Archaeological Dialogues* 21: 1–20.

Vindolanda Tablets Online. Available online at: http://vindolanda.csad.ox.ac.uk/ (accessed March 23, 2016).

von Kaenel, Hans-Markus (1986), *Münzprägung und Münzbildnis des Claudius.* Antike Münzen und Geschnittene Steine 9. Berlin: de Gruyter.

von Kaenel, Hans-Markus, Hansjörg Brem, and Jörg T. Elmer (1993), *Der Münzhort aus dem Gutshof in Neftenbach. Antoniniane und Denare von Septimius Severus bis Postumus.* Zürcher Denkmalpflege Archäologische Monographien 16. Zürich: Kommunikation Verlag.

von Kaenel, Hans-Markus and Fleur Kemmers, eds. (2009), *Coins in Context. I. New Perspectives for the Interpretation of Coin Finds: Colloquium Frankfurt a.M., October 25–27, (2007),* Studien zu Fundmünzen der Antike 23. Mainz: Zabern.

von Reden, Sitta (2002), "Money in the Ancient Economy: A Survey of Recent Research," *Klio* 84: 141–74.

von Reden, Sitta (2010), *Money in Classical Antiquity.* Cambridge: Cambridge University Press.

Wallace, Robert W. (1987), "The Origin of Electrum Coinage," *American Journal of Archaeology* 91: 385–97.

Wallace-Hadrill, Andrew (1986), "Image and Authority in the Coinage of Augustus," *Journal of Roman Studies* 76: 66–87.

Wallace-Hadrill, Andrew (2008), *Rome's Cultural Revolution.* Cambridge: Cambridge University Press.

Wartenberg, Ute (2016), "Die Geburt des Münzgeldes. Die frühe Elektronprägung," *Mitteilungen der Österreichischen Numismatischen Gesellschaft* 56(1): 30–49.

Wigg-Wolf, David (2005), "Coins and Ritual in Late Iron Age and Early Roman Sanctuaries in the Territory of the Treveri," in Colin Haselgrove and David

Wigg-Wolf (eds.), *Iron Age Coinage and Ritual Practices*. Mainz: Philip von Zabern.

Williams, Jonathan (2001), "Coin–inscriptions and the Origins of Writing in Pre-Roman Britain," *British Numismatic Journal* 71: 1–17.

Williams, Jonathan (2011), "Religion and Roman Coins," in Jörg Rüpke (ed.), *A Companion to Roman Religion*. Malden, MA: Wiley–Blackwell, 143–63.

Wiseman, Timothy P. (1971), *New Men in the Roman Senate*. Oxford: Oxford University Press.

Wolters, Reinhard (1999), *Nummi Signati. Untersuchungen zur römischen Münzprägung und Geldwirtschaft*. Vestigia 49. Munich: Verlag C.H. Beck.

Wolters, Reinhard (2003a), "Die Geschwindigkeit der Zeit und die Gefahr der Bilder: Münzbilder und Münzpropaganda in der römischen Kaiserzeit," in Gregor Weber and Martin Zimmermann (eds.), *Propaganda— Selbstdarstellung—Repräsentation im römischen Kaiserreich des 1. Jhs. n.Chr.* Wiesbaden: Franz Steiner Verlag. 175–204.

Wolters, Reinhard (2003b), "The Emperor and the Financial Deficits of the Aerarium in the Early Roman Empire," in Elio Lo Cascio (ed.), *Credito e moneta nel mondo romano. Atti degli Incontri capresi di storia dell'economia antica (Capri 12–14 ottobre 2000)*. Bari: Edipuglia, 147–60.

Wolters, Reinhard (2006), "Geldverkehr, Geldtransporte und Geldbuchungen in Römischer Republik und Kaiserzeit: Das Zeugnis der schriftlichen Quellen," *Revue belge de Numismatique et Sigillographie* 152, 23–49.

Wolters, Reinhard (2015), "Archäologie, Geschichte und Münzen," *Klio* 97: 229–44.

Woodward, Peter and Ann Woodward (2004), "Dedicating the Town. Urban Foundation Deposits in Roman Britain," *World Archaeology* 36(1): 68–86.

Woytek, Bernhard E. (2006), "Die Verwendung von Mehrfachstempeln in der Antiken Münzprägung und die "Elefantendenare" Iulius Caesars (RRC 443/1)", *Schweizerische Numismatische Rundschau* 85, 69–96.

Woytek, Bernhard E. (2010), *Die Reichsprägung des Kaisers Traianus (98–117)*. Moneta Imperii Romani 14. Vienna: Verlag der Österreichischen Akademie der Wissenschaften.

Woytek, Bernhard E. (2012a), "The Denarius Coinage of the Roman Republic," in William E. Metcalf (ed.), *The Oxford Handbook of Greek and Roman Coinage*. Oxford: Oxford University Press, 315–34.

Woytek, Bernhard E. (2012b), "System and Product in Roman Mints from the Late

Republic to the High Principate: Some Current Problems," *Revue belge de Numismatique et Sigillographie* 158, 85–122.

Woytek, Bernhard E. (2013), "Signatores in der römischen Münzstätte: *CIL* VI 44 und die numismatische Evidenz," *Chiron* 43, 243–84.

Woytek, Bernhard E. (2014), "Monetary Innovation in Ancient Rome: The Republic and its Legacy," in Peter Bernholz and Roland Vaubel (eds.), *Explaining Monetary and Financial Innovation. A Historical Analysis.* Cham: Springer, 197–226.

Wünsch, Richard (1900), "Der Abschied von Rom an der Fontana di Trevi," in *Strena Helbigiana.* Leipzig: Teubner, 341–6.

Xinwei, Peng (1994), *A Monetary History of China.* Bellingham, WA: Western Washington University.

Yang, Bin (2011), "The Rise and Fall of Cowrie Shells: The Asian Story," *Journal of World History* 22: 1–25.

Yavetz, Zvi (1970), "Fluctuations monétaires et condition de la plèbe à la fin de la République," in Claude Nicolet (ed.), *Recherches sur les structures sociales dans l'Antiquité classique.* Paris: Éditions du Centre National de la Recherche Scientifique, 133–57.

Zanker, Paul (1988), *The Power of Images in the Age of Augustus* (trans. A. Shapiro). Ann Arbor: University of Michigan Press.

Zanker, Paul (2000), "Bild–Räume und Betrachter im kaiserzeitlichen Rom," in Adolf H. Borbein, Tonio Hölscher, and Paul Zanker (eds.), *Archäologie. Eine Einführung.* Berlin: Reimer Verlag, 205–26.

Zanker, Paul (2010), *Roman Art* (trans. H. Heitmann-Gordon). Los Angeles: The J. Paul Getty Museum.

Miletus, Turkey 土耳其米利都
military expenditure 军费开支
　Greek world 希腊世界
　imagery of coins 钱币意象
　production of coins for 钱币生产
Millar, Fergus 弗格斯·米勒
mines 矿藏
minting equipment, temple deposits of 神庙里的铸币工具
mints 铸币厂
　and design of coins 和钱币的设计
　Greek world 希腊世界
　management of 管理
　outsourced 外包
　Roman world 罗马世界
　techniques of 技术
Minturnae, Italy 意大利明图纳
Mithradates VI Eupator, King of Pontus 本都王密特拉达梯六世
Mithraea, coin offerings at 供奉给密特拉神庙的钱币
Mnong Gar, Vietnam 越南墨侬族
modern use of Roman coins 罗马钱币的现代用途
modification of coins 修改钱币
molds for coins 币模
monetary policies 货币政策
monetary zones 货币区
monetization 货币化
money boxes 钱箱
money supply 货币供应
moneychangers 钱币兑换商
moneyers 铸币官
moral and religious values, impact on use of coins 道德和宗教价值观，对钱币使用的影响

mules on coins 钱币上的骡子

Narni, Italy 意大利纳尔尼
Nero, Roman Emperor 罗马皇帝尼禄
Nerva, Roman Emperor 罗马皇帝涅尔瓦
Neuenstadt am Kocher, Germany 德国科赫尔河畔诺因施塔特
New Institutional Economy 新制度经济学
Niedernau, Germany, Roman spring 德国尼德瑙，罗马泉
Nigeria 尼日利亚
Nijmegen, Netherlands 荷兰奈梅亨
Noreña, Carlos 卡洛斯·诺雷纳
Noricum (Magdalensberg), Austria 诺里库姆，今奥地利马格达伦斯堡
notional money 名义货币
Notitia dignitatum 《百官志》
NUMIS project NUMIS 项目
Numismatic Literature 《钱币文献》
numismatics 钱币学

obol of Charon 卡戎的奥波勒斯
offerings to the gods 献给神祇的祭品
offertory containers 祭库
officials, mint 铸币厂官员
old or obsolete coinage 旧的或被淘汰的钱币
Oloron-Sainte-Marie, France 法国奥洛伦·圣玛丽
Oplontis, Italy 意大利奥普隆蒂斯
Oracles 神谕
Oxyrhynchus, Egypt 埃及奥克西林克斯

pagan coinage 异教钱币
panegyric and coins 颂词与钱币

Parry, Jonathan 乔纳森·帕里

partes (shares) 份额（股份）

Patterson, Clair 克莱尔·帕特森

Paulus 保卢斯

Pausanias 保萨尼亚斯

pawning 典当

payments for the ferryman 给冥府渡神
　的报酬

payments in kind 实物支付

Perec, Georges 乔治·佩雷克

Persia 波斯

personal adornments 个人饰品

personifications of imperial ideal on
　coins 钱币上的帝国理想象征

Peter, Markus 马库斯·彼得

Petronius 佩特罗尼乌斯

Pharae, Oracle at 法赖集市的神谕

Philip II, King of Macedon 马其顿国王
　腓力二世

Phrygia 弗里吉亚

Piraeus hoard, Greece 希腊比雷埃夫斯
　窖藏

pits, coins found in 基坑中发现的钱币

plated coins 镀金币

Plautus, *Asinaria* 普劳图斯《赶驴》

Pliny the Younger 小普林尼

Plommer, William H. 威廉·H. 普洛默

poetry and coins 诗歌与钱币

politics and coins 政治与钱币

Polybius 波利比乌斯

Pompeii, Italy 意大利庞贝
　distribution of coinage 钱币的分发
　graffiti about money 有关钱币的涂鸦
　imitation coins in 仿制币
　storage of coins in 储存钱币

Portable Antiquities Scheme 可移动古
物计划

portraits on coins 钱币上的肖像

postholes, coins found in 在柱坑中发现
　的钱币

posthumous condemnation of emperors
　对皇帝死后论罪

pottery, coins copied on 复制了钱币图
　案的陶器

price increases 物价上涨

private coinage 私人铸币

Proculus, jurist 法学家普罗库鲁斯

procurator monetae 铸币管理官

production and minting techniques 生
　产和铸币技术

profits from coins 铸币带来的利润

propaganda, coins as instruments of 作
　为宣传工具的钱币

provincial coinage 行省钱币

pseudo-Aristotle, *Economics* 伪亚里士
　多德《经济学》

pseudo-coins 伪币

pseudo-Platonic, *Eryxias* 伪柏拉图《厄
　律克西亚》

Ptolemy II Philadelphus, King of Egypt
　托勒密埃及国王"爱姊者"托勒密
　二世

public buildings, images on coins 钱币
　图案上的公共建筑

purses 钱包

Py, Michel 米歇尔·皮

quadrantes (Rome) 罗马四分钱

quantification of coins 钱币的量化

quantitative theory of money 货币量化
理论

关于各章作者
Notes on Contributors

　　弗朗索瓦·德卡拉塔是比利时皇家图书馆部门主任、布鲁塞尔自由大学的教授和巴黎高等研究实践学院的教授。他在希腊钱币学、古代经济学和学术史方面发表了大量成果，其最新著作包括《量化希腊罗马世界和其他地区的经济》（*Quantifying the Greco-Roman Economy and Beyond*, 2014）和《克莱奥帕特拉肖像的使用和滥用》（*Cléopâtre, usages et mésusages de son image*, 2015）。

　　安德烈·卡索利是瑞士提契诺州立钱币与纪念章收藏馆的研究助理，主要研究罗马钱币学及从古代到中世纪时期的窖藏钱币。目前他正在撰写一部关于尼禄时期罗马帝国中央政府发行的钱币的专著。

　　内森·T. 埃尔金斯是贝勒大学艺术史专业副教授。他的研究领域和专长包括罗马艺术和考古、钱币学和钱币图像学、地形学和建筑学等。他的著作包括《微型纪念物：罗马钱币上的建筑图案》（*Monuments in Miniature: Architecture on Roman Coinage*, 2015）和《公元96—98年涅尔瓦统治时期的政治权力形象》（*The Image of Political Power in the Reign of Nerva, A.D. 96–98*, 2017）。

　　阿莉西亚·希门尼斯是杜克大学的助理教授。她的研究主要集中于罗马在西地中海地区的扩张，罗马西班牙行省的殖民主义、文化变迁及货币化过程。她著有《混合意象：后殖民主义视角下的贝提卡墓葬群研究》（*Imagines Hibridae: Una aproximación postcolonialista al estudio de las necrópolis de la Bética*, 2008），编有《古代地中海地区物物交换、货币与钱币研究》（*Barter, Money and Coinage in the Ancient Mediterranean*, 2011）（与 M. P. García-Bellido 等人合编）。

斯特凡·克姆尼切克是蒂宾根大学古代钱币学的初级教授。他出版了关于罗马考古学许多方面的著作，对古钱币的使用、经济史和钱币肖像学等问题有着特别的兴趣。他的著作包括《货币考古学》（*The Archaeology of Money*, 2016）（与考古学家 C. Haselgrove 合著）和《奥古斯都已死——凯撒万岁！》（*Augustus ist tot—Lang lebe der Kaiser!*, 2017）（与 M. Flecker 等人合著）。

斯特凡纳·马丁是普瓦捷大学"古代世界的希腊化与罗马化"（HeRMA, EA 3811）研究小组考古学方向博士后副研究员。他的研究兴趣集中在罗马考古学、古代经济、凯尔特和罗马钱币学的交叉领域。他著有《从斯塔特到塞斯特斯币：高卢北部和东部的货币和罗马化》（*Du statère au sesterce. Monnaie et romanisation en Gaule du Nord et de l'Est*, 2015）。

克莱尔·罗恩是华威大学古典学和古代史副教授，主要研究古代钱币是如何被用作权力磋商和身份表达的媒介的。她著有《蒙神护佑：塞维鲁时期的神圣观念与皇权的具象化》（*Under Divine Auspices: Divine Ideology and the Visualisation of Imperial Power in the Severan Period*, 2014）和《具象价值：古代世界物质的改造》（*Embodying Value: The Transformation of Objects in and from the Ancient World*, 2014）（与 A. Bokern 合著）。

　　马克·菲利普·瓦尔是维尔茨堡大学马丁·冯·瓦格纳博物馆的助理策展人。他于 2017 年在维也纳大学获得钱币学博士学位。他最新的研究项目是古典时期希腊钱币图像学研究以及马丁·冯·瓦格纳博物馆钱币收藏的数字化。

图书在版编目（CIP）数据

货币文化史. I, 希腊罗马时期钱币的诞生与权力象征 /（美）比尔·莫勒 (Bill Maurer) 主编；（德）斯特凡·克姆尼切克 (Stefan Krmnicek) 编；侯宇译；王班班校译. —上海：文汇出版社，2022.3

ISBN 978-7-5496-3696-9

Ⅰ.①货⋯　Ⅱ.①比⋯　②斯⋯　③侯⋯　④王⋯　Ⅲ.①货币史-世界-中世纪　Ⅳ.①F821.9

中国版本图书馆 CIP 数据核字（2022）第 025311 号

A Cultural History of Money in Antiquity by Stefan Krmnicek (Editor), Bill Maurer (Series Editor), ISBN: 978-1474237024

Copyright © Bloomsbury 2019

上海市版权局著作权合同登记号：图字 09-2022-0083 号

货币文化史 I：希腊罗马时期钱币的诞生与权力象征

作　　者 /［美］比尔·莫勒 主编　　［德］斯特凡·克姆尼切克 编
译　　者 / 侯　宇 译　王班班 校译
责任编辑 / 戴　铮
封面设计 / 拾野文化
版式设计 / 汤惟惟
出版发行 / 文汇出版社
　　　　　上海市威海路 755 号
　　　　　（邮政编码：200041）
印刷装订 / 上海颛辉印刷厂有限公司
版　　次 / 2022 年 3 月第 1 版
印　　次 / 2022 年 3 月第 1 次印刷
开　　本 / 889 毫米×1194 毫米　1/32
字　　数 / 226 千字
印　　张 / 10
书　　号 / ISBN 978-7-5496-3696-9
定　　价 / 88.00 元